教育と脳

多重知能を活かす教育心理学

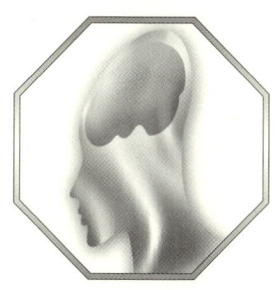

永江誠司

北大路書房

はじめに

　21世紀に入り，日本の教育に大きな変化の波が次々と押し寄せています。1つめの波は，2006年に教育基本法が改正され，それにともなって学校教育法の改正が行われ，さらに学習指導要領の改訂が2008年に行われたことです。2つめの波は，日本の子どもの学力低下が大きな教育的課題になったことです。国際学力調査（PISA）の結果が公表されるたびに，日本の子どもの学力が読解力を中心に低下傾向にあるとみられ，「ゆとり教育」を基本とした学習指導要領の見直しが強く求められるようになりました。それが2007年からの全国学力・学習状況調査の開始や，新しい学習指導要領の改訂に影響をおよぼすことになったのです。3つめの波は，教員免許更新制の導入および教職大学院の開設など，教員の質的向上をめざす制度改革が進められたことです。このような教育にかかわる大きな変化の波の中で，教育実践の学としての教育心理学もそこにおける課題に対し積極的に取り組んでいくことが求められています。

　教育への心理学的アプローチの変遷をみていくとき，20世紀後半からはまず学習心理学の理論と方法が，そしてその後は認知心理学の理論と方法が，さまざまな教育的課題に対する研究に大きな役割を果たしてきたといえるでしょう。21世紀に入ると，こうした教育への心理学的アプローチの中に新たな光が差し込むようになりました。それは，脳科学の光です。

　21世紀は「脳科学の時代」といわれています。米国では1990年代を「脳の10年」として，脳科学を推進する国家的プロジェクトに着手しています。また，欧州でも1991年に「EC脳の10年」委員会が設立され，EC各国が共同して脳科学を推進する研究を進めています。わが国では，1997年に「脳科学の時代」と名づけられたプロジェクトが立ち上げられ，20年にわたる研究計画の遂行が試みられています。

　現在，教育と脳科学を結ぶ研究は，その流れを大きく加速しています。本書は，その流れを読み，その流れを見通しながら，「脳科学からみる教育心理学」として構想し，書かれたものです。本書のキーワードは，「教育」「脳」，そして「多重知能」です。この3者は並立関係にあるのではなく，「多重知能」を

媒介にして「教育」と「脳」がリンクする関係にあります。

　教育と脳との関係は，脳科学研究が進展した現在でも，まだその間に距離を感ずる人が多いと思います。教育と脳との関係で多くの人が思い浮かべるのは，例えば読み・書き・計算で脳が鍛えられ，子どもの学力が向上するとか，またテレビゲームによって子どもの脳の成長とその機能が影響を受けるなど，多様にあると思います。もちろん，これらも教育と脳の関係を示すものの1つですが，両者の間に多重知能を置いてリンクさせてみると，教育の諸課題，諸現象に脳が多様にかかわっているその具体的な姿が浮かび上がってくるのです。

　多重知能は，認知心理学者であり，神経心理学者でもあるガードナーによって提案された概念です。人間は，相互に独立した複数の知能をもっており，それらの知能は脳内に対応する機能領域をもっている，という多重知能理論を提唱しています。ガードナーは，多重知能として言語的知能，論理数学的知能，空間的知能，音楽的知能，身体運動的知能，対人的（他者理解）知能，内省的（自己理解）知能，そして博物的（自然理解）知能の8つをあげています。これらの知能は，脳内に対応する機能領域をそれぞれもっていると考えられているのです。

　さらに，これらの多重知能は学校教育とも密接な関係をもっています。従来，知能といえば知能検査を構成する言語的知能，論理数学的知能，空間的知能を中心に考えられてきましたが，多重知能理論はこれらの知能に加えてさらに5つの知能が存在していると考えています。8つの多重知能は，学校教育のほとんどの教科・領域に対応しており，したがって子どもの能力の伸長と人格の形成を盛り込んだ学校教育法における義務教育の目標内容ともほぼ対応するものとなっています。

　以上のように，教育と脳の間に多重知能を位置づけてみると，両者の関係が明確になり，脳科学の成果を教育に応用する「脳を育む」研究プロジェクトの目標が，この関係づけによってより具体的な形になって現れてくると考えられます。教育と脳を多重知能を媒介としてリンクさせ，そこで得られた成果をもとに新しい教育心理学の形を提案すること，それがこの本の目的としているところです。

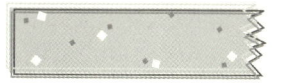 目　次

はじめに

■1章　教育と脳 ——————————————————— 1
1節　教育の理解 ——————————————————— 1
1．教育とは　1
2．「生きる力」を育てる　4
2節　教育心理学の理解 ————————————————— 6
1．教育心理学とは　6
2．教育心理学の現状と展望　7
3節　脳科学の理解 ————————————————— 10
1．「脳科学と教育」への展開　10
2．「脳科学の時代」プロジェクト　11

■2章　脳科学と教育 ——————————————— 13
1節　「脳科学と教育」研究プロジェクト ———————— 13
1．「脳科学と教育」研究　13
2．「脳科学と教育」研究の基本理念　15
3．認知神経科学の出現　15
4．脳機能画像法　16
2節　「脳科学と教育」研究からみた教育の役割 ————— 18
1．教育の役割　18
2．教育の役割に応えるための目標　19
3．教育の役割に応えるための研究　21
3節　「脳科学と教育」研究からみた教育をとりまく環境の変化 —— 23
1．教育をとりまく環境の変化　23
2．教育をとりまく環境の変化に対応するための目標　25
3．教育をとりまく環境の変化に対応するための研究　27
4節　「脳科学と教育」研究からみた教育の場における課題 —— 30
1．一般的な課題　30
2．障害のある人への教育・療育にかかわる課題　30
5節　「脳科学と教育」国際研究プロジェクト ——————— 31
1．脳メカニズムと幼年期学習　31
2．脳メカニズムと青年期学習　38
3．脳メカニズムと老年期学習　41

  4．国際フォーラムの課題と成果　44

■3章　脳の発達と学習力 ─── 45
1節　脳の機構 ─── 45
  1．脳の上下の機構　45
  2．脳の前後の機構　47
  3．脳の左右の機構　49
2節　脳の発達 ─── 50
  1．脳の発生過程　50
  2．脳重量の発達的変化　51
  3．脳の表面積の発達的変化　52
3節　脳機能の発達 ─── 53
  1．神経細胞の構造　53
  2．髄鞘化の促進　54
  3．髄鞘化の発達モデル　55
  4．神経回路の形成　57
  5．脳機能の発達段階　58
4節　脳の学習力 ─── 60
  1．学習の神経メカニズム　60
  2．シナプス結合の長期増強　62
  3．記憶の脳内メカニズム　63

■4章　早期教育と脳 ─── 66
1節　脳の敏感期 ─── 66
  1．発達の臨界期　66
  2．脳発達の敏感期　67
2節　脳機能の敏感期 ─── 68
  1．視力と敏感期　68
  2．音楽能力と敏感期　69
  3．言語獲得と敏感期　70
  4．敏感期の意味　72
3節　早期教育と脳の敏感期 ─── 73
  1．早期教育の根拠　74
  2．シナプス形成　74
  3．生育環境と脳　76
  4．能動的活動と脳　77
  5．早期教育の功罪　78

5章　知力の育成と脳 ―― 80

1節　多重知能理論 ―― 81
1．知能の多重性　81
2．8つの多重知能　83
3．多重知能の4つの特質　89
4．多重知能理論と教育の可能性　91
5．多重知能のオクタゴン・モデル　92

2節　多重知能と脳 ―― 93
1．言語的知能と脳　94
2．論理数学的知能と脳　97
3．音楽的知能と脳　99
4．身体運動的知能と脳　100
5．空間的知能と脳　102
6．対人的知能と脳　104
7．内省的知能と脳　107
8．博物的知能と脳　109

6章　学力の育成と脳 ―― 112

1節　子どもの学力事情 ―― 112
1．子どもの学力低下問題　113
2．子どもの学力低下の原因　117

2節　多重知能を活かす授業計画 ―― 120
1．多重知能に働きかける教え方　122
2．多重知能を活かした授業　123
3．多重知能と評価　125

3節　多重知能で伸ばす子どもの学力 ―― 125
1．国語教育と脳　126
2．算数・数学教育と脳　130
3．芸術教育と脳　133
4．体育教育と脳　141
5．道徳教育と脳　146

7章　社会力の育成と脳 ―― 154

1節　子どもの社会力事情 ―― 154
1．子どもの社会力と学校適応　154
2．子どもの学校不適応事情　155

2節　対人的知能としての社会力 ―― 157
1．社会構造と脳の進化　157

2．子どもの対人関係と脳の発達　159
　　3．社会力としての心の理論　161
　　4．社会力としての向社会的行動　167
　3節　内省的知能としての社会力 ─────────── 170
　　1．自意識とワーキングメモリ　170
　　2．社会力としての人格　172
　　3．社会力としての道徳性　174
　　4．社会力の病理と脳　178

■8章　特別支援教育と脳 ─────────────── 186
　1節　特別支援教育の理解 ──────────────── 186
　　1．特別支援教育の理念　186
　　2．特別支援教育と多重知能理論　188
　2節　発達障害の理解 ─────────────────── 190
　　1．発達障害　190
　　2．軽度発達障害　191
　3節　学習障害と脳 ──────────────────── 193
　　1．学習障害とは　193
　　2．学習障害の分類　193
　　3．学習障害の原因と脳　194
　　4．学習障害の症状　196
　　5．学習障害への支援教育　198
　4節　注意欠陥多動性障害と脳 ───────────── 199
　　1．注意欠陥多動性障害とは　199
　　2．注意欠陥多動性障害の分類　199
　　3．注意欠陥多動性障害の原因と脳　201
　　4．注意欠陥多動性障害の症状　203
　　5．注意欠陥多動性障害への支援教育　204
　5節　高機能広汎性発達障害と脳 ──────────── 207
　　1．高機能広汎性発達障害とは　207
　　2．高機能広汎性発達障害の分類　208
　　3．高機能広汎性発達障害の原因と脳　209
　　4．高機能広汎性発達障害の症状　212
　　5．高機能広汎性発達障害への支援教育　213

引用文献　217
索　　引　227
おわりに　229

1章
教育と脳

　「教育とは人間を型にはめるものであるが，その型にはまりきらないのがまた人間である」ということを教育に携わる者はしっかりと理解しておかなければなりません[1]。前者は社会化とよばれ，後者は個性化とよばれます。

　教育は，意図的，計画的，組織的な営みであって，そこで提供される情報はそうした営みに合わせて加工されたものです。そのことによって，教育はそれを受ける者に共通の認識，考え方，感じ方などの基盤を形づくっていくのです。そうでないと，なぜ意図的，計画的，組織的に教えたのか意味がなくなってしまいます[2]。このような考え方からすると，教育とはもともと社会化の側面が強い営みであることがわかります。その必要性と重要性を理解しつつ，その中であるいはその結果として，個性化された人間を育てていくことが教育の目標とするところであるといえるでしょう。

　教育という営みにおいて，ともすれば相成り立たせることが難しい社会化と個性化という2つの側面をどのように実現していくのか。このことが，いま教育実践を支える教育心理学に強く求められている課題だといえるでしょう。その課題を解決するために，教育心理学は従来の視点，立場とは異なる新しい観点と方法を取り入れる必要があります。本書では，一貫して脳科学の観点と方法を教育心理学に取り入れるという立場から，この課題にアプローチしていきます。

1節　教育の理解

1. 教育とは

　学校教育における教育心理学の果たすべき役割を考えるとき，わが国の教育

にかかわる主要な現行法について理解しておくことが必要です。

教育基本法

　1947年3月31日に公布された教育基本法は，2006年12月22日に改正され，施行されました。第2次世界大戦後に制定されてから約60年，この間に教育水準が向上し，生活が豊かになる一方で，都市化や少子高齢化が進展して，わが国の教育をとりまく環境が大きく変わったことによる改正というのがその主旨でした。新しい「教育基本法」の第1条は，教育の目的について，次のように述べています。すなわち「教育は，人格の完成をめざし，平和で民主的な国家及び社会の形成者として必要な資質を備えた心身ともに健康な国民の育成を期して行わなければならない」としています。このように，教育基本法は個人の人格形成と，心身ともに健康な社会人の育成を目的とした営みとして教育を規定しています。ちなみに，旧教育基本法の第1条では「教育は人格の完成をめざし，平和的な国家及び社会の形成者として，真理と正義を愛し，個人の価値を尊び，勤労と責任を重んじ，自主的精神に充ちた心身ともに健康な国民の育成を期して行われなければならない」となっていました。

　新しい教育基本法の第2条は，教育の目標を次の5つに整理して規定しています。①幅広い知識と教養を身につけ，真理を求める態度を養い，豊かな情操と道徳心を培うとともに，健やかな身体を養うこと，②個人の価値を尊重して，その能力を伸ばし，創造性を培い，自主及び自律の精神を養うとともに，職業及び生活との関連を重視し，労働を重んずる態度を養うこと，③正義と責任，男女の平等，自他の敬愛と協力を重んずるとともに，公共の精神に基づき，主体的に社会の形成に参画し，その発展に寄与する態度を養うこと，④生命を尊び，自然を大切にし，環境の保全に寄与する態度を養うこと，⑤伝統と文化を尊重し，それらをはぐくんできた我が国と郷土を愛するとともに，他国を尊重し，国際社会の平和と発展に寄与する態度を養うこと，以上の5つを目標としてあげ，学校教育を通してそれらの達成を求めています。

学校教育法

　教育基本法における教育の目的を基盤として，小学校教育，中学校教育，そして高等学校教育などの目標が「学校教育法」（2007年）において定められています。そこでは，教育基本法で規定されている教育の目的について，それぞ

れの発達段階ごとに次のような目標が設定されています。

　義務教育として行われる普通教育の目標としては，①学校内外における社会的活動を促進し，自主，自律及び協同の精神，規範意識，公正な判断力並びに公共の精神に基づき主体的に社会の形成に参画し，その発展に寄与する態度を養うこと，②学校内外における自然体験活動を促進し，生命及び自然を尊重する精神並びに環境の保全に寄与する態度を養うこと，③我が国と郷土の現状と歴史について，正しい理解に導き，伝統と文化を尊重し，それらをはぐくんできた我が国と郷土を愛する態度を養うとともに，進んで外国の文化の理解を通じて，他国を尊重し，国際社会の平和と発展に寄与する態度を養うこと，④家族と家庭の役割，生活に必要な衣，食，住，情報，産業その他の事項について基礎的な理解と技能を養うこと，⑤読書に親しませ，生活に必要な国語を正しく理解し，使用する基礎的な能力を養うこと，⑥生活に必要な数量的な関係を正しく理解し，処理する基礎的な能力を養うこと，⑦生活にかかわる自然現象について，観察及び実験を通じて，科学的に理解し，処理する基礎的な能力を養うこと，⑧健康，安全で幸福な生活のために必要な習慣を養うとともに，運動を通じて体力を養い，心身の調和的発達を図ること，⑨生活を明るく豊かにする音楽，美術，文芸その他の芸術について基礎的な理解と技能を養うこと，⑩職業についての基礎的な知識と技能，勤労を重んずる態度及び個性に応じて将来の進路を選択する能力を養うこと，以上があげられています。

　高等学校の目標としては，①義務教育として行われる普通教育の成果をさらに発展拡充させて，豊かな人間性，創造性及び健やかな身体を養い，国家及び社会の形成者として必要な資質を養うこと，②社会において果たさなければならない使命の自覚に基づき，個性に応じて将来の進路を決定させ，一般的な教養を高め，専門的な知識，技術及び技能を習得させること，③個性の確立に努めるとともに，社会について，広く深い理解と健全な批判力を養い，社会の発展に寄与する態度を養うこと，以上があげられています。

　ちなみに，旧学校教育法では小学校，中学校，そして高等学校別に目標があげられており，次のようになっていました。小学校では，①学校内外の社会生活の経験に基づき，人間相互の関係について，正しい理解と協同，自主及び自立の精神を養うこと，②郷土及び国家の現状と伝統について，正しい理解に導

き，進んで国際協調の精神を養うこと，③日常生活に必要な衣，食，住，産業等について，基礎的な理解と技能を養うこと，④日常生活に必要な国語を，正しく理解し，使用する能力を養うこと，⑤日常生活に必要な数量的な関係を，正しく理解し，処理する能力を養うこと，⑥日常生活における自然現象を科学的に観察し，処理する能力を養うこと，⑦健康，安全で幸福な生活のために必要な習慣を養い，心身の調和的発達を図ること，⑧生活を明るく豊かにする音楽，美術，文芸等について，基礎的な理解と技能を養うこと，があげられていました。

中学校では，①小学校における教育の目標をなお充分に達成して，国家及び社会の形成者として必要な資質を養うこと，②社会に必要な職業についての基礎的な知識と技能，勤労を重んずる態度及び個性に応じて将来の進路を選択する能力を養うこと，③学校内外における社会的活動を促進し，その感情を正しく導き，公正な判断力を養うこと，があげられていました。

高等学校では，①中学校における教育の成果をさらに発展拡充させて，国家及び社会の有為な形成者として必要な資質を養うこと，②社会において果たさなければならない使命の自覚に基づき，個性に応じて将来の進路を決定させ，一般的な教養を高め，専門的な技能に習熟させること，③社会について，広く深い理解と健全な批判力を養い，個性の確立に努めること，があげられていました。

新しい学校教育法における教育目標は，2008年に改訂された「学習指導要領」において，学年ごとにさらに詳しく具体的に示されています。

2．「生きる力」を育てる

学校教育を通して，私たちは子どものどのような能力，個性を伸ばそうとしているのでしょうか。この問題を考えるとき，さまざまな考えのあることは理解できますが，わが国の実際の教育という観点から考えれば，この問題についての国の方針がどのようなものであるかを理解しておくことが必要でしょう。

21世紀に向けた教育の基本方針を審議した第15期中央教育審議会第1小委員会は，「子どもに生きる力とゆとりを」（1996年）と題する報告をまとめています。そこでは「我々は，これからの子どもたちに必要となるのは，いかに

社会が変化しようと,自分で課題を見つけ,自ら学び,自ら考え,主体的に判断し,行動し,よりよく問題を解決する資質や能力であり,また,自らを律しつつ,他人とともに協調し,他人を思いやる心や感動する心など,豊かな人間性であると考えた。たくましく生きるための健康や体力が不可欠であることは言うまでもない。我々は,こうした資質や能力を,変化の激しいこれからの社会を【生きる力】と称することとし…」と述べ,「生きる力」の育成がこれからの教育において重視されるべきであることを強調しています。

　ここからみると,「生きる力」とは自主的な学習力,思考力,判断力,それに表現力といった知的能力と,自律性,協調性,共感性,それに愛他性といった情意的・社会的能力が統合された概念と考えることができます。すなわち,知力と社会力(人格を含む),それに体力を加えた総合的能力として「生きる力」は考えられているのです。いわゆる「ゆとり教育」は,2000年に入ってから起こった日本の子どもの学力低下論争を機に見直されていきますが,「生きる力」の基本理念は,改正された教育基本法および学校教育法の目標の中に生かされています。

　学校教育の中で「生きる力」を育成するには,学校・家庭・地域社会との連携を緊密にし,家庭や地域社会における教育を充実すること,子どもたちの生活体験・自然体験等の機会を増やすこと,さらに「生きる力」の育成を重視した学校教育を展開することなど,多様な観点からの取り組みが必要と考えられます[3]。

　したがって,学校教育において「生きる力」を育成するとは,多様に変化するきびしい社会の中で,自らを見失うことなく,生きがいを感じることのできる「生き方」を選択し,それを実行する力を育てることと言い換えることができます。つまり,「生きる力」とは同時に自らを「生かす力」ということができるのです[4]。

2節　教育心理学の理解

1. 教育心理学とは

教育心理学の目標

　教育心理学は，教育に関する心理学的事実や法則を明らかにし，教育の営みを効果的に推進するために役立つような知見や技術を提供することを目標とした学問です。つまり，教育心理学は教育に関連して「どのような子どもには，どのような教材を，どのように教えれば，どのように成長するか」ということについて，科学的な知識を収集しながら，その原理を解明し，体系化していく学問といえます[5]。

　対象となる人の成長を期待しつつ行われる営みを教育とすれば，それを学校教育に限定して考えると，教育心理学の内容は，教育の対象，教育の営み，教育の効果の3つの側面に分けてとらえることができます。学校教育において，教育の対象とは児童生徒であり，教育の営みとは学習指導と生徒指導であると考えることができます。そして，教育の効果は教育評価によって明らかにすることができます。

　学校教育において，対象となる児童生徒の特性を理解することはとくに重要です。児童生徒の特性は，その子がどの発達段階にあるのかという発達的特性と，知能，学習意欲，人格などにかかわる個人差の特性に分けられます[6]。また，教育の営みとしての学習指導と生徒指導には，教授者としての教師，どう教えるかという教授法，さらに教科，教材などの教授内容が関係しています。そして，教育の効果を高めるための教育評価には，相対評価，絶対評価，到達度評価，さらに形成的評価や総括的評価，ポートフォリオ評価やパフォーマンス評価など，多様な評価法が開発されて，教育効果の測定のために用いられています[7]。

教育心理学の課題

　学校教育における教育心理学の基本的課題は，次のことにあります。すなわち，①学校教育法に定められた教育目標が，それぞれの発達段階に適合したも

のであるかどうかを検証すること，②教育目標の中に含まれている観察力，理解力，思考力，創造性，表現力，批判力，判断力，技能，態度，自主・自律・協同の精神，規範意識，協調力，使命感，人間性などの概念を心理学的に分析し，明確にすること，③カリキュラムや教材などの教育内容を整備し，編成すること，そして④教授法や評価法などの教育方法を構想，改善するにあたって，関連科学の知見と成果も取り入れながら適切で，具体的な見解を提言することにあるといえます。

2．教育心理学の現状と展望

　日本教育心理学会は1952年に設立され，2006年には会員数が7,000名を超える大きな学会に発展しています。この学会の機関誌は，「教育心理学研究」として1953年に発刊されています。現在では，従来の理論的，実証的研究に加えて，教育方法，学習・発達相談，心理臨床などの教育の現実場面における実践を内容とした「実践研究」という新しいジャンルの論文掲載も行っています。理論的研究から実践的研究まで，幅広い教育心理学研究の発表の場になっています[8]。

教育実践研究への展開

　教育心理学を机上の空論に終わらせないためには，具体的な教育実践の場にかかわりをもちながら研究することが重要な意味をもちます。教育実践研究を基盤にもたなくては，実り豊かな教育心理学は構築できません。教育実践研究の主要なタイプとして，第1人称，第2人称，第3人称の研究に分類するアプローチが提案されています[9]。

　第1人称の研究とは，「自分の場合」という形で，自分自身のことについて資料を集めて吟味，検討し，あるいはそれを土台に自分自身の次のステップに役立つ何かを開発，創出していくといったタイプの研究です。教師や学習者が，自分の教育実践や学習過程について理解を深め，それを改善していくのに役立つ研究といえます。

　第2人称の研究とは，「あなたの場合」という形で，自分の親しいだれかについて資料を集めて吟味，検討し，あるいはその人の次のステップに役立つ何かを開発，創出していくといったタイプの研究です。教育実践者に密着し，そ

の実践についてケース・スタディ的に理解を深め，その改善について助言，援助していく研究といえます。

第3人称の研究とは，「一般に」という形で，さまざまな人の場合について資料を集めて吟味，検討し，またそれを土台にだれでも一般的に活用できる何かを開発，創出していくといったタイプの研究です。教育実践の多様性を乗り越えて現れてくる何らかの特性を見つけ出し，それを土台として広範囲な教育実践に対して提言，援助していく研究といえます。

第3人称の研究は，教育心理学研究において理論的，実証的研究として従来から取り組まれてきたものです。しかし，現在では教育実践の場の問題と密接に結びついた実践的研究の必要性から，第1人称および第2人称の研究もこの領域で増えてきています。さらに，研究法としても従来の調査法や観察法に加えて，研究対象となる集団や組織に入り込み，そこにおける目標の実現や問題の解決に向けて，集団や組織の成員と協力しながら研究していくといったアクション・リサーチ法も取り入れられることが多くなっています。

学際的研究への展開

1970年代の終わりに，教育心理学に大きな前進をもたらすためには人間の神経心理や情報処理のメカニズム，さらに記憶や注意の機能などを根本的に研究することが必要である，と指摘されていました[5]。1970年代に教育心理学と脳科学および認知科学との連携の必要性を指摘した見識は，大いに評価されることといえるでしょう。

今日の教育心理学研究には，いわゆる認知心理学的アプローチを取り入れた研究は盛んに行われており，その意味で1970年代の終わりに指摘された情報処理のメカニズム，記憶や注意の機能にかかわる研究成果は，例えば認知カウンセリングなどのように教育実践の場に徐々に活かされてきているといえます。しかし，教育心理学研究における神経心理学的アプローチ，脳科学的アプローチということになると，現状では認知心理学的アプローチに比べて，その取り組みが遅れているといわざるをえません。しかし，今世紀に入ってわが国でも，教育への脳科学の応用の必要性が強く認識されるようになってきました。文部科学省「脳科学と教育」研究検討委員会は，2003年度より「脳科学の時代」プロジェクトの目標の中に「脳を育む」という目標を新たに取り入れて，脳科

学の知見を教育に活かしていく研究を進めています。
　ここでは，まず教育心理学への認知心理学的アプローチを「学習科学への展開」として述べ，その後で3節において神経心理学的アプローチ，脳科学的アプローチを「脳科学の理解」として述べていきます。

学習科学への展開
　1950年代後半にコンピュータ・サイエンスの発展にともない人間の認知過程の解明をめざして誕生した認知科学は，教育における学習科学として現在大きな影響をおよぼすようになっています。認知科学はその誕生以来，人類学，言語学，哲学，コンピュータ・サイエンス，脳科学，発達心理学，その他の心理学の分野を含む多様な観点から学習の科学的研究に取り組んでいます[10]。認知科学は，人間の心はどのように働くのか，すなわちどのように学習し，記憶し，考えるのかについて研究する学際的研究領域といえます。その成果から，人間の学習と教授の応用科学として，認知科学は教育実践に有効な知識や技法を提供しているのです。そこから「学習科学」という新しい科学が成立したのです。
　学習科学は，人間の思考や学習過程，あるいは記憶，言語，認知発達などについて，認知的および脳科学的な研究をするとともに，構築した理論を教育実践の中で検証することを通して教育実践の場に貢献しています。学習科学は，学校を改革し，学習環境を改善するためのさまざまな教授法やプログラムを提供する役割を担うようになっているのです[11]。
　学習科学は，カリキュラム，教授法，教育評価などに関して，現在の学校で実践されているものとは異なるアプローチを提案しています。その学際的研究領域という特色を活かして，認知心理学，脳科学，発達心理学，教育工学，社会心理学，文化人類学などの立場から多様な研究課題に取り組んでいます。例えば，認知心理学では各教科にかかわる認知過程や知識獲得のメカニズムの解明を，脳科学では学習にかかわる脳のメカニズムの解明を，発達心理学では乳幼児期の認知能力や学習能力の解明をそれぞれ行っています。また，教育工学では学習支援ツールなどの開発を行い，社会心理学や文化人類学では人間の学習がその社会の文化や規範の影響の下で生じることなどを明らかにしています[12]。
　学習科学の教育へのアプローチは，「知ること」の意味を変えようとしてい

るのです。つまり「情報を暗唱して覚える」という意味での知ることから，「情報を発見して利用する」という意味での知ることへと変えようとしているのです。このことを教育の新しい目標とすることで，教育心理学がめざすところもそれに見合ったものへと変化することが求められているのです[13]。学習科学は，それぞれの教科において子どもが創造的に思考するための知識の獲得を重視しています。したがって，単に知識を教えるのではなく，考え方の枠組みを子ども自身が作り出し，問題を発見し，それによって各教科の内容を深く理解し，自立した学習ができるようになることをめざしているわけです。21世紀の教育心理学は，学習科学のこうした目標を自らの目的の中に取り込んでいくことを考えていかなければなりません。そして，学習にかかわる脳のメカニズムの解明だけでなく，広く学校教育にかかわる諸課題の解決に対して脳科学の知見と方法を活かしていくことが必要です。

3節　脳科学の理解

1.　「脳科学と教育」への展開

　脳科学の立場から教育の問題を眺めてみると，少なくとも20世紀末までは両者の間にはまだ隔たりがあったといえるでしょう。この隔たりを埋めるものとして，心理学あるいは精神医学の存在を改めて認識せざるをえないとする脳科学者は少なくありませんでした[14]。脳研究の成果を教育に活かすには，脳と心の働きを学際的にとらえる観点がないとうまくいきません。ただ，これらの分野の研究はこれまで相互の連携が必ずしもうまくいっていたとはいえず，より緊密で具体的な交流が強く望まれていました。

　21世紀は脳科学の時代だといわれています。20世紀の自然科学の関心は，自然のしくみの解明にありましたが，21世紀に入ってその関心は人間そのもの，中でも人間を人間たらしめている脳に向けられるようになりました。米国は，世界に先駆けて1990年代を「脳の10年」と位置づけ，国をあげて脳研究を推進する国家的プロジェクトを展開してきました。また，欧州でも同じように「EC脳の10年」委員会を1991年に立ち上げ，EC加盟国が共同して脳研究

を推進するプロジェクトを進めています。

わが国では，1997年に「脳科学の時代」と名づけられた国家的プロジェクトが立ち上げられ，この年より20年をかけて脳研究を推進する計画が進められています。このプロジェクトの目標は，当初3つありました。それらは，脳機能の解明，脳の病気の克服，そして人工知能の開発の3つでした。3つの目標はそれぞれ，「脳を知る」「脳を守る」「脳を創る」研究と命名されています。そして，2003年から脳の発達の解明とその教育的応用を目的とした「脳を育む」研究がこれらの目標に加えられ，「脳科学と教育」研究としてその研究が進められています。

2．「脳科学の時代」プロジェクト

「脳科学の時代」プロジェクトで進められている4つの目標は，次のようになっています。

脳を知る 脳の機能を科学的に解明することを目標としています。人間の感覚，記憶，思考，言語，そして感情や自己意識など，知情意にかかわる高次精神機能のしくみと脳との関係を明らかにすることをめざしています。さらに，人間のコミュニケーションにかかわる脳のメカニズムを明らかにし，言語獲得の過程や言語と思考，知性との関係を解明することが期待されています。

脳を守る 脳機能の障害や脳の老化を含む神経・精神疾患の原因を解明し，そうした疾患を治療し，克服することを目標としています。病気や障害，そして事故などで損傷を受けた脳の治療はどのようにすればよいのか，認知症などにならないためにはどうしたらよいのかなど，脳の損傷あるいは病気と知的機能や身体機能の障害との関係を明らかにして，それを克服するための治療法と予防法を開発することをめざしています。正常な脳の発達を助け，発達障害を防止し，さらに脳の老化を制御する方法の開発が期待されています。

脳を創る 人間の脳機能に似た性能をもつ人工知能を創ることを目標としています。脳が生み出している知情意の高次精神機能を人工的に再現するコンピュータ，すなわちニューロコンピュータをつくり，人間の意図や感情を理解するコンピュータ，また人間の生活に役立つ行動型ロボットの開発をめざしています。人間の脳に似せたコンピュータをつくることによって，私たちの知的生

活の範囲が大きく拡大することが期待されています。
　脳を育む　子どもの脳の発達について解明し，その成果を子どもの発達と教育に役立てていくことを目標としています。子どもの脳を健康に育てるにはどうしたらよいか，小中高などの学校教育において，それぞれの教科内容を学ぶ最も効果的な時期はいつなのか，例えば英語教育は小学校の何学年からどのような内容と指導法によって学ばせればよいのかなど，脳科学の成果を子どもの発達と教育に活かしていくことをめざしています。人間の生涯にわたる脳の健康な発達のしくみを解明し，子どもから成人，さらに高齢者における教育の可能性が拡大されていくことが期待されています。

2章
脳科学と教育

　教育と脳科学との融合にかかわるわが国の取り組みとして，文部科学省は「脳科学と教育」研究検討委員会を立ち上げ，2003年より「脳を育む」研究プロジェクトを開始し，その研究を推進しています。この研究プロジェクトは，脳科学の進展により学習メカニズムの研究が国際的にも進み，その成果を教育に活かしていこうとする機運が高まったことに呼応するものです[1][2]。

　脳科学から教育をとらえる考え方として，次のような観点が示されています。それは，教育や学習の概念を生物学的にとらえ直すことにより，それらを脳科学と結びつけることが可能になるというものです。この観点からする教育とは，「脳の神経回路網構築に必要な外部刺激を制御・補完する過程である」ということになります[3]。その場合，教育と密接に関係している学習は，「環境からの外部刺激によって神経回路網が構築される過程である」ととらえられています。つまり，教育とは学習によって構築される神経回路網の性質を決めるために，あるいは方向づけるために，意図的，計画的，そして組織的に環境からの外部刺激を制御・補完する営みであると考えられます。

　ここでは，文部科学省が推進している「脳科学と教育」研究プロジェクトの基本理念とその推進方策について，報告された「資料」に基づいてまとめて示しておきたいと思います。

1節　「脳科学と教育」研究プロジェクト

1．「脳科学と教育」研究

　「脳科学と教育」研究に関する検討会は，その報告書「「脳科学と教育」研究

に関する検討:中間取りまとめ」(2002年)において,「脳科学と教育」研究を次のように規定しています[1]。すなわち,「脳科学と教育」研究は,従来の脳科学でも教育学でもない,新たな分野であり,脳科学,教育学,保育学,心理学,社会学,行動学,医学,生理学,言語学等の研究分野を架橋・融合した取り組みである,としています。その中で,異なる研究領域を有する研究者が,研究目標や研究規範を共有しつつ統合的目標である「脳科学と教育」研究に取り組むことになります。

「脳科学と教育」研究は,自然科学,社会科学,人文科学という単なる学際性,多分野性を超えて,環学的とよばれる3次元的空間として構想されています(図2-1)。環学的概念は,より高い階層レベルに存在していますが,その高い階層レベルというのは,より低い階層レベルで異なる分野を連携することによって形成されたものです。つまり,環学性はまったく異なる分野を架橋・融合する概念を含んでいるのです[3]。図2-1の分野1から分野nまでの研究は,単なる広範な分担研究を意味していません。社会からの要請を駆動力にして,分野の架橋・融合を実現する新たな取り組みを示しているのです。

これまでは,学習や教育は教育学や教育心理学を中心とした文科系の実践分野と考えられてきました。しかし,先に述べたように学習や教育の概念を生物学的にとらえ直すことにより,それらを脳科学に結びつけることが可能になると考えられるようになりました[3]。そこでは,学習は環境(自分以外のすべて)

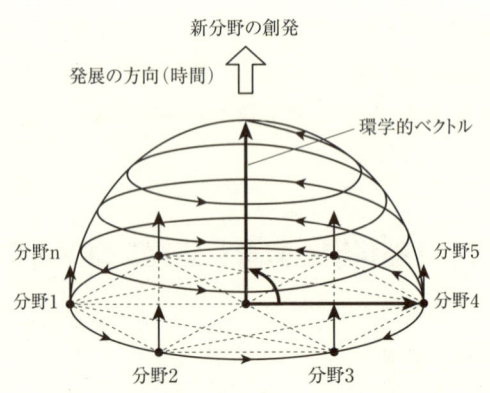

図2-1 「脳科学と教育」研究の環学性[3]

からの外部刺激によって神経回路網が構築される過程であり，教育は神経回路網構築に必要な外部刺激を制御・補完する過程であると考えられているのです。こうした学習観，教育観が，「脳科学と教育」研究の基調として採用されているのです。

2．「脳科学と教育」研究の基本理念

このプロジェクトの基本理念は，「人間の脳は，乳児期，幼児期を通して発達し，その間に心も成長し，自己を確立していく。さらに，脳は青年期を通して成長し，成人期や老年期においても大きな可塑性を保持しながら，人間は生涯にわたり学習を続けていくことができる」というものです。

この考え方に基づいて，「脳科学と教育」研究は次のような検討事項をあげています。①胎児期，乳児期，幼児期における運動機能，感覚機能，言語機能の発達，また社会性の発達，および学習効率の高い時期としての臨界期・敏感期，ならびに環境と脳の発達との関係，②児童期，青年期における教育の改善，学習方法（外国語，芸術，スポーツ等）の改善，また学習の動機づけや創造性の育成と脳の発達との関係，③職業人における新たなスキルの習得にかかわる能力開発や再教育，ストレスおよび精神衛生と脳の発達との関係，そして④高齢者における健康な脳の保持，および脳機能のリハビリテーション（高次脳機能の回復）にかかわる研究などの検討事項があげられています。

このように，人間の心身の発達と脳の発達にかかわる研究成果を教育実践に役立てようとする試みが，国家的プロジェクトとして具体的に進められているのです。脳科学が，人間の教育にどのような実効的で具体的な提言をすることができるのか，また心身の発達や社会的適応の問題にどのような現実的施策とその実践プログラムを提案することができるのか，「脳科学と教育」研究プロジェクトに求められている課題は重く難題といえるものですが，それだけに課題が解明，解決されることによってもたらされる成果は大きいものといえるでしょう。

3．認知神経科学の出現

「脳科学と教育」研究プロジェクトが解明をめざしている検討事項は，これ

までふれた通りですが，そこでは人間の脳と心身機能の発達的関係について，ほぼ網羅的に検討しようとしていることがわかります。その中で，子どもの脳と発達，子どもの脳と教育の問題について考えるとき，私たちが求めているのはそれらの問題にかかわる断片的な知識ではありません。私たちが求めているのは，より全体的で有機的な知識であり，子どもの発達と教育の問題に役立つ実践的な知識とその遂行プログラムです。

　もちろん，こうした知識やプログラムを得るのは容易なことではないでしょう。ただ，神経科学の知見と方法に基づいて人間の認知過程の解明をめざす「認知神経科学」の出現は，脳科学の研究に大きな変化をもたらし，脳と心にかかわる新しいそして膨大な知識を現在進行形で私たちに提供しています。認知神経科学の特徴は，脳損傷患者だけでなく健常な人を対象として，彼らが認知的課題を遂行しているときの脳の活動を研究することのできる脳機能画像法という新しい方法を用いているところにあります。この方法は，人が特定の課題を遂行しているときに，その人の脳のどの部位がどの程度に活動しているかを画像として表示するもので，まさに活動している脳を目で見ることを可能にした方法といえるものです。認知神経科学の研究的関心は，脳機能画像法の人に害を与えないその非侵襲的特性から，最近は子どもの脳にも向けられており，新しい研究成果が報告されるようになっています。

4．脳機能画像法

　脳機能画像法が出現したことにより，脳と心の研究は新たな段階に入ったといえます。つまり，これまで見ることのできなかった脳の働きを見ることができるようになったわけで，私たちはいま脳の働きを見ながら心の研究をすることができるようになったのです。脳機能画像研究は，現在，認知神経科学の中核的研究として脳と心の関係の解明に大きく貢献しています。ここでは，代表的な脳機能画像法として，陽電子放射断層撮影法（PET），機能的磁気共鳴画像法（fMRI），そして近赤外分光法（NIRS）を取り上げて説明します。

　陽電子放射断層撮影法（PET）　PET（Positron Emission Tomography）は，1980年代に登場した脳機能画像法です。局所脳組織の血流量，代謝量などの生理的，生化学的情報を断層画像としてとらえるものです。PETは，陽電子

（ポジトロン）を放出する放射性核種をトレーサーとし，脳内の物質の動きをコンピュータ解析により画像化します。活動している脳の部位ほど，多量の栄養物を必要とし不要物を排出しています。PETは，それを測定して脳の活動部位を特定します。PETは，生きている人間の脳の活動を視覚的にとらえることを可能にした最初の装置といえます。ただ，PETではごく微量の放射能性被曝があるという問題があります。

機能的磁気共鳴画像法（fMRI） fMRI（functional Magnetic Resonance Imaging）は，1990年代に開発された脳機能画像法です。脳が活動すると血流量が増え，酸素を消費します。その結果，微細静脈の赤血球中の脱酸素化ヘモグロビンの濃度が減少します。そうすると，生体に最も豊富にある水素原子の磁気共鳴信号が上昇します。fMRIは，この磁気共鳴信号を測定して脳の活動を画像化するものです。fMRIは，PETのような放射能性被曝はなく，本来の意味で非侵襲的方法といえるものです。したがって，fMRIは健常者を対象とした脳と心の関係についての研究にも適用可能であり，実際に言語，記憶，注意，感情などの精神活動における脳機能画像が数多く報告されています。

近赤外分光法（NIRS） NIRS（Near Infra-Red Spectroscopy）は，1990年代の半ばより使用されるようになった脳機能画像法です。光トポグラフィともいいます。血液中のヘモグロビンが酸素と結合しているかどうかで，血液が吸収する赤外線の量が変わります。NIRSは，外部から照射した近赤外線が大脳皮質で反射したものを測定して脳の活動を画像化するものです。NIRSは，他の脳機能画像法と違って脳を拘束する必要がないため，検査を受ける人がある程度動いていても脳機能を計測することが可能です。さらに，非侵襲的方法であることから，成人はもちろん年少の子どもや乳児の脳の活動を見るのにも適しています。今後，子どもを対象とした脳研究にNIRSは大きく貢献すると期待されています。

2節 「脳科学と教育」研究からみた教育の役割

1. 教育の役割

　「脳科学と教育」研究に関する検討会は，その報告書「「脳科学と教育」研究の推進方策について」（2003年）において，教育の役割を5つに整理して示しています。

　人格の形成　教育の最終的な目標の1つは，人格の形成です。人格の基本的な要素として，自己の確立と他者の認識，社会性の獲得，豊かな感情の発達と心の理解などをあげることができます。人格を構成するそれぞれの要素の発達を支援することが，教育に課せられた大きな役割といえます。具体的には，真善美といった価値に対する認識や，人として生きるための支えとなる価値観の獲得を手助けすることも教育の役割ととらえることができます。さらに，他者を思いやる心，相手の立場に立てる心を育むことも大切な教育の役割です。

　社会で生きていく力の育成　教育の大きな目標として，社会で生きていく力を育むことがあげられます。そのためには，コミュニケーション能力の確立や，家庭・学校・職場と自分とを関係づける能力の育成，ストレスに対処できる心身の育成などに向けた働きかけが求められます。さらに，創造性・独創性の育成や，ものごとに取り組む際の意欲の向上や動機づけの育成も教育の役割としてあげられます。また，健康な心身を育むためにはスポーツの視点，さらに意思や意欲・情熱の原点を育む芸術の視点も大切です。

　効果的な学校教育の実施　児童生徒に対する基礎的・基本的な知識・技能や思考力，表現力，問題解決能力などの育成をいかに効果的に行うかは，教育の重要な課題です。このため，個々の教科・科目に関する教育課程や指導法，教材などについては，不断にその改善に向けた検討がなされてきています。また，情報教育，外国語教育など，情報化社会や国際化などの環境条件などによってますます重要性を高めている教育内容もあります。また，体育・スポーツを通じて心身の発達と調和を促すことも学校教育の大切な役割の1つです。

　生涯の各段階における能力開発と自己実現の支援　人の生涯のさまざまな段

階において，幅広い分野における能力を開発し，職業生活，文化生活などの向上を支援することも教育の大きな目的です。例えば，職業にかかわる知識や技能の教育訓練，芸術・スポーツなどに関する能力開発，文化生活・余暇生活を豊かにする生涯学習の実施などがそれにあたります。また，さらなる高齢化が見込まれる中で，認知症の予防・改善につながる高齢者の学習活動の推進などもこれからの教育の重要項目の1つです。

障害のある人の学習への対応　障害があるかないかにかかわらず，人は他者とのかかわりの中で影響を受け，成長し，社会的な関係をつくっていきます。脳機能障害についてはまだ解明されていないことも多く，まずその障害についてより詳しく理解する必要があり，その障害の状態に即した適切な教育・療育が重要です。障害のある人の学習への対応も大切な教育の役割の1つです。

2．教育の役割に応えるための目標

5つの教育の役割を前提として「脳科学と教育」研究を推進するにあたり，それに応えるための目標が設定されています。

個の理解　個人の能力や可能性を伸ばすには，個に応じた教育を進めることが必要です。そのためには，教師が個々の子どもの長所を見出すことが前提となりますが，これを支援する観点から教育と脳科学との連携が求められます。また，男女の別，年齢の違いなども個を形づくる多くの要素の1つであり，個に応じた教育を実現するために，このようなそれぞれの要素と脳機能の発達との関係を明らかにすることが必要です。

なお，個人を構成するそれぞれの要素ごとに脳の発達に差がみられる場合でも，それらの差はその集団の統計的偏差を示すにすぎないこと，また社会的・文化的な影響を受けている可能性があることから，これらの脳機能の発達の違いのみをもって教育の場に違いを設けることや，個人の能力を規定することにつなげることのないよう留意する必要があります。

注意力・意欲・動機づけ・創造性の発達促進　現代社会の環境の変化に対して，いかに人格形成を促し，自己を確立させ，創造性を育成するかが課題となっています。また，環境の変化に対して教育を受ける側の注意力，意欲，動機づけがどのような影響を受けるかを明らかにすることも期待されています。さ

らに，能動的な直接体験，あるいは視覚，聴覚のみならず触覚や自発運動をともなう感覚運動体験が，脳の発達にどのような作用をおよぼすかも明らかにする必要があります。

過剰な刺激や偏った刺激，あるいは実体験をともなわない仮想経験などが大きな役割をもち，なおかつ能動的に刺激を選ぶことよりも受動的な学習が多い現代社会に育った子どもたちは，注意力や意欲，創造性などの発達が阻害されている可能性があります。そうしたことが子どもの脳に与える影響を明らかにする必要があります。

慢性疲労症候群などの疾患が不登校児にみられるとの報告や，いじめが意欲や動機づけあるいは創造性を阻害するともいわれており，そうしたことの影響についても明らかにされなければなりません。同時に，子どもにおける注意力や意欲などの発達についても明らかにすることが期待されています。さらに，注意，意欲，動機づけが脳のどのようなしくみで生じるのか，仮想体験のような受動的体験，視覚のみの単次元的体験が脳発達にどのような作用をおよぼすのかということも，動物実験などにおいて明らかにする必要があります。

脳科学の知見を活かした教育課程の開発　教育課程は児童生徒の発達段階や社会の変化を十分にふまえ，不断にその改善の可能性が検討される必要があります。これまで教育課程の基準の策定にあたっては，学校現場の経験や教育学の知見に加え，学力調査の結果などもふまえながら行われています。しかし，今後は児童生徒の発達段階についての科学的な根拠，とくに脳科学の知見を活かした知識の集積を行うことが必要です。

このような観点から，第1に環境からの刺激，反復練習やさまざまな学習活動による刺激，異常刺激や感覚遮断などのさまざまな刺激の形態が，聴覚機能，視覚機能，言語機能，計算機能など種々の脳機能の発達に与える影響に関して，敏感期（臨界期）の有無を含め明らかにする必要があります。こうしたことは，体育・スポーツおよび芸術など，身体性や感性にかかわる教育の側面についても同様です。なお，ここでいう「敏感期」とは，学習効率の高い時期をさし，その期間を逃すと後でも学習は可能ですが効率は低くなる期間のことで，感受性期ともいいます。また，鳥類の刷り込み現象にその典型がみられるように，学習が可能な期間で，かつその時期を逃すと後で学習することがほと

んど不可能な期間を「臨界期」といいます。

　第2に，子どもの学習能力は各教科などによって独自の発達過程をもっているのか，あるいは全体としてお互いに影響しあって発達するのかを明らかにする必要があります。このような研究を実施するにあたっては，子どもの個性についての研究や敏感期（臨界期）などの研究も参考にするとともに，学校をはじめとする教育の場との密接な連携を図って行うことが必要です。

　脳機能障害の解明と脳機能障害児者の社会参加　今日では，障害のある人の自立と社会参加が強調されるようになり，障害を理解することが社会全体の課題になっています。また，乳幼児を含む若年者の脳機能障害については，障害の早期発見と，その障害による困難の軽減・克服，およびその障害をよりよく理解した上での社会参加能力を高める適切な教育・療育が重要と考えられます。障害をよりよく理解するための取り組みや教育・療育については，脳神経科学，発達心理学，行動心理学，小児医療などを含む広い意味での脳科学の分野から診断基準の研究などを行うとともに，その機能の補償作用などに着目した具体的な教育・療育のあり方について，現場との共同による研究が求められます。

3．教育の役割に応えるための研究

　先に示した教育の役割に応えるために，「脳科学と教育」研究において重点的に取り組むべき研究領域として以下のものがあげられています。

　注意力・意欲・動機づけ・創造性の育成研究　これらの機能の育成に関する融合的研究では，次のような取り組むべき課題があげられています。①乳幼児・学齢期の子どもの「注意」の発達に関する脳活動の非侵襲計測，②乳幼児・学齢期の子どもの「意志・行動決定」の発達に関する脳活動の非侵襲計測，③「直感」や「洞察」に関する脳活動の特徴解明，④「情動」の発達に関する脳活動の特徴解明，⑤「学習時・問題解決時の脳活動」の個人差の特徴解明，⑥「脳内報償系」の非侵襲計測による解明（脳内報償系行動とは，結果に対する報償として快感を生じさせる脳の機能をいいます。ドーパミンなどの神経伝達物質が関与し，記憶などの効率が高められるしくみが解明されつつあります。動物では，餌や快感などの報償を求めて繰り返す行動が観察されていますが，人ではほめられることや名誉なども報償の範疇に入ります），⑦「脳内報償系」

の作動のしくみや，その発達にともなう変化などの実験動物などにおける解明，⑧「模倣」の脳の内部におけるしくみの解明，⑨「心の理論」に関する非侵襲計測による解明，⑩科学・芸術・文化で独創的業績をあげた人の脳の非侵襲計測による特徴解明などがあげられています。

教育課程・教育方法の開発研究　学習にかかわる脳機能発達の基本的なしくみ，敏感期（臨界期）の有無，時期およびその開始・終止のしくみの解明，およびそれから示唆される効果的な教育課程の編成に関係する課題では，以下の課題が取り組むべきものの例としてあげられます。さらに，これらの脳科学における研究成果を教育課程・教育方法などに応用する橋渡しとしての研究が必要であり，教育に応用した際の客観的評価を行う必要があります。この評価方法についての研究も欠かせません。このような応用・評価を含め，常に脳科学研究者と教育実践の場との双方向のやりとりが重要です。

取り組むべき課題としては，①乳幼児・学齢期の子どもの一次的感覚機能（立体視，運動視，聴覚，体性感覚など）の発達と敏感期（臨界期）の解明，②乳幼児・学齢期の子どもの高次脳機能（読み書き計算，言語など）の発達と敏感期（臨界期）の解明，③脳の「領域特異性」あるいは「全体的発達」の有無の解明，④乳幼児・学齢期の子どもの記憶と健忘の特徴の解明，⑤論理的推論の発達と脳内機構の特徴の解明，⑥情動，情緒などの脳機能の発達と敏感期（臨界期）の有無の解明，⑦敏感期（臨界期）の基礎にあるシナプス過剰形成・刈り込みなどのしくみの解明，⑧敏感期（臨界期）が開始，終止するしくみの解明，⑨人の大脳皮質各領野における髄鞘化の時期の非侵襲計測による解明，⑩人の大脳皮質各領野における髄鞘化が，脳機能におよぼす効果についての非侵襲計測による解明，⑪人の大脳皮質各領野における髄鞘化時期に関する遺伝因子と環境因子の関係の解明，⑫学習の基礎となる人の記憶のしくみの解明，⑬さまざまな教育方法が脳機能に与える影響に関する非侵襲計測による解明，⑭知識，概念形成，思考，創造力の学習過程に関する脳のしくみの解明，⑮教育効果の脳科学に基礎を置いた客観的把握方法の開発，⑯学習意欲に関連する脳機能の解明，⑰性差に基づく脳機能の差異の解明などがあげられています。

脳機能障害の解明と脳機能障害児者の社会参加をめざす研究　脳機能に障害

のある人について，その障害をより詳しく理解し，適切な教育・療育を推進するための研究に関しては，以下の課題が取り組むべきものの例としてあげられます。①障害のある子どもの機能獲得のしくみに関する研究，②視覚または聴覚に障害のある子どものコミュニケーション能力の発達に関する研究，③すでに効果の認められている指導法などについて，脳科学の側面から効果発現のしくみを解明する研究，④発達障害のある児童生徒のコミュニケーション機能の発達，および代替コミュニケーション使用時の脳機能に関する研究，⑤注意機能とその障害，およびその発達促進や機能補填に関する脳機能の非侵襲計測による研究，⑥人における機能訓練の誤用，廃用，過用についての研究，⑦認知症予防に効果のある刺激，運動など，効果的な認知症予防法の開発，⑧リハビリテーションが神経回路の再構築を起こすしくみの解明と，そのような刺激を使用した損傷中枢神経機能の回復促進方策の開発，⑨中枢神経細胞，脳脊髄神経回路の再生のしくみの解明，⑩老齢動物のシナプスや脳機能の可塑性低下を阻止する条件，因子などを明らかにする研究，⑪上記に関連する問題を解決するための工学的応用開発などがあげられています。

3節　「脳科学と教育」研究からみた教育をとりまく環境の変化

1．教育をとりまく環境の変化

　「脳科学と教育」研究に関する検討会は，その報告書「「脳科学と教育」研究の推進方策について」（2003年）において，教育をとりまく環境の変化について，次の7点をあげています。

　情報化　情報が氾濫する現代社会においては，社会から届いた情報を処理することが生活の大きな部分となっています。それによって脳の負担が高まることから，心身に問題を生じる可能性も指摘されています。また，社会の情報化が進むことによって，間接体験による情報処理が大きな位置を占めるようになってきており，子どもの発達過程における直接体験の機会の減少によるコミュニケーション能力の育成にも問題が生じている可能性が指摘されています。さらに，情報化は教育の手法・技法にも影響を与えています。

効率化 今日では社会の効率化が進み，時間面，空間面，人や社会とのつきあいなどの面でゆとりや遊びという部分が少なくなったことが，教育にも影響を与えている可能性があります。例えば，原っぱなどの無意味と思われている空間の消失と時間の効率化が，子どもの成長に大きな影響を与える可能性が指摘されています。一見無意味な空間や時間から価値を見出すことができなくなり，人の創造性，適応能力，ストレス耐性などに影響を与えている可能性も指摘されています。また，生活習慣の変化にともない，睡眠の取り方や食生活にも変化が生じており，こうしたことが乳幼児や児童の脳の発達に影響をおよぼしている可能性があります。

個人化 物や情報が豊富になったことの反映として，家族や社会が協力する必要性が希薄になり，社会の個人化が進んでいます。そのため，人や社会とのコミュニケーションの方法がわからないといった対人関係の病理現象が生じています。また，他者の理解や社会性の育成というような，人格の形成にかかわる面でもさまざまな問題を生じ，反社会的な行為の増加につながっているという指摘もあります。

少子化 少子化が進んだ結果として，親が子育てや教育にあたって過剰に子どもにかかわる状況が生じ，また子どもの側としても，兄弟・姉妹や遊ぶ相手が少ないといった状況が生じています。こうしたことが，情報化，効率化，個人化などの影響と相まって，子どもの主体的な学習意欲や社会で生きていく力の減退をもたらしたり，社会性に欠ける子どもを生じさせたりしているのではないかともいわれています。

競争社会の進展 社会生活や学校生活における競争や，社会と個人との関係の変化，産業，経済や技術の激しい変化などにより，ストレスの多い社会になってきています。こうしたことから，教育の場においても，心の問題への対応の重要性が指摘されるようになっています。また，社会の変化に対応するための職業教育や訓練の重要性も高まっています。

高齢化 高齢化が進む中で，人生のさまざまな段階において新たな知識・技能の習得が求められています。また，学習活動，文化活動などを通じて自己実現を支援するような生涯学習の重要性も高まっています。さらに，高齢期においても心身の健康と知的活動の活性を維持することが必要となっています。

化学物質の影響　環境や食品などに含まれるさまざまな化学物質による脳への影響が，成長制御の不全やさまざまな学習や心の障害の原因となっている可能性も指摘されています。とくに，脳関門の未発達による胎児や新生児の脳への蓄積に関する問題があります。

2．教育をとりまく環境の変化に対応するための目標

「脳科学と教育」研究において指摘された教育をとりまく環境の変化に対応するための目標として，次の4つを報告書（2003年）はあげています。

環境要因が人の成長と学習活動に与える影響の解明　教育の大きな目的の1つに，自己の確立など人格の形成がありますが，さまざまな社会的な環境要因によって自己確立，他者への理解，自己の価値観の形成などが妨げられている可能性が指摘されています。その他，教育の場に生じているさまざまな課題は，環境の変化に由来するものが多いといわれています。

こうしたことから，社会的な環境の変化が教育に与えている影響の究明を脳科学との融合的な研究分野として確立し，研究していくことが必要であり，上述のような教育をめぐる社会的な環境の変化が人の脳発達にどのような影響を与えているかについて，また周産期医療，育児・保育から教育実践の場において，社会的な環境の変化が人の脳発達にどのような影響を与えているかについて具体的に把握することが必要となっています。

コミュニケーション能力の育成　乳幼児が情報機器にさらされていることが，言語などのコミュニケーション能力に大きな影響を与えているだけでなく，対面コミュニケーションや他者の表情を読み取るという共感性，社会性に影響を与えているといわれています。そして，少子化や核家族化はそうした傾向をさらに悪化させ，地域における子ども相互の関係集団の希薄化も，コミュニケーション能力の育成に支障となっている可能性が指摘されています。また，障害のない子どもにおけるコミュニケーション機能の発達もすべてが解明されたわけではなく，今後の研究が待たれています。コミュニケーション機能の発達は，他人への思いやりや相手の立場に立てる心の育成にも関係が深いといえます。

また，情報化とともに進展してきた情報や生活様式の国際化は，世界共通言語としての英語使用の必要性を高めています。したがって，英語を使っての自

己表現や他者とのコミュニケーションの教育，ひいては英語教育をいかにすべきかが学校教育の重要な課題の1つとなっています。また，英語を使用する必要性の増大と情報化の進展は，生涯の遅くに情報通信機器に遭遇し，英語使用に不慣れな中高年層に適応障害を引き起こしていると考えられます。このような中高年層に，いかなる生涯教育を行うかが課題となっています。

学習障害・注意欠陥多動性障害などへの対応　通常の学級に在籍する児童生徒について，文部科学省の調査研究会が担任教師を対象に2002年に行った全国的実態調査によれば，学習障害，注意欠陥多動性障害など，特別な教育的支援を必要とする児童生徒は，通常の学級に約6％の割合で在籍していることが推定されています。また，読字障害，算数障害，書字障害などの高次脳機能障害への対応が，学童期における大きな課題となっています。これらの疾患には，遺伝子の異常が見つかっているものもありますが，原因不明のものも多いのです。アメリカ精神医学会や文部科学省の調査研究協力者会議の報告では，中枢神経などに何らかの要因による機能不全があると推定されることが述べられていますが，一部に内分泌撹乱作用を有すると疑われる化学物質や環境汚染物質の影響であるとする報告や，さらには乳児期から情報機器にさらされていることが原因であるという説もあります。

　こうしたことから，学習障害などが脳のどの部位のどのような機能障害によって起きているのかを，細胞・遺伝子レベルの研究や脳機能の非侵襲計測などによる研究によって解明し，教育・療育に応用していくことが期待されます。学習障害や知能に関係する遺伝子の発見だけでなく，遺伝子を発現させる因子などを追究することも必要です。さらに，代償機能のしくみを解明し，ひいては代償機能を促進する方策の解明も重要です。代償機能とは，生物体のある器官の一部が障害を受けたり失われたりしたとき，残りの部分が発達するなどして機能の不足を補ったり，別の器官がその機能を代行することをいいます。

　また，学習障害については脳における機能局在との関連性が従来から指摘されてきたのですが，これまでは人における有力な研究手段があまりなかったため，脳の内部におけるしくみは十分明らかにされていませんでした。これに対して，近年発展の著しい脳機能の非侵襲計測などによる研究を応用すれば，脳の内部のしくみの解明ばかりではなく，機能補填のしくみも明らかにできる可

能性があり，実際的な教育課程・教育方法の開発・改善に大きく寄与する可能性があります。

過剰なストレスから脳を守り，健全に発達させる方策 現代社会における過剰なストレスが，脳機能に与える影響を解明することが課題となっています。現在では，過剰なストレスがもたらす問題は，成人だけの問題ではなく乳幼児期から始まるといわれています。虐待，いじめ，早期教育など，子どもに与えられる過剰なストレスが脳機能におよぼす影響について，脳機能画像研究によって明らかにすることが期待されます。

また，慢性疲労症候群などの疫学的調査も必要です。そして，コルチゾールなどの測定によるストレス強度の測定と行動実験なども必要です。コルチゾールは，副腎皮質ホルモンの一種です。さらに，遺伝子の発現解析法の開発が進みつつある現在，環境による遺伝子発現への影響に関する研究は，教育・療育に大きな影響を与える可能性があります。

3．教育をとりまく環境の変化に対応するための研究

教育は人をとりまくさまざまな社会的環境に影響されており，現代社会は教育の目的の達成に向けて新しい課題を抱えています。こうしたことから，「脳科学と教育」研究においては，人をとりまく環境が脳の発達・成長におよぼす影響を解明することが重要な視点となります。新しい情報通信機器のような新たな環境因子や，さらには食生活の変化，自然・社会体験の減少，少子高齢化社会への移行などを含めた環境の変化と脳機能との関係についての研究を進め，教育が抱える課題の解決を進めていくことが重要です。こうしたことをふまえつつ，環境の変化と教育の課題という視点から重点研究領域をあげると，次に示すようになります。

環境要因が脳機能に与える影響と教育への応用 環境要因が脳機能に影響を与え，それが新しい教育の課題を生み出しているものとして，情報化，効率化，簡便化などが，意欲や動機づけ，創造性の発達に与える影響などが考えられます。また，情報化などによって教育方法や教育課程が影響を受けています。こうしたことをふまえた環境要因と脳機能への影響に関する研究が重要です。

その例として，次のものがあげられます。①環境が脳内報償系の機能の発達

と可塑性に与える影響の解明に関する研究，②意識の発達と環境要因との関係の解明に関する研究，③高次脳機能の発達と環境要因との関係の解明に関する研究，④特定分野の学習能力の発達と均整のとれた全人的発達との関係に関する研究などがあげられています。

社会の情報化がもたらす脳機能への影響の解明　情報化，コンピュータの発達による情報処理の量や速度の飛躍的な増大，テレビ・ビデオ・ゲームなどの余暇や遊びの変化などが脳におよぼす影響についての研究成果は，まだ十分ではありません。そのため，脳に与える影響に関する学術的な研究と，社会統計的な技法をふまえた教育実践の場への応用研究を進めることが重要です。

その例として，次のものがあげられます。①乳児におけるテレビ・ビデオ聴取の実態調査や親などの意識調査を含めたコーホート研究（統計因子を共有する集団について観測する研究手法をさします。集団的前方視的研究とよばれることもあり，経時的な定点観測を意味する縦断的研究や，追跡調査研究などとともに使用されます），②ビデオ・テレビなどに早期から，あるいは長期にわたってさらされることの脳機能への影響に関する研究，③過剰刺激や偏った刺激が乳幼児の脳に与える影響に関する研究，④遠隔教育も含め，情報通信機器を用いた新しい教育手法による教育効果に関する研究，⑤上記に関連する問題を解決するための工学的応用開発などがあげられています。

効率化がもたらす脳機能への影響の解明　生活習慣の変化や，社会・自然体験などの実体験の減少，仮想体験の増加などが脳機能に与える影響と，それらが教育にもたらす影響に関する研究を進め，教育実践の場に活かすことが求められます。その例として，次の研究があげられます。①仮想体験の増加と，実体験の不足が脳機能に与える影響の研究，②過度の利便性向上にともなう脳機能の廃用性退行に関する研究，③睡眠の取り方や食生活の変化が脳に与える影響に関する研究，④上記に関係する問題を解決するための工学的研究などがあげられています。

個人化・少子化がもたらす脳機能への影響の解明　個人化や少子化によってもたらされるコミュニケーションの希薄化や，子どもに対する親の過剰保護・過干渉などが脳機能に与える影響と，それが教育にもたらす影響に関する研究を進め，教育実践の場に活かすことが求められます。その例として，次のもの

があげられます。①愛着行動のみられない子ども，言語遅滞のある子どもの高次脳機能計測による研究，②人の言語獲得に関する発達的研究，③顔認知など他者理解の発達に関する研究，④「心の理論」の発達に関する研究などがあげられています。

社会における過剰ストレスがもたらす脳機能への影響　社会生活，学校生活などにおける過剰なストレスが脳機能に与える影響を解明し，ストレス下で脳を健全に発達させる研究や，心の問題に対する対応のあり方，生活習慣，仕事に対する取り組み方の脳への影響の研究など，現場への応用を進めるための研究が重要です。また，虐待やいじめ，不登校などについては妊娠時からの調査が必要であるといわれています。こうした研究の例として，次のものがあげられます。①産後うつ病などの研究ともあわせた実態調査，②ひきこもり・不登校児の脳機能の解明に関する研究，③行為障害のある子どもの報償系の研究，④脳のストレス耐性のしくみの解明に関する研究，⑤虐待・暴力が子どもの脳に与える影響に関する研究，⑥長時間の緊張によって成人脳に生じる変化の非侵襲計測による研究などがあげられています。

コミュニケーション能力の育成　コミュニケーション能力の育成課題は多岐にわたりますが，例えば顔や表情認知の発達と可塑性，母子相互作用，身体的コミュニケーション機能の発達，言語機能の発達などが対象としてあげられます。具体的課題の例としては，次のものがあげられます。①乳幼児における顔，表情認知の発達に関する発達心理学的手法，および非侵襲計測による解明，②成人における顔，表情などの認知機構の非侵襲計測による解明，③コミュニケーション能力の発達の基礎をなす異種感覚（視覚，聴覚，体性感覚など）の統合機能の発達のしくみの解明，④身体的接触，話しかけなどの母子相互作用がコミュニケーション能力の発達におよぼす影響の解明，⑤上記の人の研究で得られたデータの意味づけのため，あるいは人では倫理的問題などで実施不可能な研究のための実験動物による研究，⑥乳幼児の言語獲得の過程と脳の形態的・機能的発達との関係の解明，⑦外国語習得度と習得開始年齢との関係（第二言語獲得の臨界期）の明確化と脳の発達過程の解明，⑧その他のコミュニケーション能力発達の発達心理学的あるいは非侵襲計測による解明などがあげられます。

顕在化する学習障害などに対する対応方策　学習障害への対応では，以下の課題が重要な研究例としてあげられます。①学習障害などが脳のどの部位のどのような機能障害と関連しているかの解明，②学習障害などに関与する遺伝子の解明，③学習障害などに関与する遺伝子が，どのようなしくみで学習障害などを起こすかを解明するための実験動物などを使った研究などがあげられます。

4節　「脳科学と教育」研究からみた教育の場における課題

　教育の場における具体的な課題のうち，「脳科学と教育」研究による取り組みが期待されている課題は，人の成長の過程に沿って以下に示すように分類されています。これらの課題の多くは，先に示した教育をとりまく環境条件の変化による増加が指摘されているものもあり，このような広義の教育関連課題の解決に向けて「脳科学と教育」研究の進展が期待されています。なお，以下の課題例はあくまでも各時期において特徴的なものをあげているにすぎず，各課題は必ずしもその時期に限定されるものではありません。

1．一般的な課題

　教育の場において発達段階に則して「脳科学と教育」研究が取り組むべき一般的な課題として，次のようなものがあげられています。①乳幼児期（0歳～5歳）の特異行動，被虐待児など，②学童期（6歳～15歳）の不登校，無気力，いじめ，反社会的行動，非行・暴力，学習意欲の低下，極端な自己中心行動，体力・運動能力の低下，青少年の性に関する問題など，③青年期（およそ16歳～29歳）の反社会的行動，ひきこもり，慢性疲労症候群など，④壮年期（およそ30歳～59歳）のひきこもり，産業ストレス・情報化ストレスなど，⑤高齢期（60歳以上）の加齢による脳機能低下などがあげられています。

2．障害のある人への教育・療育にかかわる課題

　教育実践の場において，発達段階に則して「脳科学と教育」研究が取り組むべき障害のある人への教育・療育にかかわる課題として，次のようなものがあげられています。①乳幼児期（0歳～5歳）の発達障害（知的障害，自閉性

障害，レット障害，脳性麻痺など）と感覚障害など，②学童期（6歳〜15歳）の発達障害（学習障害，注意欠陥多動性障害，自閉性障害，脳性麻痺など），精神障害（行為障害，摂食障害など），③青年期・壮年期（およそ16歳〜59歳）の若年性認知症など，④高齢期（60歳以上）の認知症，高次脳機能障害などがあげられています。なお，レット障害とは女児に起こる進行性の神経疾患で，知能・言語・運動能力に遅滞が生じるものをさします。手もみ動作などを繰り返す特徴がありますが，原因・治療法などは不明の部分が多い障害です。

5節 「脳科学と教育」国際研究プロジェクト

　経済協力開発機構（OECD）には，教育研究革新センター（CERI）という下部組織があります。このセンターの主要な目的は，現在および将来の教育問題や学習問題について調査・研究し，それらの問題を改善・改革するところにあります。この教育研究革新センターによって立ち上げられた国際的な脳研究として「学習科学と脳研究」プロジェクトがあります。このプロジェクトは，学習科学と脳研究との連携と融合を目的として1999年に立ち上げられました。このプロジェクトでは，とくに生涯を通じた教育・学習過程を脳科学の観点から解明することをめざしています。

　「学習科学と脳研究」プロジェクトの研究経過およびその成果は，これまでに行われた3つの国際フォーラムで報告されています。それらは，ニューヨークフォーラムの「脳のメカニズムと幼年期学習」，グラナダフォーラムの「脳のメカニズムと青年期学習」，そして東京フォーラムの「脳のメカニズムと老年期学習」です[3]。3つの国際フォーラムの報告書をもとに，その内容をまとめて解説しておきたいと思います。

1. 脳メカニズムと幼年期学習

　ニューヨークのサックラー研究所において，2000年6月に「脳のメカニズムと幼年期学習」のフォーラムが行われました。このフォーラムで重点的に報告され，討議されたのは，脳の可塑性と敏感期の問題でした。具体的には，発達の早い時期である幼児期の言語獲得，認知能力，読みのメカニズム，数学的

思考，そして情動的知能などについて報告され，討論が行われました[4]。

言語獲得と脳

　オレゴン大学神経科学研究所のネヴィルは，教育における脳科学の役割とは何かについて報告し，脳は学習を促進し，それと同時に学習を制限し，抑制するものでもあることを指摘しています。教育カリキュラムをより効果的なものにしたり，またそうしたカリキュラムが，子どものある特定の発達時期においてとくに有効であることを示すのが，教育に対する脳科学の役割であることを強調しています。

　学習を促進し，またそれを制限し，さらに抑制する脳のメカニズムが解明されれば，例えば学習障害をもつ子どもの治療に役立つだけでなく，一般の多くの子どもの学習をより効果的なものにする教育プログラムの開発にも役立ちます。ネヴィルは，このことを示す例として脳のメカニズムと第一言語および第二言語の学習について検討した研究を報告しています。

　子どもの言語獲得には，例えば文脈，意図，音韻，意味処理，そして文法処理など，多くの異なる処理過程の学習が必要です。その中でネヴィルは，文法処理と意味処理が脳の異なる神経システムにかかわっていることを指摘しています。このことは，例えば「ネコ（cat）」「ウマ（horse）」「クルマ（car）」といった意味情報を示す単語を音読しているときに賦活する脳領域と，「〜の上に（up）」「〜の（of）」「あるいは（or）」といった文法情報を示す単語を音読しているときに賦活する脳領域を比較することで検証することができます。ネヴィルは，意味処理が両半球の後部外側領域を賦活させるのに対し，文法処理は左半球の前頭葉領域を賦活することを見出しています。言語のような高次機能は，脳の単一領域によって営まれるのではなく，異なる複数の領域によって処理されます。そして，そのような神経システムは，誕生から成人に達するまでの間でその機能を獲得し，成長させるしかたも異なっていることが指摘されています。

認知能力と脳

　カリフォルニア大学バークレイ校心理学科のゴプニックは，子どもが特殊な知性とスキルをもって生まれてくることを，乳幼児の観察から見出しています。幼児は他者がどのように考え，また感じているかを理解することができるし，

さらにそれらのことが自分自身の思考や感情とどのように関係しているかについても理解できると彼女は指摘しています。これらは日常の心理学といわれるものであり、子どもの「心の理論」と関係するものです。子どもが学ばなければならない最も大切なことは、彼らの周りにいる人が何を考え、どのように感じ、何について知っており、そして世界をどのように理解しているのかということを理解することである、とゴプニックは指摘しています。他者についてのこの学習は、就学前の早期学習の4つの主要な学習のうちの1つです。その他の3つは、言語、日常の物理学（ものはどのように動くのか、どのように作用しあうのか）、日常の生物学（生物や動物はどのように活動するのか）にかかわる学習です。

　メルツォフによって見出された乳児の日常の心理学のわかりやすい例は、表情の模倣です。これは、新生児がある種の顔の表情を作り出す行動を学習する能力を生まれながらにもっていることを示しています。つまり、新生児は生まれながらにして、人は特別な存在であることを認識しているのです。乳児が他者の内面を感じるしかたは、他者の行動するしかたをまねることと関係しているのです。言い換えると、乳児は生まれながらにして、単なる知覚、感覚、運動情報以上のものを認識している、認識する能力をもっているということなのです。

読みのメカニズムと脳

　サックラー研究所のマッキャンドリスは、4～7歳の子どもが、ものの認識や言語表象に結びつく音の認知について十分な能力をもっていると指摘しています。そして、こうした能力の基礎となる脳機能ももっていると述べています。さらに、この年齢の子どもは文法能力、文および文脈の理解力、そして複雑な物語やその状況を理解する能力ももっていると指摘しています。

　読みの学習に困難を示す子どもが、2～20％いると推定されています。これをディスレクシア（難読症）といいます。読みの障害は回復がたいへん難しく、また多くの時間と労力が必要です。マッキャンドリスは子どもの読みの障害の研究を行い、その重要な結果として、この障害をもった子どもが実際には読みの学習能力をもっていることを指摘しています。つまり、読みの障害をもった子どもが解読能力をもっていることがわかったのです。例えば、彼らは、

SATのような三文字語の最初の子音を90％正確に解読し，発音できます。しかし，最後の子音がうまく発音できないのです。真ん中の母音の認知もよくありません。言い換えると，これらの子どもは文字を抽出して，それに音を与える能力はもっているのですが，最後の子音や中間の母音を解読する能力に障害があるのです。

読みの障害は，例えば視覚障害，難聴，認知機能障害など，多くの原因によって生じると考えられますが，そうした症状があるからといって回復できないというわけではありません。早期に診断し，適切な処置を行えば，症状の改善を図ることが可能なのです。

数学的思考と脳

フランスの脳科学者ドゥアーンは，小学校に入った子どもたちの大きな挑戦の１つが読みの学習であるとすれば，もう１つの大きな挑戦は計算することの学習だと指摘しています。彼は，数を操作するための特殊な領域が大脳両半球の後部領域に存在することを示しています。

数の操作　量としての数を表象するために特殊化されている脳領域は，両半球の後部です。例えば，「34と45では，どちらが大きいか」「6と8の間の整数は何か」，あるいは「17は，20により近いか，それとも10により近いか」といった問題を考えるときに用いるのがこの脳領域なのです。この領域は，「数直線」上に数を表象する能力にも関係しています。私たちが「4＋5は約10」と言うとき，10は正答である9に空間的に近いと考えているのです。こうした空間的な数直線は，脳のこの領域の働きによっているのです。

脳の後部領域に損傷を受けると，数の量的意味が理解できなくなってしまいます。これを失算といいます。計算障害のことです。失算とは，数の計算ができないだけでなく，数の理解ができないことも意味しています。例えば，「3－1」のような簡単な計算ができなくなります。患者は，例えば「7です」と答えるかもしれません。また，彼らは2と4の間にある数がわかりません。これに答えるためには，空間的な表象力が必要で，「間」という意味を理解し，答えは２つの数の間にあるということを理解しなければなりませんが，失算患者ではこうした数の空間的概念が欠けているのです。

4か月半の乳児でも，1，2，3の違いを理解できることが示されていま

す。2個と3個，あるいは2音と3音の区別をすることができるのです。彼らはまた，1個と1個を足すと2個になることも予測することができます。もし検査者が2個以外の結果を示すと，彼らはびっくりしたような表情を示しさえするのです。4～5か月の乳児に，2個の物が提示されます。その後，これらの物はボードの後ろに隠されます。2つの物のうち1つが，乳児に気づかれないように取り除かれます。ボードが取り除かれたとき，1つ残された物をじっと見て，乳児は驚いたような表情を見せたのです。あるいは，まゆ毛を上げるとか，目が大きくなるといった驚き反応がみられたのです。これは，乳児が「2－1」の操作をしていることを示しています。乳児の驚き反応は，少なくともこの月齢の子どもが，単純な計算の操作をして数的な予測をすることが可能であることを示しています。

算数の学習　ドゥアーンは，子どもが足し算，引き算，かけ算，わり算のような数の操作をしているときの脳の賦活領域について，三重コードモデルを提唱しています。これは，数の操作をしているとき，子どもは3つの行為のうちの1つを行うというものです。1つは視覚的操作を行うこと（例えば，数字の3を見るという行為），2つは言語的操作を行うこと（例えば，「さん」のような数を聞いたり，読んだりといった行為），3つは量として数を表象すること（例えば，3は1より大きいことを表象する行為）です。これらの行為は，それぞれ脳の異なる領域に関係しています。それらは，耳の後ろにあたる両半球の視覚下位システム，左半球の言語下位システム，耳の斜め上にあたる両半球の量の下位システムといわれる領域です（図2-2）。

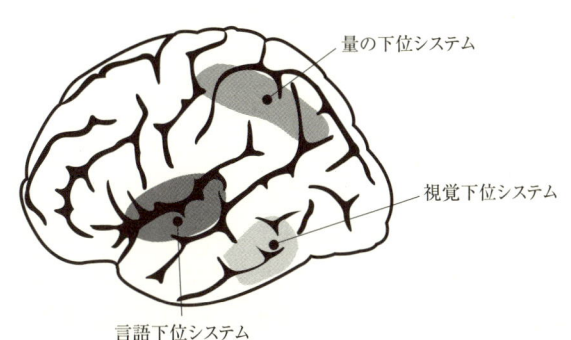

図2-2　三重コードモデル[4]

ドゥアーンは，子どもの計算が難しい場合の理由を2つあげています。1つは，量の下位システムのようないくつかのネットワークが障害を受けているために数情報の操作がうまくいかなくなると計算することが困難になります。もう1つは，計算をするためには量的表象を言語シンボル，あるいは視覚シンボルとそれぞれ結びつける学習をしなければなりませんが，これらの結合には長い時間がかかります。それまでの間，計算がうまくいかないことが起こるのです。

情動的知能

　ピッツバーグ大学医学部のサーバン＝シュライバーは，教育的観点から重要なことの1つとして，子どもがその時の状況を適切に判断し，評価するのに，情動的価値が重要な役割を果たしていることを指摘しています。人の情動脳は，人をコンピュータによる単なる情報処理以上の存在にすると彼は述べています。

　情動脳　教育の目標は，認知能力を伸ばすだけでなく情動能力を伸ばすところにもあります。情動脳は，人以外の哺乳類ももっている脳です。人と他の哺乳類とを区分するのは大脳皮質です。大脳皮質は，計画，行為，注意などの高次情報処理を受けもっています。一方，情動脳は発達に深くかかわっており，人を単なる情報を処理するコンピュータ以上のものにする力をもっています。

　情動脳は，社会的判断，つまり社会的成功にも関係しています。社会的判断をするときに脳の情動領域と認知領域が相互作用をする例として，ダマシオによるケース研究があります。社会的成功を収め，130のIQがあった会計士の男性は，損傷のために脳の一部を切除したのですが，IQは数年間標準以上を保っていました。しかし，彼の社会的判断力は大きく障害を受けていたのです。そのため，彼は仕事を失い，他の仕事を続けることもできず，結婚生活も終止符を打つことになったのです。

　この例は，IQが社会的判断をするのに十分なものではないことを意味しています。IQは，30年後のその人の給料，生産性，地位，満足，あるいは友情などを予測するのに適切な指標とはいえません。別の研究でも，児童期の情動性は，彼らのIQより彼らが大人になったときの成功をよりよく予測していたことを報告しています。私たちが子どもに期待する能力は，すべての社会環境，中でも学校環境と家庭環境において機能する情動的知能をもつことであるとい

えるでしょう。ここに含まれる能力とは，自己を認識する能力，自制心と同情心をもつ能力，そして対立を解決して他者と協力する能力などです。

心的イメージと情動調整　情動脳は，脳の認知的領域と関係しているだけでなく，脳の知覚的領域とも関係しています。ハーバード大学のコスリンによれば，脳のこの領域は知覚だけでなく，心的イメージ（表象）や心的視覚化にも関係しています。脳の多くの領域が，イメージのような視覚活動をしているときに働いているのです。ここから，心的イメージは活動イメージと同じような効果をもつとみられています。コスリンは，人が嫌う刺激，例えばひどく殴打された顔や焼けた人体を心的に映像化するように求めました。その結果，それを容易に行った人ほど皮膚伝導や心拍数に変化がみられたのです。これらは，通常のイメージ，心的イメージとは異なるものであるとコスリンは指摘しています。事実，嫌悪刺激は普通の刺激よりも多くの脳領域を賦活することをコスリンは示しています。その脳の1つが前島（大脳辺縁系内）で，身体の自動的活動やホルモンによる活動にかかわる領域です。これらのことは，人は特殊なイメージをつくることによって，自分の情動状態を変えることができることを示しています。つまり，嫌悪刺激を想像すると脳に記録されるだけでなく，身体にも影響をおよぼすということが実証されたのです。

ここから，イメージを教育に応用することの可能性をコスリンは指摘しています。以下のような例が示されています。

① 記憶を助けるイメージ：事物はことばより記憶されやすいので，ことばで命名された事物は，そのことばをより思い出しやすくします。
② ホルモン調整としてのイメージ：テストステロンというホルモンは，空間能力に影響をおよぼします。テストステロンは空間能力を高めますが，それがないと空間能力は低くなるのです。逆に，空間的な状況を視覚化するような訓練は，このホルモンの状態に影響をおよぼすことができるのです。
③ 心理療法に使われるイメージ：この技法は，クライエントの不安を取り除くために用いられます。

情動状態を調整し変化させるイメージの効果は，イメージをつくり，それを使用する個人の能力に依存しているとコスリンは指摘しています。また，イメージ訓練が自己調整に変化をもたらすかどうかについては，さらなる研究が必

要だとも指摘しています。

　以上のように, ニューヨークフォーラムでは脳の可塑性, 脳の敏感期, 情動的知能, そして読み書き能力などの主要なテーマについて総合的な討議が行われ, 次回のグラナダフォーラムに引き継がれたのです。

2．脳メカニズムと青年期学習

　スペインのグラナダ大学において, 2001年2月に「脳のメカニズムと青年期学習」のフォーラムが行われました。このフォーラムで重点的に報告され, 討議されたのは, 脳科学の知見を教育の世界にわかりやすく紹介することと, 青年期の脳を未完成とみる考え方についてでした[5]。

脳科学から教育へ

　学習や教育の問題は, 従来, 教育学や教育心理学を中心とした文科系の研究課題とされてきました。しかし, すでに述べてきたように, これらを生物学を中心とした理科系の問題としてとらえ直すことにより, 脳科学との接点が生まれてきたのです。脳科学は, 学習を環境からの外部刺激によって神経回路が構築される過程としてとらえ, そこから教育を神経回路網を構築するのに必要な外部刺激を制御, 補完する過程と考えて, 学習と教育の問題に新しい地平を切り開こうとしているのです。

　脳科学の学習と教育への新たな取り組みの中で, 性別, 自尊心, 仲間の影響, そして文化などの教育の多様な問題に対して, グラナダフォーラムでは脳科学からのアプローチの必要性について議論が行われました。また, 遺伝と環境, 可塑性と臨界期にかかわる脳科学的な研究と教育への還元の問題, さらにカリキュラム主導の教育システムから, 教授法主導の教育システムへの転換の問題が討議されました。つまり,「何を学習するか」から「どのように学習するか」に研究の視点を転換していく必要性について議論が行われたのです。そしてこれらの議論から, 将来めざされる教育は, 明確な教育的分析を基盤にして脳科学と認知心理学が重なり合うところに位置するものになると予測されたのです。

青年期の脳と学習

　青年期の脳はまだ未完成の段階にあると考えられる多くのトピックについて,

多様な議論が行われました。

内的・外的学習　脳機能画像法によって，学習の神経的回路を表示することが可能になりました。例えば，頭頂葉のブロードマン40野と7野は，「どこ（where）」の処理にかかわる領域であり，右側頭葉の21野は「何（what）」の処理にかかわる領域であることがPET研究により明らかにされています。また，前頭葉の6野と46野は空間的なワーキングメモリに関係しています。また，脳機能に基づいて2つの学習システムが提案されています。1つは背側システムで，これは1次元内での学習にかかわるシステムです。もう1つは腹側システムで，これは複数次元にかかわる学習のシステムです。

前頭連合野の成熟　脳機能画像研究は，前頭連合野が20〜30歳までの年齢でゆっくり成熟することを示しています。前頭連合野は，3つの領域に分けられます。背外側頭前皮質は，認知機能に関係しています。とくに，注意やワーキングメモリ，それに行為のプランニングに関係することがわかっています。外側皮質と眼窩皮質は，社会的行動と情動や動機づけの調整に関係しています。この領域は，パーソナリティの劇的な変化を生み出す領域でもあります。さらに，青年期の脳の髄鞘化は急速に進み，それは皮質領域に限られていることが示されています。こうした前頭連合野の成熟は，22〜30歳の成人前期を通して起こるとみなされています。

心的シミュレーション　ハーバード大学のコスリンは，思考における心的シミュレーションの役割について提案しています。とくに，現実シミュレーションの原理について自説を展開しています。これは，心的表象が実際の活動状況に一致するように，心と身体に同じ影響をおよぼすことを主張するものです。コスリンは，シェパードが使ったメンタルローテーション課題，歯車－滑車課題を用いた研究を紹介しています。コスリンは3つのポイントを指摘しています。それらは，①表象には異なるタイプがある，②表象には個人差がある，そして③課題と能力の適合性がある，の3つです。

現実シミュレーション原理は，教育の中で2つの主要な応用面をもっています。1つは教授の推論であり，もう1つは記憶の援助です。心的表象において，人は記憶として貯蔵している情報を使いながら視覚システムを実際に使っているとコスリンは考えています。視覚システムは，「何」のシステム（側

頭葉の下部）と「どこ」のシステム（頭頂葉の上部）によって説明されます。もし動物が図形弁別の訓練を受け，その後で側頭葉の下部を切除されたら，その動物は図形弁別ができなくなります。同じく頭頂葉の上部が切除されれば，その動物は位置の弁別ができなくなるのです。これらのことは，視覚システムに2つの経路があることを示しています。

数学的技能　アルメリア大学（スペイン）のアロンソは，数学的技能を獲得する脳のメカニズムについての証拠を示しています。教育実践の場に届けられる多くの脳研究の事実は，かなり単純化されているとアロンソは指摘しています。例えば，教師や親は「左半球処理」対「右半球処理」といったことをよく口にしますが，このレベルの脳のとらえ方はたいへん粗いものであり，実際の教育実践にはほとんど役に立ちません。

　数学学習および数学学習と神経科学との関係についての最近の研究は，脳は数学のいろいろな課題を解くために，異なる領域を用いることを明確に示しています。行動的あるいは脳機能画像的研究は，計算能力が左前頭葉の働きによることを示しています。ここは，言語記憶課題でも賦活する領域です。また，前頭連合野と前帯状回は複雑な計算をするのに大切な役割を果たしている領域です。

　アロンソも，複雑な数学的課題の遂行が前頭連合野と前帯状回にかかわっていることを指摘し，この脳領域が計画，系列順，決定，誤りの訂正，結果の修正などの行動統制にかかわっていることに注目しています。初歩的ではない数学の問題解決は，いくつかのネットワークの活動を調整するために，前頭連合野の活動を必要とします。さらに，10代の子どもの脳はその機能が向上する時期にあるので，数学を教え，その能力を伸ばすのに最適な時期であるといえます。そして，数学の理解にはイメージ・シェマ（例えば，構成要素の空間的関係）と概念的隠喩を用いることができるかどうかが重要だとアロンソは併せて指摘しています。

読書技能　ハイクックとペペルは，健常者と難読症者の違いを示す脳領域があると指摘しています。左半球の聴覚野に近い上側頭回がそれにあたります。難読症やその兆候をもつ10歳児では，読書や音韻的技能にかかわる課題で，この領域が正常に活動できないことをfMRI研究は示しています。その代わり，

難読症者は前頭葉の活動が大きいのです。これは，音韻的な処理が難しいのを補償するためではないかと考えられています。

読書能力の高い子どもは，よく知ったことばでも新しいことばでも，ともに左半球の上側頭回での賦活が大きく，難読症の子どもは同じ課題でその領域の賦活が低いのです。しかし，3か月の認知的介入セッションを行うと，難読症の子どもでこの課題に対する上側頭回の賦活が増大することが示されています。

以上のように，グラナダフォーラムでは脳科学から教育に向けた討議と，青年期の脳と学習をテーマとした総合的な討議が行われ，次回の東京フォーラムに引き継がれたのです。

3．脳メカニズムと老年期学習

東京の理化学研究所脳科学総合研究センターにおいて，2001年4月に「脳のメカニズムと老年期学習」のフォーラムが行われました。このフォーラムで重点的に報告され，討議されたのは，老化する脳の本質，および老年期まで認知機能を伸ばし向上させることができるかどうかの問題でした[6]。

加齢にともなう障害

多くの認知能力の低下が高齢者の脳について明らかにされていますが，そのうちいくつかの認知能力の低下が60代以降で顕著になることが報告されています。そして，加齢にともなう2つの脳の病気，すなわちアルツハイマー病と老年期うつ病は，認知能力を著しく障害することも示されています。

多くの認知能力は，20歳から80歳にかけて減衰していきます。認知能力の中では，文字比較，図形比較，文字転回，計算スパン，読みスパン，手がかり再生，自由再生などの能力に顕著な低下がみられます。しかし，認知能力が加齢によって低下するという説は，最近の高齢者の脳研究によって見直されるようになっています。たしかに加齢にともなって神経細胞の数は減少するといわれますが，それは大脳皮質に存在する大きい神経細胞にのみあてはまることです。これらの大きい神経細胞の数は，小さい神経細胞の数が増えるために減少しているのです。したがって，神経細胞の数は総数としてはほとんど変わらな

いのです。ただ，小さい神経細胞では神経接続の能力が低下するので，シナプスの数は少なくなります。

　発達の早い時期に形成されるシナプスは自然発生的なものですが，それ以降，生涯を通して複雑な環境にふれることにより形成されるシナプスは，それとは区別することが必要です。例えば，言語獲得についていえば文法の習得は発達初期のある一定の期間が最適期といえますが，語彙の習得は生涯を通して可能です。高齢者における認知能力の個人差を生み出しているのは，多くが後者のタイプによる学習の差といえます。

脳の病気による能力低下の阻止と回復

　アルツハイマー病による障害の第1は注意の障害であり，第2は記憶の障害です。注意障害のうち空間的な選択的注意（注意の変換や空間の計測など）は，アルツハイマー病の早期の段階で障害を受けます。したがって，こうした行動的障害を適切に測定できれば，アルツハイマー病の早期発見につながります。注意機能障害は，軽度アルツハイマー病患者でも出てくるので，この病気の早期発見に役立ちます。さらに，注意機能にかかわりの深い記憶機能は，アルツハイマー病の機能障害の中で最も重篤なものとして現れます。その意味からも，記憶機能と関係する注意機能の変化はアルツハイマー病のより確かな早期発見につながるものといえます。

　文京女子大学の下仲順子は，高齢者における知能や問題解決能力，そして人格の柔軟性が，創造性や健康そして幸福感と密接に関係していることを報告しています。創造性は知能とは区別されるもので，認知機能の低下が必ずしも創造性に影響するわけではありません。日本の25～83歳までの成人について，ギルフォードテストによる創造性の加齢的変化を調べた結果，流暢さ，思考力の独自性，創造能力の生産性と応用性について年齢差はみられませんでした。しかし性差はみられ，女性の流暢性と生産性の高いことが報告されています。これらのことは，さまざまな創造的能力が成人期を通して維持されていることを示しています。

生涯続く脳の可塑性

　脳が柔軟で敏感，そして好奇心に満ちた働きを続けられるのは，脳の可塑性が生涯を通して存在するからだと考えられます。これまで，例えば日本人は英

語のrとlの発音を区別することが難しく，長く英語圏で生活したとしてもこうしたことが残ることから，ことばの発音の獲得に脳の可塑性が関係しているとみられてきました。そして，この可塑性は発達初期の乳児期の子どもの脳にのみあると考えられてきました。しかし，ここ20年の研究から脳の可塑性は一生を通して保持されていることが明らかになってきました。さらに，記憶などにかかわる海馬組織では，新しい神経細胞が生涯にわたって再生されることも発見されました。

　こうした脳科学からもたらされた最近の知見は，人間の生涯を通した学習の可能性を示唆しています。もちろん，学習の到達レベル，学習のスピードそして学習の内容を若年者と比べれば，高齢になるほど劣ってくるわけですが，すべての学習，能力において高齢者が単純に劣っている，あるいは低下しているということではありません。領域を限れば，若年者の脳と対等の学習能力を発揮する可能性は高齢者にもあるのです。

健康と認知能力

　私たちが高齢になっても適正な認知能力をもち，それを用いて環境に適応していけるのは身体が健康だからであり，中でも脳が健康であるからだといえます。昔から，「健全なる精神は健全なる身体に宿る」といわれてきました。まさに，健康な脳が適正な能力を生み出し支えているといえるのです。

　東京都老人総合研究所の辰巳格は，成人と高齢者の言語能力を比較しています。30秒間に特定のカテゴリーに属する単語をできるだけ多く再生するように求めました。高齢者の単語再生は成人の約75％でした。また，有名人の名前の再生は同じく約55％でした。いずれも成人より劣る結果がみられました。さらに，PETを使った研究では，成人が名前を再生しているときの脳の賦活部位は左半球の側頭葉前部と前頭葉であったのに対し，高齢者ではこのような特定部位の賦活は明瞭にはみられませんでした。また高齢者の場合，成人では賦活されない部位が賦活するという現象もみられました。1つの解釈として，老人が名前を思い出す力を補うために本来使われない部位を用いたために賦活したということが指摘されています。

　成人に比べれば高齢者の認知能力が低下することは否めませんが，高齢者が健康な脳を維持していれば，それだけ高い認知能力を保つことができるという

ことを示しています。

4．国際フォーラムの課題と成果

　第1回のニューヨークフォーラムでは，人生を決める発達初期の重要性について総合的な討議が行われました。第2回のグラナダフォーラムでは，脳の発達過程について十分な理解ができていなかったことを討議し，脳科学からみる教育において，「何を学ぶか」ということ以上に「どのように学ぶか」ということの重要性について討議が行われました。第3回の東京フォーラムでは，脳の加齢の問題について総合的な討議が行われました。3つのフォーラムにおいて行われた討議内容，およびその成果をまとめたものが表2-1です。

表2-1　「脳科学と教育」国際フォーラムの課題と成果[6]

	情報の提供	前進	成果
ニューヨーク	初期学習の重要性	愛着	初期学習の質
グラナダ	脳の発達モデル	学習	脳に基づく教育
東京	脳の加齢	自己援助	高齢者の学習保障

3章
脳の発達と学習力

　脳は，その構造と働きの面から「上下」「前後」，そして「左右」に分けて考えることができます。大脳皮質，大脳辺縁系，脳幹という上下の区分，大脳皮質の前頭葉とそれ以外の頭頂葉・側頭葉・後頭葉という前後の区分，そして左半球と右半球という左右の区分です。脳の機能は，これらの区分のそれぞれについて明らかにされた知識を総合することによって，よりよく理解することができます。脳の構造と機能は，長い発達過程を通して形成されます。その過程は連続的，規則的なものというより，発達の節目といえる時期を含めて質的に異なる段階，特徴を示しながら展開していきます[1]。ここでは，脳の構造と機能の発達過程について考えます。

1節　脳の機構

1．脳の上下の機構

　神経生理学者マクリーンは，脳の進化の観点から人の脳が3つの層からなるとしています。人の脳は，最下層の爬虫類脳（反射脳），その上の下等哺乳類脳（情動脳），そして最上層の高等哺乳類脳（理性脳）の3層構造からなるとする三位一体脳モデルを提唱しています[2]。

　脳の中心部にあって発生的に最も古いとされる爬虫類脳は，呼吸や血液の循環を調節する，また内臓器官の営みを調整するなどの働きをしています。さらに，姿勢保持反射や防御反射など，反射活動のコントロールも行っています。つまり，爬虫類脳は生命の維持に直接かかわる働きをしているのです。その上の下等哺乳類脳は，食欲や性欲など個体の維持と種族の保存にかかわる本能行

動を受けもっており,さらに快・不快,怒り,怖れ,喜び,悲しみといった情動にともなう行動にもかかわっています。そして,最上層の高等哺乳類脳は,認知や記憶,思考や言語,あるいは感情（情操）や意思などの高次精神活動を司っており,外界への適応行動と適応を拡大していくための創造的活動の調整,さらに情動や行動の統制にも深くかかわっています。

　マクリーンの三位一体脳モデルは,具体的には脳幹,大脳辺縁系,大脳皮質という脳の上下構造に対応しています（図3-1）。脳幹は,上から順に間脳（視床,視床下部,脳下垂体を含む),中脳,橋,延髄となっており,延髄の後方は脊髄につながっています。

　このうち,中脳,橋,延髄,そして脊髄系は,呼吸,循環,ホルモン分泌,消化吸収,嚥下,まばたきなどの自律性反射や体性反射,それに免疫機能などの生命維持に直結する働きをしています。さらに,延髄,橋,そして橋によってつながっている左右の小脳の3つが共同することによって,全身の筋肉を円滑に動かす働きをしています。橋の上にある中脳は,姿勢や歩き方をコントロールする働きに関係しています。

　間脳にある視床は,脳のほぼ中心に位置しており,大脳皮質に入る情報,出る情報のすべては必ずここを通ります。視床下部は,摂食中枢,満腹中枢,性欲中枢,そして体温調節中枢などの本能的欲求や摂食行動,性行動にかかわっており,さらに集団行動などの本能行動,および接近行動,逃避行動,攻撃行

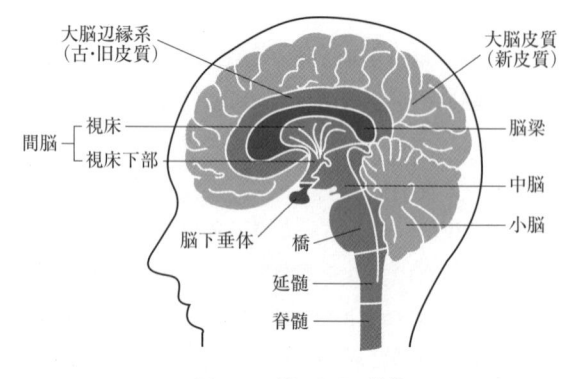

図3-1　脳の上下の機構

動などの情動行動にもかかわっています。また，これらの行動に関係する自律神経，内分泌，免疫反応の中枢としても働いています。

　脳幹とそれに続く脊髄系は，生命維持に不可欠な組織として位置づけられ，「生きている」脳とよばれています。この生きている脳の保障の上に「生きてゆく」という意識のある生命活動が展開されるのです。「生きてゆく」脳は，その働きから3つの層に分けられます。第1は，情動行動の制御に深くかかわる大脳辺縁系（大脳基底核，古皮質，旧皮質を含む）の層です。これは「たくましく生きてゆく」脳とよばれています。大脳基底核にある扁桃体は，好き嫌い，あるいは怖れなどの情動にかかわる働きをしています。第2は，変化する外部環境に適切に対処していく適応行動を統制する新皮質系の層です。前頭葉を除く新皮質の領野がこれにあたり，「うまく生きてゆく」脳とよばれています。そして，第3は未来に目標を設定し，価値を追求し，その実現を図ろうとする創造行為を調整する同じ新皮質系の層です。前頭葉がその領野にあたり，「よく生きてゆく」脳とよばれています。

2．脳の前後の機構

　脳の中央上部から斜め前下方に向けて深い溝が走っています。これを中心溝といいます。さらに，前下方から後上方に向けても深い溝が走っています。これを外側溝といいます。この中心溝と外側溝の前方の領域を前頭葉，それより後方の領域を頭頂葉・側頭葉・後頭葉として，脳を前後に分けることができます（図3-2）。大脳皮質の前後の区分は，うまく生きてゆく脳とよく生きてゆく脳に対応しています。つまり，新皮質の後部がうまく生きてゆく脳，前部がよく生きてゆく脳です。

　後部の頭頂葉・側頭葉・後頭葉の領域は，外部から情報を入力し，それを処理し，さらに加工したり，保存したりする働きをします。外部から情報を入力する働きを知覚といいます。知覚には，視覚，聴覚，体性感覚，味覚，嗅覚の五感があります。五感に対応した感覚野が，後部の領域に局在しているのです。私たちは，五感を通して外部情報を入力し，それらを知覚しているのです。入力された感覚情報はさらに処理され，情報の意味や価値が判断されます。そうした働きを認知とか理解とよんでいるわけです。認知され理解された情報は，

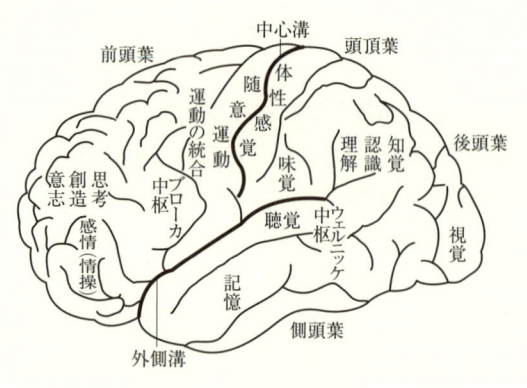

図3-2 脳の前後の機構

必要に応じて新しい情報に加工されます。例えば，ことばやイメージに変えるという働きがそれにあたります。加工された情報は知識として保存されます。それを記憶とよんでいるわけです。このように，新皮質の後部は外部情報を入力し，処理・加工して保存する働きをしているのです。こうした脳の働きは，私たちの環境への適応を高めるものといえるので，新皮質の後部はうまく生きてゆく脳とよばれるわけです。

前部の前頭葉の領域は，情報を再統合して新しい知識を生み出したり，価値判断をして適切な行動を導く働きをしています。後部領域に保持されている知識（記憶）を用いて思考し，新しい知識を創造したり，入力情報の価値判断に並行してさまざまな感情（情操）を経験したり，他者に共感したり，他者を思いやったり，そして特定の意図をもって感情や行動をコントロールするための指令を出したりします。このように，人の高次精神活動を営んでいるのが前頭葉なのです。つまり，入力され，加工，保持された情報を再統合して1つの価値判断を与え，特定の意図をもって指令を出して適応行動を出力していくのが新皮質の前部の働きといえるでしょう。こうした脳の働きは，私たちをより創造的に環境とかかわらせるので，新皮質の前部はよく生きてゆく脳とよばれるのです。

前頭葉の後方は，随意運動の中枢である運動野と運動連合野からなっており，随意運動や複雑な運動の統合などを行っています。その前方にあるのが前頭連

合野になります。前頭連合野は，大脳皮質のおよそ28％を占めていますが，これは他の動物に比べて非常に大きいといえます。例えば，ネコでは前頭連合野が大脳皮質に占める割合は3％，ニホンザルでは12％，チンパンジーでも17％にすぎません。したがって，人の脳の大きな特徴は，拡大した前頭連合野にあるといっても過言ではないでしょう。前頭連合野は人の脳の最高中枢として，前頭葉の主要な働きを営んでいるのです。

3．脳の左右の機構

　脳は，ほぼ形状の等しい2つの半球，左半球と右半球からなっています。2つの脳は独立しているのではなく，それらを連絡する交連線維によって結ばれています。交連線維の最も大きい束を脳梁といいます。脳梁は，およそ2億本の神経線維からなっており，大脳の内側の中央部にあります。

　これまでの研究から，左右の脳はその働きが相対的に異なっていることがわかっています。それを最初に，そして鮮明に示したのが神経心理学者スペリーによる分離脳研究です。分離脳というのは，左右半球を結んでいる交連線維（脳梁あるいは前交連）を切断した脳の状態のことをいいます。この手術が行われたのは，重いてんかんの治療のためでした。てんかんでは，その発作が病巣のある半球から交連線維を介して反対側の半球にまで広がり，結果的に発作の程度が大きくなってしまうことがあります。そこで，その症状を軽減するために脳梁などの交連線維を切断する手術が行われたのです。

　分離脳患者を対象にして，スペリーは左右半球の働きの違いについて組織的に研究したのです。分離脳患者では，左脳と右脳の連絡がほぼ完全に断たれているので，特殊な方法を使えばそれぞれの半球がいったいどのような働きをしているのかを独立に調べることができるのです。スペリーは，視覚，聴覚，触覚などの感覚刺激を特殊な方法を使って分離脳患者に提示し，左半球あるいは右半球のみに感覚情報を与えたのです。分離脳患者の左右半球の連絡は断たれているので，1つの半球に入った感覚情報はそこに留まって反対側の半球には伝えられません。したがって，各半球での独自の処理のしかたがわかるわけです。スペリーの分離脳研究からわかった左右半球の主な働きは，左半球が主として言語機能や分析的思考にかかわるものであり，右半球が主として空間機

能や直観的思考にかかわっているというものでした。

2節　脳の発達

1．脳の発生過程

　人の胎生期間は約280日で，最初の8週までを胎芽（胚子）期，それ以後を胎児期といいます。脳の形状が最初に現れるのは，受精後約3週間たった頃です。身長が3mm程度の胎芽の時期です。脳は，まず神経管の一端がふくらむという形で芽生えはじめます。5週間経つと脳幹の発生がみられ，7週間で大脳半球が出現しはじめます。そして，5か月を過ぎると脳は急速に大きくなり，人の脳らしく見えてきます。7か月頃になるとさらに大きさを増した大脳に溝や回がみられるようになり，いわゆる脳のシワが現れはじめます。9か月になると，正常な大人の脳とほぼ同じ形を見せるようになります[3]。

　胎生期の脳の発達をみると，最初の2か月は形の変化が次々と起こり，その後は容積の増大が急速に起こります。胎生期間の脳重量の変化をみると，4か月の頃は20～30gくらいしかありませんが，その後急速に増加して誕生時にはおよそ300g前後になります。この時期の脳重量の増加は，主として神経細胞の分裂・増殖によるものです。ちなみに，出生時の大脳皮質の表面積はおよそ680cm^{2}くらいです。

　神経細胞の分裂・増殖は，胎生期に完了し誕生後には起こらず，さらに神経細胞は脳の一部の領域を除いて再生しないとみられています。したがって，約300億個と推定される大脳皮質の神経細胞の数は誕生時で最も多く，その後は徐々に減少すると考えられています。ただ，最近の研究において人でも成人脳に分裂能力を残した未分化な細胞である神経幹細胞が海馬歯状回や脳室に存在していることが発見されました。これは，成人になってからも脳の部位によっては新しい神経細胞がつくられる可能性のあることを示唆しています。したがって，成体脳では神経細胞は再生しないというこれまでの考えを変更する必要が出てきています[4]。今のところ，神経細胞が再生する脳部位としては，学習と記憶に関係している海馬，嗅覚に関係する嗅球などが指摘されています[5]。

とくに、人の海馬歯状回にある神経幹細胞は、神経細胞として再生することが確認されています。しかし、大脳新皮質で神経細胞が再生するという結果は今のところ報告されていません。そこから、人の脳で新しい神経細胞が生まれるのは海馬だけではないかという見方が現在のところ大勢を占めるようになっています[6]。

2．脳重量の発達的変化

誕生時に男児で約330g、女児で約280gの重さがあった新生児の脳は、その後、25歳頃まで増加を続け、男子で平均1350g、女子では平均1250gまでに成長します。男女の差は体重差からくるもので、脳の働きの差を示すものではないことはいうまでもありません。脳重量は、生後6か月頃に誕生時の約2倍となり、その後も成長し続けて4～6歳頃になると成人の約95％に達します（図3-3）。そして、20歳をすぎて25歳頃に脳重量のピークを迎えるのです。こうした増加は、神経細胞の分裂・増殖によるのではなく、神経細胞の軸索や樹状突起が伸びて成長すること、あるいは神経細胞に栄養を運んでその働きを助けているグリア細胞が増加することなどによっています。

脳重量の変化は、まず乳幼児期の急激な増加として起こります。脳の一生にとってもこの時期の発達が大切な意味をもっていることを示しています。ここから、3歳までの子どもの学習と経験、養育と保育環境が、子どもの脳の発達に少なくない影響をおよぼすことが考えられます。ただ、3歳以降の発達

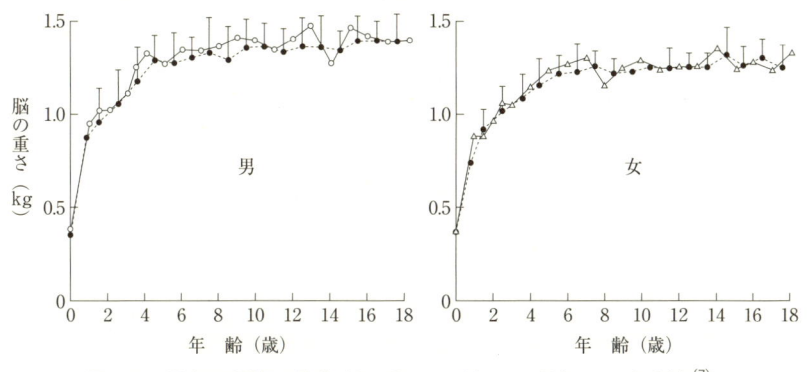

図3-3　男女の脳重量の発達（○，●，△は異なった研究データを示す）[7]

がそれまでの経験によって決められると考えるのは正しくありません。例えば，頭の良し悪しは神経細胞のネットワークの性能によって決まります。神経細胞は，3歳以降の発達過程でより緻密なネットワークを形成していきます。それは終生続けられ，私たちの知能を特徴づけていくのです。

脳重量は，20歳代の半ばすぎから少しずつ減少しはじめます。20歳から80歳になるまでの間に，新皮質にある神経細胞の数はおよそ30％減少し，表面積もおよそ10％減少すると推定されています。神経細胞の数だけで脳の働きの良し悪しを判断することはできませんが，脳の成長期に適切な学習をすることにより，脳の神経回路を発達させることができます。それによって，脳の働きを高齢になっても維持することができるのです。

3．脳の表面積の発達的変化

厚さ2.5～3.0mmの皮質により大脳表面は覆われています。皮質には，大小さまざまな溝が走っています。すでにふれたように，大脳皮質は中心溝，外側溝という大きな溝を境にして前頭葉，頭頂葉，側頭葉，後頭葉に分けられます。成人の大脳皮質の表面積は，およそ1,600cm^{2}です。成人の大脳皮質の中で，前頭葉の占める表面積の割合は全体の32.8％，頭頂葉は21.5％，側頭葉は23.5％，後頭葉は12.0％です。

大脳皮質の表面積の発達的変化は，誕生時を1.0とすると，2歳でほぼ3倍になり，2歳から6歳の間に4倍となって，ほぼ成人の表面積と同じになります。大脳皮質の4つのブロック（葉）別にみると，前頭葉の表面積は2歳までに誕生時の3倍になり，その後はゆるやかに増加して10歳でほぼ4倍になります。つまり，前頭葉はその表面積の増加からみると，10歳頃まで発達するといえます。頭頂葉の表面積も2歳までに誕生時の3倍になり，6歳で5倍になった後は増加しません。側頭葉の表面積は，2歳で誕生時の2倍になり，6歳の頃に3倍となった後は増加しなくなります。後頭葉の表面積は，誕生後からゆるやかに増加し，6歳の頃に誕生時の3～4倍になった後は増加しなくなります[8]。

このように，大脳皮質の4つのブロックで表面積の発達のしかたが異なり，後頭葉，頭頂葉，側頭葉で表面積の発達が早く終わり，前頭葉が最も遅く発達

を終えます。大脳皮質の表面積の発達的変化は，6歳から10歳頃に終わりますが，脳の働きはこれ以降も発達し続けるのはいうまでもありません。

3節　脳機能の発達

1. 神経細胞の構造

　脳は神経細胞とグリア細胞からなっています。神経細胞は精神活動に直接かかわる細胞ですが，グリア細胞は神経細胞に栄養を供給したり，老廃物を分解したり，あるいは神経線維に巻きついて髄鞘をつくる働きをします。

　神経細胞は，細胞体，多数の樹状突起，そして1本の軸索からなっています。図3-4は，成長前の神経細胞と成長した神経細胞を示したものです。細胞体はタンパク質の合成など，神経細胞の生命を保つ働きをしています。樹状突起は，接合する神経細胞から送り込まれた電気的信号を受信して細胞体に運ぶ働きをします。つまり，神経情報の入力にかかわっています。軸索は，電気的信号を細胞体から他の神経細胞へ送信する働きをしています。つまり，神経

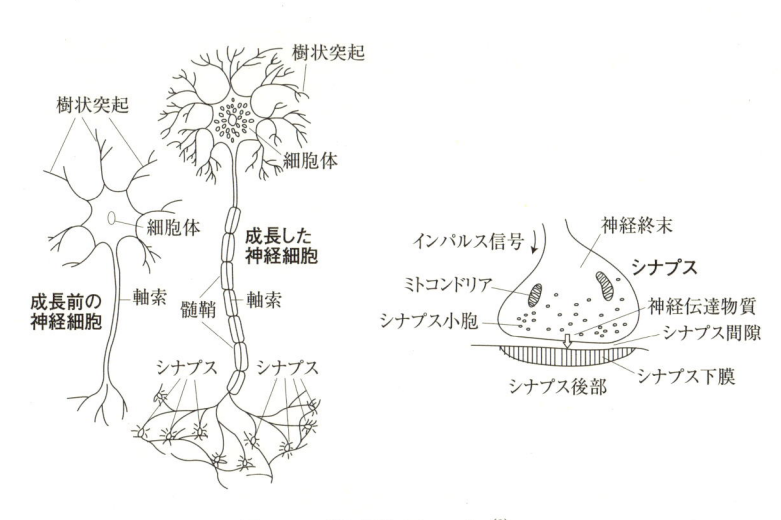

図3-4　神経細胞とシナプス[9]

情報の出力にかかわっています。

　軸索は，髄鞘といわれる被膜をもっています。髄鞘は，軸索の中を通過する電気的信号が漏れないように，絶縁体の役割をしています。軸索が髄鞘化されることによって，神経情報はより速く，そして漏れることなく転送されるのです。軸索の先端は，細かく枝分かれして小さな神経終末をつくっています。この神経終末から他の神経細胞の樹状突起や細胞体に信号を伝える接合部をシナプスとよんでいます。図3-4でわかるように，シナプス部分は連続しているのではなく，切れて接触している形になっています。このすきまをシナプス間隙といいます。シナプス間隙の距離は，およそ20nm（ナノメートル）です。軸索を通して伝えられてきた電気的信号は，シナプス部分で止まってしまいます。電気的信号は，そこから神経終末に含まれている多種多様な神経伝達物質により化学信号に変えられ，次の神経細胞に運ばれるのです。

2. 髄鞘化の促進

　脳の成長にともない樹状突起が伸びて神経細胞間のつながりが増え，それとともに軸索が髄鞘化されると神経細胞の働きは急速に向上します。この軸索の髄鞘化がどのようにして行われるのか，また軸索が髄鞘化されるとどのような変化が起こるのかについて考えます。

髄鞘化とは

　神経細胞の軸索は，髄鞘という膜で覆われています。髄鞘は，オリゴデンドログリアというグリア細胞の一種が軸索にその細胞膜を層状に巻きつけることによって形成されます。髄鞘をもつ軸索を有髄神経線維，それをもたないものを無髄神経線維といいます。両者を比較すると，神経細胞内に伝えられる電気的信号が軸索を通過する速度に大きな差がみられます。無髄神経線維の信号伝導速度は，秒速30cmから2mという速度であるのに対し，有髄神経線維の信号伝導速度は，秒速120mくらいの速度になります。有髄神経線維は，無髄神経線維に比べて非常に速い速度で神経情報を伝達することができるのです。髄鞘は，電気を通さない物質でできているために絶縁体の役目をしており，神経情報が漏れたり，また他の神経情報と混信したりといったことも防いでいます。髄鞘化には，このように軸索内の電気的信号をより速く伝える働きと，確実に

伝える働きがあるのです。

　したがって，髄鞘化は神経回路やシナプスの形成とともに，脳の発達にとって重要な意味をもっているのです[10]。子どもの脳の発達は，髄鞘化の過程であるともいえるのです[11]。一般に，髄鞘化が完成すると，その脳領域は効率よく機能します[12]。髄鞘化は，その神経細胞が機能的に成熟し，潜在的な力をもちはじめたことを意味しているのです。したがって，子どもの心身諸機能の成長を促す学習と教育の効果を考えるときに，脳の髄鞘化の問題を考慮することは大切な視点となります。髄鞘化が完成していない時期に，その脳領域に関係する機能の学習や教育を施したとしても，その効果は低いか場合によっては逆効果になることも考えられるからです。

髄鞘化の発達的変化

　誕生時には，髄鞘化された軸索をもつ神経細胞は一部にすぎません。髄鞘化は，その後の脳の発達過程で急速に形成されていくのです。髄鞘化の発達的変化をみると，脳の部位によって違います。脳幹と小脳が一番早く髄鞘化されます。これに比べ，大脳の髄鞘化はずっと遅れます。大脳辺縁系の髄鞘化は新皮質より早いことがわかっていますが，新皮質では髄鞘化がその部位によって違っています。これらのことは，最近の脳の画像診断法，例えば磁気共鳴画像法（MRI）を用いた研究でも指摘されており，胎生期から生後2年くらいまでに脳幹，小脳，大脳へと髄鞘化が進み，その後，成人期まで引き続き髄鞘化されることがわかっています。

3．髄鞘化の発達モデル

　髄鞘化順序モデル　大脳皮質が髄鞘化される順序が，フレクシッヒによって詳しく調べられています（図3-5）。図の上の方（A）は大脳皮質の外側面で，下の方（B）は内側面です。図の中の1から45までの番号は，髄鞘化される順序を示しています。小さい番号ほど髄鞘化が早いことを示します。図3-2の大脳皮質の機能地図と図3-5の上の図（A）を重ね合わせると，運動や各種の感覚を司る部位の髄鞘化は早く，記憶や理解，思考や情操など，高次精神活動を営む部位（連合野）の髄鞘化は遅いことがわかります。図3-5の白い部分は連合野にあたりますが，このうち前頭連合野は最も遅く髄鞘化を完

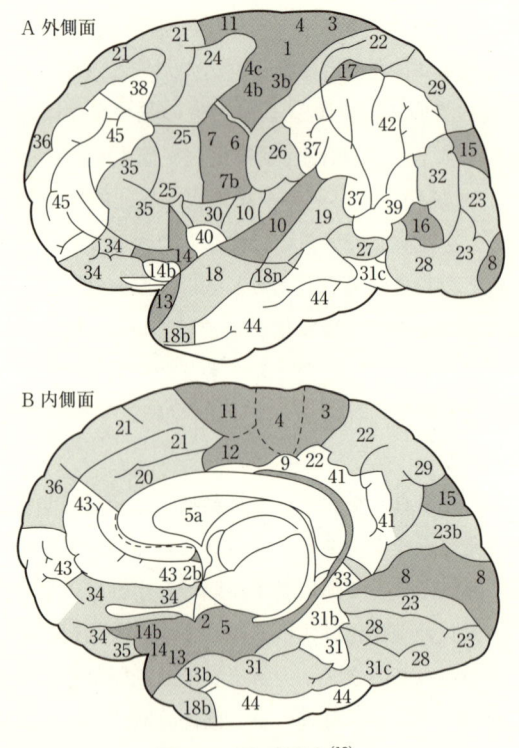

図3-5 脳の髄鞘化[13]

　了します。フレクシッヒの髄鞘化モデルの妥当性は，最新の方法によっても確かめられています。髄鞘化の順序は，脳が機能化していく順序を示唆しており，その点で髄鞘化の発達は精神機能の発達と密接に関係していると考えることができます。したがって，髄鞘化の発達は脳と心の発達過程を照合するときの，少なくとも重要な発達軸として考えることができます。

　髄鞘形成サイクルモデル　発達する脳の髄鞘化をさらに詳しく調べ，各神経系の髄鞘化の始まる時期と完成する時期を明らかにして，その間を髄鞘形成サイクルとする概念がヤコブレフによって提案されています[14]。髄鞘形成サイクルモデルによれば，髄鞘化は脊髄神経系，脳幹，大脳の順に進みます。つまり，筋肉につながる運動神経，感覚器から脊髄につながる感覚神経は，誕生時あるいは誕生後まもなくに髄鞘化が完成します。さらに，脳幹にかかわる神経

の髄鞘化も，誕生時あるいは生後1年めまでに完成していきます。

　これらに比べ，大脳の髄鞘化は遅れて完成します。このうち，視覚，聴覚，体性感覚へいく神経は，生まれてからおよそ1年かけて髄鞘化が完成します。手足を動かす運動野から脊髄へいく神経も，生後1年をかけて髄鞘化していきます。しかし，ものを考えて判断を下し，行動を起こすように命令するといった高次精神活動にかかわる前頭連合野にいく神経は，誕生時にはまだ髄鞘化されていません。これらは生後4～5か月から髄鞘化が始まり，10歳すぎから20歳頃にかけて完成に近づいていきます。

　髄鞘化と精神発達　乳児期から幼児期を中心に，さらに児童期から青年期を通して，髄鞘化は低次神経系から高次神経系へと徐々に進行していきます。この進行過程は，低次機能から高次機能への精神発達の進行過程と並走しながら遂行されていきます。ということは，適正な精神発達を促すためには，脳のそれぞれの部位で髄鞘化が起こっている時期に最適な刺激を与えること，言い換えれば最適な環境（教育）と経験を与えることが大切だといえます。子どもの認知課題の処理速度が髄鞘化と相関していることを示した研究のあることから考えても，脳の髄鞘化の発達に則した学習経験をさせることが大切だといえるでしょう。

　髄鞘化の時期は遺伝的に決められているので，訓練によってそれを早めることはできません。だからこそ，髄鞘化されるまさにその時期に，最適な学習経験を与えることが大切です。そして，人間の脳の髄鞘化は20歳代になって完成に近づきますが，それで終了するのではなく，その後も続いていくのです。つまり，成人期以降も脳そのものはまだ発達していく可能性をもっているのです。

4．神経回路の形成

　脳の神経回路の形成過程は，発達的にみて3つの段階に分けられます。第1段階は生まれてから3歳頃まで，第2段階は4歳～7歳頃まで，そして第3段階は10歳前後の頃です。この後の神経回路の形成はゆっくり進み，20歳の頃にピークに至ります（図3-6）。こうしてみると，第1段階は乳児期から幼児期前期に，第2段階は幼児期後期から児童期前期に，第3段階は児童

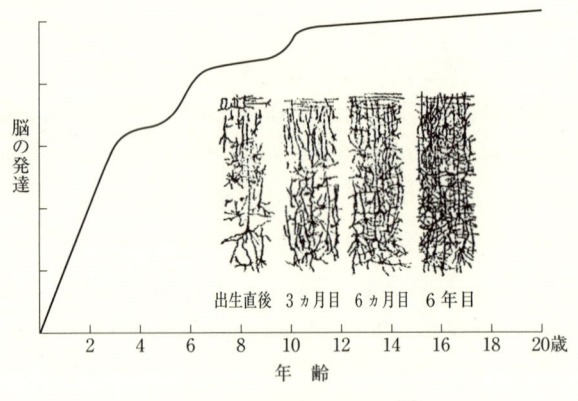

図3-6 神経回路の形成[15]

期後期から思春期に，さらにそれ以降は青年期にそれぞれ大まかに対応しているといえます。

それぞれの発達段階における神経回路網の形成は，大脳皮質全体で均質に行われるのではありません。生まれてから3歳までと，4歳〜7歳までの神経回路形成部位は異なっています。4歳〜7歳と10歳以降でも異なっているのです。つまり，異なる精神活動を営む神経回路が3つの異なる時期に形成されているということになります。これらの時期は，心身の発達の節目にあたる時期です。例えば，感覚運動的知能段階から前操作的知能段階，そして操作的知能段階へという知能発達の節目，あるいは第1反抗期と第2反抗期が発生する時期に，それぞれ神経回路の発達段階は対応しているとみることができるのです。

5．脳機能の発達段階

ゴールデンは，脳の発達を5つの段階に分ける発達モデルを提案しています[16]。5つの脳の発達段階は，それぞれ対応する精神機能の発達段階をもっています。

第1段階

脳の発達の第1段階は，生後2か月までの時期にあたります。つまり，新生児期としての1か月を含む人生の最初期の発達段階です。第1段階の発達

3章──脳の発達と学習力

にかかわる脳の領域は、脳幹および大脳辺縁系です。これらは、大脳皮質を賦活して緊張を高め、欲求や意欲を支える働きをしています。生後1～2か月の乳児は、目覚めと睡眠を交互に不規則に繰り返します。この頃の総睡眠時間は、16～17時間です。また、目覚めているときに少しずつ外の世界に注意を示すようになります。この時の注意は、まだ特定の対象に持続的に向けられるものではありませんが、覚醒時の意識の高まりを示すものとして注目されます。脳の発達の第1段階は、覚醒と睡眠のリズムを確立して、それを規則的なものにしていく時期といえます。

第2段階

　脳の発達の第2段階も生後2か月までの時期にあたり、第1段階と並行して進行します。第2段階の発達にかかわる脳の領域は、1次感覚野と1次運動野です。これらの領域は、視覚、聴覚、体性感覚、味覚、嗅覚の五感と、泣いたり、物をつかんだり、目で追ったりといった基本的な運動を支える働きをしています。第2段階での五感の働きや運動は1次野によるものですから、刺激の受容と反射といった初歩的処理といえるものです。ヤコブレフの髄鞘化の発達をみても、視覚、聴覚、体性感覚、そして運動野などは生後およそ1年をかけて髄鞘化されていきます。したがって、これらの機能は第2段階以降により大きな発達的変化を示していくことになります。

第3段階

　脳の発達の第3段階は、生後2か月から5歳の時期にあたります。つまり、乳児期から幼児期という心身発達の変化の大きい時期にあたるわけです。第3段階の発達にかかわる脳の領域は、2次感覚野と2次運動野です。これらの領域は、それぞれ感覚系、運動系について1次野より高次の処理を行っていますが、第3段階で注目されるのは2つの領域間に働きの面で連携が出てくることです。例えば、乳幼児期の模倣行動はそのことをよく表しています。意味のない発声（喃語）を繰り返している乳児は、生後6か月以降、周りから彼らに語りかけられることばの音を模倣しながら母国語を獲得していきます。こうしたことばの模倣は、聴覚野での音韻処理と運動野（ブローカ野）での運動処理が連携することにより可能になります。言語発達は、1歳以降急速に進んでいきますが、それは伝達（コミュニケーション）機能だけでなく、思考

の手段としての機能や行動調整機能の側面にも表れてきます。

第4段階

　脳の発達の第4段階は，5歳から12歳にかかる時期にあたります。ほぼ，児童期がこの時期にあたります。第4段階の発達にかかわる脳の領域は，3次感覚野と3次運動野です。これらの領域は，それぞれ感覚連合野と前頭連合野として情報の理解や言語，イメージへの加工，さらに知識の貯蔵や行為の計画，そして感情の制御にかかわりをもっています。したがって，小学校の時期にあたる第4段階は，読み・書き・計算といった基礎学力の形成に適した時期といえ，また自分の行動を計画して実行したり，感情のコントロールを経験するのにも適した時期といえます。ただ，後者の自律機能の成立は第4段階ではまだ難しく，次の第5段階を待たなければなりません。

第5段階

　脳の発達の第5段階は，12歳から20歳代半ばの時期にあたります。青年期から成人期前期がこの時期にあたります。第5段階の発達にかかわる脳の領域は，3次運動野です。つまり，前頭葉前部の前頭連合野ということになります。この領域は，先にふれたように行為を意図的に計画し，それを実行して結果を評価する働きをしたり，思考をプログラミングする働き，さらには感情を統制する働きなどをしています。つまり，青年期以降の第5段階は，思考や行為を計画してそれを実行したり，感情の自律を実行する時期にあたっています。これは，例えばピアジェの思考の発達段階でいえば形式的操作段階にあたりますし，エリクソンの人格の発達段階でいえばアイデンティティ形成の段階にあたります。

4節　脳の学習力

1．学習の神経メカニズム

　学習現象を神経レベルでとらえれば，新しい神経回路をつくることといえます。それでは，新しい神経回路はどのようにしてつくられるのでしょうか。脳は，新しい神経回路をつくるためのしくみをもっています[17]。神経細胞の増

殖，シナプスの発芽，そしてシナプスの可塑性とよばれるしくみがそれです。

神経細胞の増殖 新しく神経回路をつくるしくみとして，神経細胞の増殖があります。出力側の神経細胞Aと入力側の神経細胞Bは，シナプスによってA→Bという神経回路を形成しているとします。そこに新たに神経細胞Cが増殖によって現れ，C→Bという新しい神経回路が形成されます。この神経回路は，増殖のしくみによってつくられたと考えられます。しかし，増殖のできる神経細胞は今のところ海馬の歯状回にある顆粒細胞などごく一部の細胞に限られていて，多くの脳の領域では神経細胞が増殖することで新しい神経回路がつくられるとは考えられていません。つまり，新しい神経回路が増殖のしくみによってつくられることは，一般的な方法とはいえないのです。

シナプスの発芽 新しく神経回路をつくる2つめのしくみとして，シナプスの発芽があります。神経細胞A，B，Cがあって，A→Bの神経回路がすでにできているとします。そこに，神経細胞AがCにも出力するようになり，新たにA→Cという神経回路がつくられます。これが，シナプスの発芽による神経回路の形成です。しかし，シナプスの発芽はだいたい数十分から数日といった長い時間をかけて起こるのが普通です。それに対して，多くの学習はもっと短い時間で達成されるのが一般的です。したがって，シナプスの発芽によって新しい神経回路の形成を説明するのも難しいといえます。

シナプスの可塑性 新しく神経回路をつくる3つめのしくみとして，シナプスの伝達効率が上がるという方法があります。それをシナプスの可塑性といいます。シナプスの可塑性とは，シナプスがあるきっかけによって何らかの変化を起こし，そのきっかけがなくなっても変化したままの状態でいることを意味しています。神経細胞AからBにシナプスを介してある信号が入り，神経細胞Bが興奮してシナプス結合が強化されるとします。このA→Bの伝達頻度が多くなるに従って，言い換えればA→Bに繰り返し信号が入力されることによって，AB間のシナプスの伝達効率が上がっていくのです。つまり，A→Bにより多くの情報がスムーズに伝達されるようになったわけで，以前には伝わらなかった情報まで伝わるようになるのです。これは，以前の神経回路に比較して，新しい神経回路が形成されたことを意味しています。シナプスの可塑性はどの神経細胞でも生じますし，またそれは短い時間内で起こります。したがっ

て，シナプスの可塑性は学習の神経基盤となる最も重要なしくみとみることができるのです。ある特定のシナプスが活動しやすくなるというシナプスの可塑性のしくみこそ，学習現象を説明する最も有力なものとみられているのです。

2．シナプス結合の長期増強

　学習の主要なしくみであるシナプスの可塑性は，ウサギの海馬で最初に発見されました[18]。ウサギの海馬の歯状回のシナプスを10～20Hzの高い周波数で10～15秒間刺激すると，シナプスの伝達効率が上がり，しかもその状態がおよそ10時間にもわたって続くことが見出されたのです。このシナプス結合の増強が，長期的に持続する現象を長期増強（LTP）といいます。ウサギの長期増強は，数時間から数日も持続して，低下することがなかったのです。この現象は，まさにシナプスの可塑性といえるものです。海馬シナプスがシナプスの可塑性をもっていたのです。

　長期増強の現象は，学習の細胞レベルでのしくみといえます。つまり，神経レベルでみると学習の結果として獲得された記憶とは，いつも同じパタンで活動する神経細胞集団の働きといえます。ある記憶を支える神経細胞集団のつながりは，シナプス結合の増強が長期的に持続する長期増強のプロセスによってつくられていきます。それは，次のような経過を経てつくられるのです。まず，ある神経細胞が刺激を受けて興奮すると，別の神経細胞も興奮して細胞内に化学的変化を起こします。この興奮は，数時間から数日続きます。その間に，再び最初の神経細胞が興奮すると，別の神経細胞は最初よりもっと弱い興奮でも反応するようになります。このようにして，2個の神経細胞が同時に興奮するたびに，それらの結合はより強くなり，最後には恒久的なものになるのです。そうしたつながりのある神経細胞の集団が興奮すると，それが記憶になると考えられるのです[19]。

　以上のことから，シナプスの可塑性の発達，シナプス結合の長期増強の発達が，学習における重要な神経学的基礎と考えることができます。これらの発達的変化については，まだよくわかっていないところがありますが，子どもの学習の神経学的基礎として生じている変化とみることができます。

3．記憶の脳内メカニズム

　ものを覚えて（記銘），それを貯蔵し（保持），必要に応じて思い出す（想起）いわゆる記憶の働きは，脳の広範な領域の働きとして営まれています。その中で主要な領域とみられているのが，側頭葉内側部（海馬，扁桃体とそれに隣接する内側側頭葉皮質）と前頭連合野です。

記憶と海馬

　記憶にかかわる主要な脳領域の1つが，側頭葉内側部にある海馬です。海馬は，耳の奥のあたりにある太さが1cm，長さが5cmほどの組織です。左右に1つずつあります。この小さな脳の組織が，私たちの記憶をつくる役割を果たしているのです。個人的出来事にかかわるエピソード記憶の形成に海馬が関係していることが示されています[20]。海馬には多くの情報が入り込んできますが，そのすべてが記憶されるわけではなく，その多くは記憶されず廃棄されていきます。どのような情報が記憶として残されていくかというと，それはその人にとって重要だと思われる情報です。つまり，その人が生きて生活していく上で必要な情報であって，それが長期にわたって残される記憶になるのです。

　その記憶がどこに貯蔵されているかというと，主として側頭葉に貯蔵されています。ここに，私たちが生きていく上で必要な情報，生活していく上で大切な情報が貯蔵されているのです。これを長期記憶といいます。長期記憶として残される情報の中では，まず生存に欠かせない情報，例えば「嫌な臭いのする物を食べるとお腹を壊す」とか，「赤信号のときに横断歩道を渡ると危険だ」といった情報は優先的に獲得され貯蔵されます。それに対し，例えば「水は水素原子2個と酸素原子1個からできている」とか，「アメリカの使節ペリーが来航したのは1853年である」といった情報は，直接生存にかかわらない情報です。それらは，せいぜい受験のときに必要な情報といった程度です。したがって，後者のように学校などで学習する情報を記憶するには，この情報は自分にとって大切な情報なのだということを脳に言い聞かせなければならないのです。それが，記憶として長く残す秘訣なのです。繰り返して学習する復習はその1つです。

ワーキングメモリと前頭連合野

　前頭連合野と関連の深い記憶としてワーキングメモリがあります。これは，ある情報をいつでも思い出せる状態で保持しながら，それとは別の課題を処理するときの生きた記憶のことをいいます。例えば，あなたが本を読んでいるときに，隣に座っていた友だちが話しかけてきたとします。そのとき，あなたが友だちに応えて話している間，あなたの頭の中で覚えられている先ほどまで読んでいた本の内容の記憶，それをワーキングメモリというのです。つまり，ワーキングメモリとはいつでも使える状態で保持されている記憶のことです。あなたは友だちと話し終えたあと再び本に目をやり，ワーキングメモリを活かして何の問題もなく読み進めることができるでしょう。

　ワーキングメモリは，短期記憶の概念を発展させたものです。短期記憶は，長期記憶に移行する情報の選択に深くかかわっているという点で，情報の貯蔵機能を重視しています。これに対しワーキングメモリは，さまざまな認知活動における情報の操作や変換に深くかかわっているという点で，情報の処理機能を重視しています。ワーキングメモリは，より能動的な短期記憶機構といえるでしょう。

　ワーキングメモリの発達について検討した研究で，6〜12歳の児童にウィスコンシン・カード分類テストを行って，分類テストの成績に表れる問題解決能力，認知セットの変換能力，不適切な反応の抑制などの機能を発達的に比較したものがあります[21]。その結果，すでに6歳からこれらの機能の働きがみられ，10歳代で成人と同じ程度にまで発達することがわかりました。ウィスコンシン・カード分類テストを遂行するには，ワーキングメモリを用いることが必須と考えられており，したがってワーキングメモリの重要な発達的変化が6〜12歳の頃に起こることがここから指摘できます。そして，これ以降の思春期にかけてワーキングメモリは徐々に発達していくと考えられます。

　ワーキングメモリは，左右半球の前頭連合野，中でもブロードマンの46野を含む脳領域で営まれているとみられています。例えば，「1から10までの数の中から，読み落とされている数を記憶しておいて報告していく」という課題で，活動している脳の領域をPETで測定すると，左右半球の46野あたりが最も活性化することが示されています[22]。ワーキングメモリにかかわるブロー

3章——脳の発達と学習力

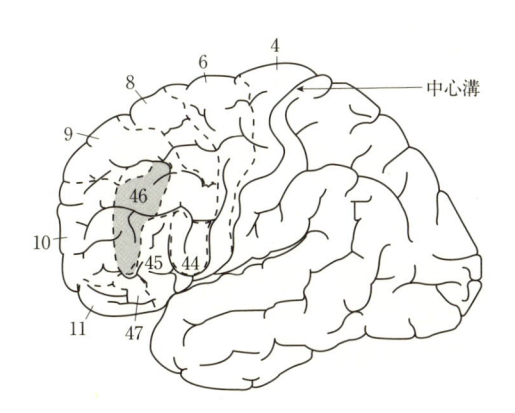

図3-7　ワーキングメモリと46野[23]

ドマンの46野を示したものが図3-7です。この領域が，ワーキングメモリに中心的な役割，すなわち中央実行系としての役割を果たしていることは，言語情報課題だけでなく空間情報課題でも示されており，前頭連合野がワーキングメモリと深くかかわっていることはほぼまちがいないと考えられています。しかし，ワーキングメモリ課題遂行時に活性化する脳領域は，課題が複雑になってくると活性領域が前頭連合野から頭頂，後頭，側頭領域，さらに帯状回，島領域の広い範囲に広がることも指摘されています[23]。ここから，ワーキングメモリは，前頭連合野を含む脳の広い領域が分散協調して営まれていると考えられます。そして，前頭連合野を中心とした領域の機能的発達は，児童期初期から思春期にかけて達成されていくことを考えると，ワーキングメモリの発達過程はほぼこの期間に対応していることになります。

4章
早期教育と脳

　教育とは，脳の神経回路網を構築するのに必要な外部刺激を制御し，補完する過程だとすれば[1]，何歳の頃に与えられたどのような情報がその子どもの脳にとって有効なのか，また何歳頃のどの情報がその子どもの知能や人格の形成に最も大きな影響をおよぼすのかといったことを知りたくなります。十分とはいえないまでも，現在までに脳科学からこれらの問題に関する見解が示されつつあります。

1節　脳の敏感期

1．発達の臨界期

　子どもに対し「いつ」「何を」「どのように」教育するかについては，これまで発達の臨界期という観点から研究が進められてきました。比較行動学者のローレンツは，動物の発達初期の経験がその後の発達に決定的な影響をおよぼす刻印づけ，あるいは刷り込みといわれる現象を発見しました。例えば，ふ化したガチョウのヒナは最初に出会った動く対象に明確な追従行動を示すようになります。これを刻印づけというのですが，この現象が生じるのはヒナがふ化した後，一定期間内だけなのです。その期間を過ぎると，もう刻印づけは成立しなくなります。この刻印づけの成立する一定期間のことを臨界期というのです[2]。臨界期は，学習による変化の可能性が大きい時期のことをさしますが，そのことを可塑性が大きいといいます。

　臨界期は，動物の行動発達についてとくに指摘できるものですが，人についても出生後の一定期間における経験が，後の発達に影響をおよぼす可能性を考

えることができます。ただ，人は他の動物に比べると大脳の感覚野に対する連合野の占める割合が大きく学習可能性が高いこと，また神経細胞の成熟も思春期段階までかけて進行していくことなどを考えると，発達初期の経験によって，その後の発達が決定されて変更不可能である確率は動物に比べるとかなり低いのです。人の脳は生涯にわたって変化し適応し続ける可塑的な器官であって，変化の能力をもたないハードウェアではないと考えられます[3]。その意味から，人の脳の可塑性は脳の基本的性質であるといってよいでしょう[4]。そこで，人の場合は動物の臨界期に代えて敏感期あるいは感受性期という呼び方が一般に用いられているのです。

2．脳発達の敏感期

　脳機能の敏感期を示すものとして，言語獲得の例がよくあげられます。言語機能は，右利きの人では左半球のウェルニッケ野とブローカ野を中心に局在しています。言語獲得の敏感期に何らかの事情で言語刺激が適切に与えられないと，言語によって活性化されるはずの脳の領域が働かなくなり，その領域の神経細胞が退化，死滅してしまうことがあります。

　神経学者レネバーグは，脳損傷児の言語発達研究から言語獲得の敏感期を2歳から12歳の頃までとしています[5]。例えば，生まれてから2歳までの間に脳に損傷を受けた子どもの場合，そのおよそ半数に言語発達の遅れがみられますが，残りの半数は通常の時期にことばを話しはじめるのです。しかも，左半球と右半球に損傷を受けた場合で，この割合は変化しません。このことは，生後2年間には言語機能の左半球への一側化が確立されていないことを示しています。

　しかし，言語発達が開始されて以降12歳頃までの間に脳に損傷を受けた場合は，左半球の損傷で約85％に言語障害が残るのに対し，右半球の損傷では約45％に残るにすぎません。つまり，損傷の側によって結果が異なっているのです。ここから，言語機能の一側化はこの時期に起こるのだと考えられるのです。言語機能は，生後2年の間は左右の半球で差異はないが，それ以降12歳頃までの間に分化が進み，左半球に一側化されていく形式で発達的な側性化が達成されると考えられます。ただ，左右半球の機能的分化が出現する年齢は

もう少し早く5歳頃だとする説もあります[6]。

また，生後2年以内は脳の一側化は確立されておらず左右半球機能は等質だというレネバーグの漸進的側性化説に対し，左右半球機能は誕生時にすでに非対称であり，一側化の程度は一生を通して変わらないという発達不変説が神経心理学者キンスボーンによって提唱されています[7]。大脳半球機能の一側化について発達的観点から展望した研究によると，これまでのところ発達不変説を支持する研究の多いことが示されています[8]。

2節　脳機能の敏感期

1．視力と敏感期

神経生理学者ヒューベルとウィーゼルは仔ネコの片眼を一時的に遮蔽し，それが視覚野の神経細胞におよぼす影響について調べています。その結果，遮蔽した方の眼では，ものがよく見えなくなることがわかったのです。これは，遮蔽した眼に反応する視覚野の眼優位コラムという組織が萎縮したためと考えられています。つまり，視覚野の神経細胞が視覚刺激に反応しなくなり，見えなくなってしまったのです。このような現象は，仔ネコの片眼を生後3週から12週の間に遮蔽すると起こるのですが，それ以降に遮蔽した場合は起こらないことも併せてわかっています。つまり，ネコの視覚野の臨界期は生後3週から12週と考えることができるのです。

人間の両眼視機能の発達にも敏感期のあることがわかっています。幼児や児童の視力検査で，片方の眼の視力は正常なのにもう一方の眼の視力が極端に悪く，眼鏡等をかけても視力が0.1以下の弱視であるような子どもの病歴を調べた研究があります[9]。それによると，乳幼児期に片方の眼に病気があり，手術などのために一時的に眼帯をかけていた事実の多いことがわかりました。そのために，眼帯をかけていた方の眼の視力が低下してしまったと考えられます。

この研究では，子どもが何歳何か月の時に眼帯をかけたら，その眼が弱視になるかについても報告しています。それによると，1歳から1歳半の頃が最も敏感な時期で，その後3歳頃までが両眼視機能が発達する敏感期と考えら

れています。そのため現在では，この時期に子どもの眼に何らかの異常があっても眼帯をしないようにして治療をするようになっているのです。その結果，子どもの片方の眼が弱視になるようなことは，現在ではほとんどなくなっています。これらは視覚機能に敏感期があることを示す事例ですが，その他の感覚機能にも敏感期のあることが併せて考えられます。ただ，敏感期はそれぞれの機能によって異なると考えられており，視覚機能の敏感期がそのまま他の感覚機能にも当てはまるとはいえません。

2．音楽能力と敏感期

　音楽の技能習得にも敏感期があることを示す研究が報告されています。ピアノを小さいときから弾いていた人と弾いていなかった人にピアノの音を聴かせ，そのときの聴覚野の活動を調べた研究があります[10]。その結果，ピアノを小さいときから弾いていた人は，そうでない人に比べると聴覚野の賦活が大きいことが示されています。幼少期からピアノを弾いてきた人は，その経験によりピアノ音に反応する聴覚野の神経細胞が敏感になっていると考えられます。ピアノ音に対する聴覚野の反応は，3歳から6歳頃にピアノを始めた人でより敏感で，その年齢から後で始めた人はピアノを弾かない人と同じ程度にしか聴覚野が反応しないと考えられています。

　バイオリンなどの弦楽器を弾くときの左手小指に反応する大脳皮質の体性感覚野の領域を，小指を刺激することによって調べた研究があります[11]。それによると，その弦楽器を習い始めた年齢が5歳から10歳の人は，体性感覚野における左手小指の情報処理領域が広いのですが，12歳から15歳で始めた人は，その領域があまり広くなっていないことが示されています。12歳より以前にバイオリンを演奏する技能を身につけておくと，バイオリンの音程をとる左手の能力が優れていることをこの研究は示しています。もちろん，12歳を過ぎてバイオリンを始めた人で技能の上達がみられないというわけではありませんが，敏感期にその技能を身につけた人に比べると技量に差の出てくることが多いのです。このように，楽器音に対する人の聴覚機能の発達や，楽器を演奏するときに働く脳領域の変化には，敏感期のあることが示されているのです。

3．言語獲得と敏感期

　言語獲得に敏感期のあることは，レネバーグが1960年代に提唱していました。脳損傷児の言語発達について研究したレネバーグは，すでに述べたように言語獲得の敏感期を2歳から12歳頃までとしています[5]。この間に適切な言語環境が与えられれば，子どもの母国語獲得は支障なく行われますが，そうでなければその獲得が損なわれるということが起こります。

　母国語獲得の敏感期とともに，第二言語獲得の敏感期の有無についても検討が行われています。大人になって外国語の環境に身を置いたとしても，そのことばを自然に獲得できるわけではありません。なかでも話すことと聞くこと，さらに文法の獲得には，第二言語を学習する時期，年齢が関係しているとみられています。

　第二言語を母国語と同程度に習得できる時期について検討した研究は，それが小学校の低学年の頃にあることを示しています[12]。この研究では，中国と韓国からアメリカに移住した46人を対象にして，移住してきた時の年齢と英語能力との関係を調べています。その結果，3～7歳でアメリカに移住してきた人は，アメリカで生まれ育った人，つまりネイティブ・スピーカーに比べて文法の獲得で差がみられないことが示されています。ところが，それ以降の年齢の11～15歳頃に移住してきた人は，明らかにネイティブ・スピーカーより文法の獲得が劣り，17歳以降では非常に劣ることが示されたのです（図4-1）。

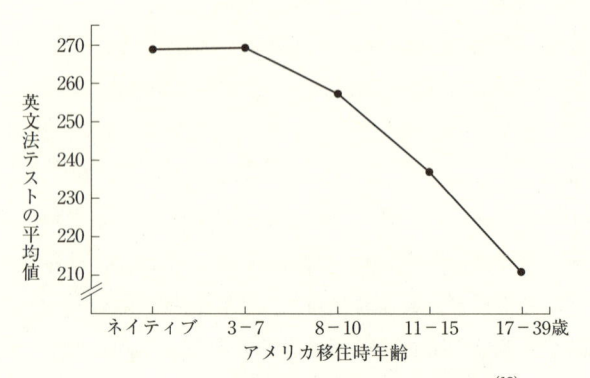

図4-1　アメリカ移住者の英語能力と移住年齢[12]

4章 ── 早期教育と脳

ここから考えると，7歳頃に母国語と第二言語獲得の境を決める敏感期があると推定され，この年齢以前だと第二言語は母国語と同程度，つまりバイリンガルの言語として獲得される可能性があると考えられます。

バイリンガルとして第二言語を獲得した人の脳にはどのような変化が起こっているのでしょうか。英語の他に10の言語のうちのいずれか1つを母国語とするバイリンガルの人を対象として，脳機能画像研究が行われています[13]。この研究では，これらの人を幼少期からバイリンガルで育った群と，10歳頃から第二言語を習得してバイリンガルになった群に分けて，それぞれ前日に経験した出来事を声に出さないように内言で記述しているところをfMRIで脳の賦活を調べています。その結果，第二言語を10歳頃から習得した群では，2つの言語による賦活部位がブローカ領域の中で分離していたのに対し，幼少期からバイリンガルで育った群では，2つの言語による賦活部位がブローカ領域で重なっていることが示されたのです。さらに，2つの群ともに第二言語が母国語と同じように左半球で処理されていることを示しており，バイリンガルになった年齢によって第二言語の処理半球が異なることはないことを示しています。

そのことより，この研究では第二言語が習得される年齢によってブローカ領域内での脳の活動に違いがみられることが注目されます。幼少期からバイリンガルで育った群で，2つの言語を1つの言語システムによって運用している脳の活動形式がみられるのは興味深い現象です。発達の早い時期に2つの言語を学習した人は，それぞれの言語に同一の言語システムを兼用している可能性があると考えられます。年齢が高くなってくると，この言語構造が第二言語に順応できなくなり，新しい言語を学習するには第二の別の言語システムが必要になるのではないかと考えられます。バイリンガルでは，母国語および第二言語をともにことばとしてとらえる神経回路ができており，母国語脳でも第二言語脳でもない，ことばの脳を使って言語処理を行っていると考えられます。

ただ，その後に行われた脳機能画像研究において，4歳以前に2か国語を習得したバイリンガル群と，10歳以降に2か国語を習得したバイリンガル群で，2つの言語のうちどちらかの文を聞いているときの脳の賦活を調べてみると，2つの言語によって脳の賦活が違わないことも示されています[14]。2

つの群の実験参加者は，それぞれ2つの言語を同等に使用できたことから，この研究結果は，第二言語の習得時期より第二言語の習得レベルによって，脳の活動に違いがみられる可能性を示していると考えられます。

4．敏感期の意味

　人の脳機能の発達に敏感期といえる時期のあることが示されてきました。敏感期には脳機能が大きく変わり，その時期を過ぎるとそのような変化が起こりにくくなるのは，いったいどのようなしくみによっているのでしょうか。

　これまでの研究から重要なしくみとして指摘されているのは，敏感期とみられる時期に神経細胞同士の接点にあたるシナプスの数に余裕があるということです。これをシナプスの冗長性といいます。神経細胞のシナプスは，誕生後からある年齢まで過剰につくられ，その後急激に減少するという特徴をもっています。敏感期には子どもの脳に過剰なシナプスが存在しており，そのことが環境から影響を受けて脳の機能が大きく変わる原因だと考えられているのです。図4-2は，人間の前頭連合野におけるシナプス数の発達的変化を示したものです[15]。前頭連合野は，思考や創造性，そして情操など人間の高次精神機能に深くかかわる領域です。この図をみると，生後5歳頃までシナプス密度は

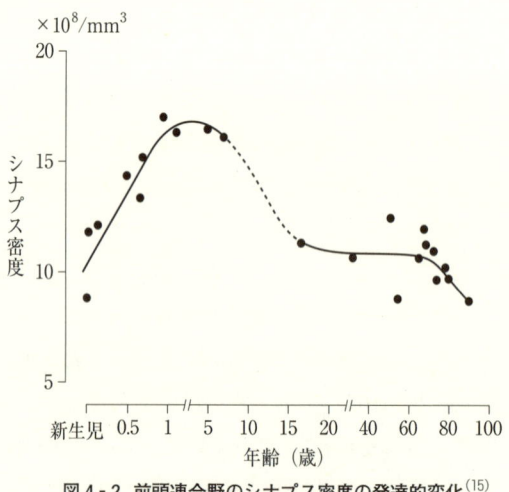

図4-2　前頭連合野のシナプス密度の発達的変化[15]

増加し，7歳前後にピークとなり，以後減少することがわかります。だいたい15歳頃に成人のシナプス密度に近くなります。脳の領域にシナプスが過剰にあるときこそ，その領域の脳機能の敏感期にあたり，この時期の経験がその脳機能の強さを決めると考えられるのです。

敏感期に脳機能が大きく変わるもう1つのしくみとして，シナプス競合の現象が指摘されています。神経細胞同士がつながって神経回路がつくられていきます。そして，その回路に神経情報が伝達され強化されていきます。このとき，より多くの神経情報が伝達され，その刺激を受けたシナプスは拡大していきますが，そうでないシナプスは衰弱していきます。これをシナプス競合といいました。

視覚機能獲得の敏感期に，遮蔽されていない目の視力は正常であるのに，遮蔽された目が弱視になってしまうのは，シナプス競合によると考えられます。つまり，敏感期に片方の目を遮蔽し，もう一方の目はそのままにすると，遮蔽されなかった目に対応する視覚野の神経細胞は光に反応する機能を強めていきますが，遮蔽された目に対応する神経細胞は光に反応する機能を失って，弱視になってしまうのです。刺激入力の多かったシナプスは拡大し，少なかったシナプスは衰弱してしまうしくみが，ここに働いているのです。使われなかったことでシナプスの機能が失われるのではなく，使わない状態でいる間に他のシナプスが使われて活動していると機能の喪失が起こってしまうのです[16]。

3節　早期教育と脳の敏感期

人間の発達に敏感期というものがあるのならば，その時期に子どもの生活環境を意図的，計画的，組織的に整え，準備して，有効な刺激を与えれば，大きな教育的効果をあげることが期待できます。敏感期に適切な刺激が子どもに与えられれば，少ない経験の中でも子どもの脳は効率よく有効な神経回路をつくり，より長期にわたってそれを用いることができると考えられます。子どもの脳機能獲得の敏感期は，それぞれの機能により異なっており，一律の時期というわけではありませんが，多くの機能が発達の早期に敏感期を迎えるのではないかと考えられ，そこから子どもの早期教育に大きな関心が寄せられているの

です。

1．早期教育の根拠

　早期教育とは，発達の早い時期に特定の目的に向かって系統的，組織的に学習や訓練を行うこととされています。早期教育は，子どもを学業優秀児に育てあげることを目的とした発達促進的な知的早期教育，音楽やスポーツ，あるいは外国語など子どもの才能を伸ばすことを目的とした才能開発的な早期教育，それに障害をもつ子どもの学習に対処することを目的とした障害児の早期教育の3つに分類されます。一般に早期教育といえば，文字の読み書き，外国語や算数・数学などの学習を学校に入る前の幼児期から始めたり，音楽やスポーツなどの才能を将来，仕事や趣味として活用できるように早い時期から始めることなどをさして用いられています。その意味で，発達促進的な知的早期教育と才能開発的な早期教育を併せた意味で使われているといえるでしょう。

　今世紀に入って進められているわが国の「脳科学と教育」研究プロジェクトにおいて，早期教育は脳科学の観点からも新たな関心が寄せられている課題です。例えば，子どもの英語教育は何歳から始めるのが妥当かという問題も，脳科学に回答が求められているものの1つといえるでしょう。「脳科学と教育」研究が早期教育と関係が深いのは，子どもの能力の伸長には経験の影響がきわめて大きい時期，すなわち敏感期があると考えられていること，また乳幼児期には神経細胞のシナプス数が飛躍的に増えて神経細胞間のつながりが拡大すると考えられていること，さらに豊かな環境で育つと貧しい環境で育つより脳が重たく，神経細胞間のつながりがより密になると考えられていることなどがあげられるからです。つまり，シナプス形成が盛んな敏感期に，子どもに豊かで適切な生活環境が与えられれば，その能力を高い水準に育てあげることができると考えられるからです。早期教育の3つの根拠のうち，敏感期についてはすでにふれたので，ここではシナプス形成と生育環境について述べてみたいと思います。

2．シナプス形成

　神経細胞が成長すると，シナプスとよばれる神経細胞間の接合部の数が増え

てきます。図4-2は，前頭連合野のシナプス数の発達的変化を示したものです。すでにふれたように，生後5歳頃までシナプス密度は増加し，7歳前後にピークとなり以後減少する経過をとります。つまり，シナプスの刈り込みが起こり，よく使われるシナプスは強化されて残り，使われないシナプスは衰弱して消えていくのです。15歳頃になると成人のシナプス密度に近くなります。成人の大脳皮質には約300億個とみられる神経細胞がありますが，各神経細胞には数千から2〜3万のシナプスがあると推定されています[17]。シナプス形成は，子どもの発達の重要な指標の1つといえます。

　神経細胞は，出生前に細胞分裂を完了しているのですが，過剰につくられているために細胞密度が非常に高く，そのために出生前から出生後にかけて数がどんどん減少するという現象が起こります。およそ半数の神経細胞が，生まれるまでに消失すると推定されています。これをアポトーシス（自然細胞死）といいます。この現象は，正常に発達する脳では必ず起こるものです。アポトーシスには，過剰につくられた神経細胞を整理することで細胞密度を低くし，残った神経細胞の発達を促進するという働きがあります。神経細胞の間引きが行われてはじめて残された細胞の樹状突起の発達がしやすくなり，その結果，シナプスも急速に増えることができるのです。

　このアポトーシスが起こる時期の後半からは，シナプスが急速に形成されるようになります。神経細胞は樹状突起を伸ばして神経回路網を広げていきますが，それにともなってシナプス数も大きく増えていきます。そして，先に示したように15歳頃になると急速に減少し，成人の密度に近づいてきます。シナプス形成は，脳の機能的側面をよりよく反映するものです[18]。それは前頭連合野で最も遅く達成されるのですが，それに該当する15歳頃というのは子どもの精神発達の面で大きな変化の起こる年齢でもあります。

　大量のアポトーシスとシナプスの急速な増加および減少が，出生から幼児期，さらに思春期にかけて起こるのは，それらが遺伝によってあらかじめ決められているからと考えられています。しかし，この他にも神経細胞やシナプスの適切な結合が環境とふれる中で選択されるからだという説明もされています[19]。つまり，適切で有効な神経細胞とシナプスを選ぶために脳は多量にその候補者をつくっておき，身体内外の環境にさらすことによって不適切で無効な神経細

胞とシナプスの刈り込みをすると考えるのです。その結果，適切に結合された神経細胞とシナプスだけが残されるのです。ここに，神経細胞の成長およびシナプス形成に合わせて，子どもの能力を高める系統的で組織的な学習・訓練を与える早期教育の意味が出てくるといえるのです。

3．生育環境と脳

　脳を発達させるには，豊かで適切な刺激が子どもに与えられることが必要です。その意味で，子どもの生後の環境は脳の発達に大きな影響をおよぼします。ローゼンツヴァイクは，ラットを使って生後の環境が脳の発達にどのような影響をおよぼすかについて検討しています[20]。生まれて間もないラットが，3つの異なる環境条件の下で一定期間（2〜3か月）育てられました。1つは，3匹のラットが普通の大きさのケージに入れられている標準環境条件です。もう1つは，1匹のラットが小さい大きさのケージに入れられている刺激の乏しい環境条件です。最後の1つは，10匹のラットが大きいケージに入れられており，中にはブランコ，ハシゴ，木片などの遊び道具もある刺激の豊かな環境条件です。どのケージも食べ物と水は十分に与えられます。3つのケージは，別々の部屋に置かれます。

　3つの環境条件の下で育ったラットの脳重量が比較されました。その結果，刺激の豊かな環境条件で育ったラットが，刺激の乏しい環境条件で育ったラットよりも大脳皮質が重いことが示されました。中でも，視覚野のある後頭葉皮質の重量差が最も大きく，体性感覚野の差がそれに続いています。これは，豊かな環境の中で目で見たり体で感じとった経験が，直接，脳の視覚野と体性感覚野を活性化して，その領域を発達させたことを意味しています。

　脳が重くなるということは，神経細胞が成熟し，グリア細胞が増えることを意味しています。とくに神経細胞の樹状突起が伸びて枝が増え，シナプスが増加することによって，神経細胞間の絡み合いが非常によく発達したことを示しています。したがって，刺激の豊かな環境に育つほど，こうした神経細胞の成熟が促進されるということができます。さらに，標準環境より豊かな環境，例えば遊び道具などが種類多く用意されている環境で育てられたマウスが，これらの知的刺激の乏しい環境で育てられたマウスに比べて神経細胞の数が多くな

ることも報告されており[21]，その中で学習や記憶に関係する海馬の歯状回の神経細胞の数が，豊かな環境と貧しい環境で育った兄弟マウスで約15％違い，豊かな環境で育ったマウスの方で多かったことがわかっています。これらの研究は動物を対象としたものですが，子どもの育つ環境の豊かさの質量的な違いによって脳の発育が影響を受けることを示唆していると考えることができます。

4．能動的活動と脳

　動物心理学者ヘルドは，環境に対する能動的なかかわりが動物の脳の発達に影響をおよぼすことを示しています[22]。同腹の仔ネコを生まれてからすぐ暗闇の中に入れ，そこで12週間ほど母ネコに育てさせます。歩けるようになった2匹の仔ネコを，1日3時間だけ実験室に入れて過ごさせます。これ以外の時間は，すべて元の暗闇の飼育室にもどします。

　実験室は，周囲の壁が縞模様になっている円形の小部屋で中央に支柱があります。支柱からは腕木が伸びていて，その一方の端に1匹の仔ネコがつながれています。こちらの仔ネコは，自分で自由に動き回ることができるようになっています。反対の端にはゴンドラがつり下げられており，そこに別のもう1匹の仔ネコが乗せられています。この仔ネコは自分では動けませんが，もう一方の仔ネコが動くことによってそれとまったく同じように動くことになります。したがって，この2匹の仔ネコは完全に同じ刺激を見ることになります。移動距離と時間も同じです。ただ，一方は自分が実際に動くことによって刺激を見ることができるのに対し，もう一方は刺激を見ることができるかどうかは前者のネコ任せである点が異なります。前者は能動的ネコ，後者は受動的ネコといえるでしょう。

　この条件で数週間飼育した後，2匹の仔ネコの視覚行動がテストされました。その中の1つに視覚的断崖テストがあります。仔ネコを1枚の細長い板の上に置きます。この板（道）の一方の側は浅い段差となっていますが，もう一方の側は深い段差になっています。実際には透明なガラス板が張ってあるので仔ネコは墜落することはないのですが，深い段差の側は見た目には危険に見えます。この道を歩くとき，能動的ネコはけっして深い段差の側を歩こうとはせず，浅い段差の側の安全な方を歩くのです。ところが，受動的ネコは歩く側

に頓着せず，平気で深い段差の側の危険な方に足を踏み出してしまうのです。つまり，視覚的断崖を認知する奥行き知覚の発達の悪いことが示されたのです。他にも飛んできた物をよけるためにまばたきをしないなど，受動的ネコの視覚行動の発達がよくないことがわかったのです。

同じ刺激環境の中にあっても，それを受動的に受け入れるだけでは視覚行動は発達しないことをヘルドの研究は示しています。ここでは，奥行き知覚という空間認知能力の発達が悪くなることが示されたわけで，刺激の受動的な知覚だけでは少なくとも脳機能の一部の発達が抑制されることがわかったのです。この研究も動物を対象としたものですが，人間の子どもの発達を考えたときに，その結果はきわめて示唆的です。子どもに豊かな環境を準備し，それを与えるだけでは十分ではなく，子どもが自ら進んで積極的にそれらにかかわろうとしなければ，子どもがそこから学ぶことはきわめて限定されているということです。環境に対して能動的にかかわることが，脳の発達をより促すといえるでしょう。

以上の研究から，子どもに豊かで適切な環境を準備し，さらにその環境に能動的にかかわらせる経験を発達の早期の段階で行わせるところに早期教育の意味があるといえるでしょう。

5．早期教育の功罪

これまでみてきたように，子どものある種の感覚能力，あるいは音楽や言語能力について，その敏感期に繰り返し適切な学習や訓練を行えば，それらの能力が大きく変化して発達することが示されています。敏感期とみなされる時期に適切な経験をすることで，合理的，効率的に能力を伸ばすことができるということでは，早期教育の効果あるいは意義があるといえるでしょう。早期教育の功の面です。ただ，現時点では子どもの脳機能と敏感期との関係が明らかにされているのは限られた範囲であり，その意味ですべての脳機能に対して早期教育の効果があると明言はできません。しかし，子どものある分野の能力の伸長に対して，早期教育が一定の効果をもつことは指摘できるでしょう。

早期教育の効果については，常に慎重な評価をしていかなければなりません。シナプス競合として述べたように，特定の機能を使うことによってその脳機能

4章──早期教育と脳

が伸びたとしても，その時に使われなかった機能の脳のシナプスが衰弱してしまうということもあるのです。ある特定の早期教育を行うことで，本来その時期に経験しておくことが必要な機能を使わなかったり，また必要な刺激を遮断してしまってその機能の伸長を阻んでしまうということが起こりうるのです。そのことが，正常な脳の発達を歪め，ひいては健全な能力と人格の発達を阻むことになる危険性があるのです[23]。

　早期教育の罪の面を示す1つの例に，飛び級によるバーンアウト現象があります。飛び級は，思春期を過ぎた頃からたいへんな問題になりこそすれ，ほとんど何のメリットもないということで，米国では影をひそめてしまったといわれます[24]。学力が進んでいるからというだけで飛び級させると，思春期を過ぎた頃から例えば級友たちとの間に精神面でのギャップが出てきて，子どもがあらゆる面で背伸びを強いられ，それがストレスとなって結局神経症などに陥ってしまう，あるいは落ちこぼれてしまうということが起こるのです。子どもが成長していく過程で学校の勉強ができるという知力の面の発達は，その子どもの能力の一部にすぎません。したがって，現在の米国では体の大きさや性格などを考慮して入学や進級を1年遅くすることはあっても，よほどのことがない限り飛び級はさせないというのが一般的です。その子ども本来の成長のスピードを無視して早熟に仕立て上げられると，他人を認めることができない，クラスの中で常に自分が上位にいないと気がすまない，イライラして気が短いといった特徴が子どもに出やすいことが指摘されています[24]。子どもの教育は，その子どもの成長のスピードを見極め，それに合わせながら遂行していくことが大切であって，早期教育がどの子どもにも，そしてどの能力にも一律に意味をもつかどうかは，今後も慎重に考えていかなければなりません。

5章
知力の育成と脳

　学校教育の主要な目標の1つは、子どもに学力をつけ、それを向上させることといってもよいでしょう。学力を支えている子どもの能力を知力とすれば、学校教育はその知力に働きかけ、それを活かし、より機能を高め、その結果として学力を向上させるということになるでしょう。知力を構成するものは知能と考えられています。その知能とは何かといえば、「新しい事柄を学習する能力、新しい環境への適応能力」「認知機能の総称」、そして「知能検査で測られるもの」など、さまざまに定義されてきました。

　しかし、学校教育の中で受け入れられ残っている知能観は、心理学者ボーリングによる「知能とは知能検査で測られるものである」という定義にかかわるものではないかと思われます。つまり、知能に相応した学力が発揮されていないアンダー・アチーバーや、その逆のオーバー・アチーバーの例外はあるものの、学力は知能検査で測られた結果と概ね対応しており、知能指数（IQ）が高い子どもは学力も高い傾向にあり、それが低い子どもは学力も低い傾向にあるという受け止め方が、今でも比較的多くの親や教師の知能観にあるのではないかと考えられます。この知能観は「高いIQは個人の社会的成功を予測する」という心理学者ターマンのそれに連なるものといえるでしょう。

　知能検査で測られている知能は、主として言語的知能、論理数学的知能、それに空間的知能と考えられますが、人間の知能が果たしてこれらの知能に限定して考えられるかについては、さまざまな議論があります。そうした中で、学校教育にかかわる新しい知能概念として注目され、米国を中心に教育実践に活かされているものに多重知能理論（Multiple Inteligences：MI）があります[1]。この理論は、IQによって定義される知能、すなわち言語的知能、論理数学的知能、それに空間的知能だけでなく、音楽的知能、身体運動的知能、対人的

(他者理解）知能，内省的（自己理解）知能，そして博物的（自然理解）知能を含む8つの知能を人間はもっていると主張しています[2]。ここでは，脳機能との関係を基盤に置く多重知能理論について分析し，その特徴を明らかにしていきます。

1節　多重知能理論

1．知能の多重性

　私たちは，人の性格についてはいくつかタイプがあってそれぞれ異なっていると考えますが，知能についてはIQという1つのタイプで表されるものだと一般に考えているのではないでしょうか。しかし，知能も性格と同じようにいくつかのタイプがあると考え，従来のものとは異なる知能概念を提案したのが認知心理学者であり，神経心理学者でもあるガードナーです。ガードナーは，人間には多様な知能があり，それらが統合されたものとして1人の人間の知能が働いていると考えています。人間の知能の多様性を前提として提唱されたのが，多重知能理論です[2]。

　ガードナーは，人間の知能は1つではなく，いくつかの異なる知能が集合したものだと考えています。人はみな複数の独立した知能をもっていて，一人ひとりがそれらの知能を個別的なやり方で組み合わせて用いているのです。人間は，IQに代表されるような一方向にのみ方向づけられた知能をもっているのではなく，相互に独立した多くの知能をもっているというのがガードナーの主張です。これは，知能について例えばスピアマンが一般知能（g）という，あらゆる知的活動に共通して働く知能を想定したのと対照的です。一般知能は，さまざまな個別の認知能力の中で重なっている部分を表す概念といえ，言語能力と空間能力の相互関係から導き出されるものと考えられています。ガードナーの多重知能理論は，こうした伝統的知能概念のもつ一次元性に対してその批判を向けたものです。ただ，知能の多重性を想定したものにサーストンの多因子説がすでに存在していました。これは，知能を相互に独立した数，知覚，言語，空間，語の流暢性，推理，記憶の7因子からなる能力と考えるもので，

スピアマンの一般知能説に対比されるものでした。サーストンの多因子説は，ガードナーの多重知能理論として内容を一新して甦ったことになります。

　ガードナーの「知能は相互に独立した複数の知能の働きからなる」という知能概念は，認知科学者フォーダーが提唱した「心のモジュール説」の考えに連なるものです[3]。心のモジュール説によれば，心は相互に独立したいくつかのモジュール（機能単位）から成り立っていて，モジュール間の機能的関連から生まれるものです。人工知能のしくみから考えると，中央処理装置（CPU）によってすべての処理を実行するより，個々のモジュールにより処理を実行する方が効率的で処理時間も短縮できると考えられます。事実，すべての処理を中央処理装置で行うとすると，その部分がどんどん肥大化していって膨大な処理時間がかかってしまうことになります。これに対し，個々の機能に対応したモジュールをつくっておけば，その機能の実行にはそれに対応するモジュールのみで処理していけばよいので，効率的で時間も短くてすみます。もし，そのモジュールでうまく処理できないような場合には，そのときに上位のモジュールが働くようにしておけば処理時間は短くてすむというのがフォーダーの考えです。ガードナーの多重知能理論は，この考えに基づいた「知能のモジュール説」といえるものなのです。

　ガードナーは，知能を「ある文化において価値があるとみなされる問題を解決したり，価値があるとされるものを創造する能力」と定義しています。そして，人間には8つの相互に独立した知能があると考え，それらを言語的知能，論理数学的知能，音楽的知能，身体運動的知能，空間的知能，対人的知能，内省的知能，博物的知能とそれぞれ命名しています。人間が，例えば作家，数学者，作曲家，ダンサー，デザイナー，カウンセラー，宗教的リーダー，そして生物学者といった多種多様な職業を遂行できるのは，それぞれの人がもつ多重知能のうちのどれかの知能が，あるいはいくつかの知能が優れていることによるとガードナーは考えています。さらに，知能それ自体は道徳的でも不道徳的でもなく，どんな知能も建設的にも破壊的にも用いることができるとその性質を特徴づけています。

　従来の知能理論が，言語的知能，論理数学的知能，空間的知能の3つを主要な構成要素と考え，例えば音楽的能力，身体運動的能力などを知能とは別の

才能としてみていたのを，ガードナーの多重知能理論は，それらを含めて対人的能力，内省的能力，そして博物的能力も，ある文化の中で価値があるとみなされる問題を解決し，価値があるとみなされるものを創造する能力として等しく知能とみなす，新しい知能概念を提唱したのです。ガードナーの多重知能理論の特徴は，従来の知能理論がもつ知能の一次元性を批判し，さらに音楽的知能や身体運動的知能のような従来の知能概念にはない能力を言語的知能や論理数学的知能と同等のものとみなし，さらに対人的知能や内省的知能のような従来は社会性や人格特性とみられていたものも知能概念に組み入れたところにあるといえるでしょう。

2．8つの多重知能

　ガードナーは，人間の知能を①言語的知能，②論理数学的知能，③音楽的知能，④身体運動的知能，⑤空間的知能，⑥対人的知能，⑦内省的知能，⑧博物的知能の8つに分類しました[2]。さらに，ガードナーはこの8つの知能の他に実存的知能，霊的知能の存在についてもその可能性を示唆しています。しかし，これらの知能は8つの知能に比べるとまだその存在を示すに足る十分な証拠があるとはいえません。本書では，8つの知能の観点から多重知能理論をとらえていきます。

　言語的知能　この知能は，言語を効果的に使いこなす能力のことをいいます。ことばを使う能力，文章を書く能力，言語を学ぶ能力，ことばを使って他者にある行動をとることを納得させる説得力，さらにことばを使って情報を保持する記憶力なども言語的知能に含まれます。言語的知能に優れた子どもは，本を読んだり，文章を書いたり，また自分で話したり，人の話を聞いたりするのを好みます。弁護士，作家，詩人，落語家，司会者などは，高い言語的知能をもっている人の例です。

　論理数学的知能　この知能は，問題を論理的に分析したり，数学的な操作を実行する能力のことをいいます。何かを明快に論証する能力，数字を有効に使う能力，論理的で抽象的な操作のできる能力などが論理数学的知能に含まれます。論理数学的知能に優れた子どもは，計算をしたり，ものごとのしくみや法則を探ったり，また目的をもって計画的に行動するのを好みます。科学者，数

学者，統計学者，哲学者，コンピュータ・プログラマーなどは，高い論理数学的知能をもっている人の例です。

音楽的知能　この知能は，音楽をつくり出したり，表現したり，あるいは認識，識別する能力のことをいいます。ガードナーは，音楽的知能は構造的に言語的知能とほとんど対応しているとしています。作曲する能力，演奏する能力，鑑賞する能力などが音楽的知能に含まれます。音楽的知能に優れた子どもは，歌ったり，音楽を聴いたり，また楽器の演奏や作曲をするのを好みます。作曲家，演奏家，指揮者，音楽評論家などは，高い音楽的知能をもっている人の例です。

身体運動的知能　この知能は，自分の考えや感情を身体全体や身体部位（手や口など）を使って表現する能力のことをいいます。身体の動きをコントロールする能力，身体全体を使って表現する能力，ものを巧みに使いこなす能力，ものを手指で作る能力などが身体運動的知能に含まれます。身体運動的知能に優れた子どもは，身体を使って運動したり，手指を使ってものを作ったり，また身体を使って表現することを好みます。俳優，スポーツ選手，ダンサー，彫刻家，熟練した機械工，外科医などは，高い身体運動的知能をもっている人の例です。

空間的知能　この知能は，広い空間のパタンを認知して操作する能力，あるいはより限定された範囲のパタンを認知する能力のことをいいます。イメージする能力，視覚的・空間的なアイディアを描ける能力，空間の中で自分の位置を正確に認識できる能力などが空間的知能に含まれます。空間的知能に優れた子どもは，絵を描いたり，物を組み立てたり，またいろいろなことを想像，空想することを好みます。画家，グラフィック・デザイナー，建築家，パイロット，タクシードライバー，猟師などは，高い空間的知能をもっている人の例です。

対人的知能　この知能は，他者の感情，信念，そして意図を認識し，他者との関係をうまくつくり上げていく能力のことをいいます。他者理解能力あるいは人間関係形成能力といえるものです。人の表情や声，からだの動きに対する感受能力，人間関係にみられるさまざまな合図を読み取る能力，それに対し適切に対応できる能力などが対人的知能に含まれます。対人的知能に優れた子ど

もは，友だちをつくったり，人と一緒に活動したり，また人の気持ちを理解することを好みます。組織の管理者，優秀なセールスマン，政治家，カウンセラー，看護師などは，高い対人的知能をもっている人の例です。

　内省的知能　この知能は，自分自身の感情，意図，そして動機づけを認識し，それをふまえて適切に行動する能力のことをいいます。自己理解能力あるいは自己統制能力といえるものです。自分の長所・短所などを正確に認識する能力，自分の気分や思い，願いや欲求を自覚できる能力，自分を律したり，大切にする能力などが自己理解・統制的能力としての内省的知能に含まれます。内省的知能に優れた子どもは，自分で興味のあることを探究したり，自分について考えたり，また自分のペースで生活することを好みます。精神分析家，宗教的リーダーなどは，高い内省的知能をもっている人の例です。

　博物的知能　この知能は，自分の周りにあるさまざまな種類の植物や動物を見分けて分類する能力のことをいいます。自然理解能力あるいは自然との共生能力といえるものです。この能力には，自然現象の変化を敏感に感知し，また生物だけでなく無生物間の違いを区別し，それらの関係を把握できる能力も含みます。博物的知能に優れた子どもは，自然の中にいたり，自然の物を収集したり，また動物と遊んだりすることを好みます。生物学者，環境学者，動物保護運動家などは，高い博物的知能をもっている人の例です。

多重知能と学校教育

　ガードナーは，言語的知能，論理数学的知能を学校活動にかかわる知能と考え，音楽的知能，身体運動的知能，空間的知能を芸術活動にかかわる知能としてまとめています。また，心理学者ゴールマンが示した感情的知能（EQ）[4]は，対人的知能と内省的知能が混合されたものと考え，それを個人的知能（人格的知能）とよんでいます。なお，学校活動にかかわる知能には，空間的知能と博物的知能も関係していると考えられます。

　現在の学校教育においては，言語的知能および論理数学的知能が重視され，授業時間も多くとられています。しかし，ガードナーは多重知能の8つの知能すべてが同じように重要であることを強調しています。学校において言語的知能，論理数学的知能に優れていない子どもは一般に評価が低く，そのためそれ以外の知能を引き出して伸ばすという経験をもつことがきわめて困難です。

したがって自らの自尊心を育てることが難しく，自己否定的感情を助長してしまうことになりがちです。しかし，学校での成績がふるわなくても社会に出て成功するケースは多数あり，また学校の成績は優秀でも社会人として適応力に欠けるケースも同じように多くあるとガードナーは指摘しています。

子どもの知能を多重知能とみることで，その成長の範囲が大きく広がります。特定の知能が低いからといって，その他の知能も同じように低いとはかぎりません。むしろ，子どものある知能は低くても，別の知能は標準であったり，またそれ以上に高かったりすることも少なくありません。多重多能理論に立つことによって，学校教育はより多くの子どもの知能の発達可能性を広げることができます。多重知能理論に基づいた学校教育は，子どもの個性を見直し，新たに引き出す試みといえるのです(5)。

さらに，1章1節で述べた「学校教育法」において義務教育の目標としてあげられた10項目の内容と多重知能理論を対応させてみると，多重知能理論の言語的知能は⑤の国語力，論理数学的知能は⑥の数量的関係の理解と⑦の科学的理解，音楽的知能は⑨の音楽その他の芸術の理解，身体運動的知能は⑧の体力の養成，空間的知能は②の自然体験活動と⑨の美術その他の芸術の理解，対人的知能は①の社会的活動，④の家族と家庭の役割の理解，③の国と郷土を愛し，他国を尊重する態度，そして内省的知能は①の規範意識，公正な判断力，⑩の勤労を重んずる態度，進路を決定する能力，博物的知能は②の生命及び自然を尊重する精神，環境の保全に寄与する態度と⑦の自然現象の科学的理解と処理する能力に，それぞれ程度の差はあるものの密接に関係しているとみることができます。このようにしてみると，多重知能理論と義務教育の目標とは考え方の基盤がかなり重なっているといえるでしょう。

また，同じく1章1節で述べた「生きる力」を多重知能理論からみると，「生きる力」が自主的な学習力，思考力，判断力，それに表現力といった知性的能力と，自律性，協調性，共感性，それに愛他性といった情意的・社会的能力が統合された概念，すなわち知力と社会力，それに人格と体力を加えた総合的能力と考えれば，それらは多重知能の言語的知能，論理数学的知能，空間的知能，博物的知能，音楽的知能，身体運動的知能に代表される知性的能力と，対人的知能，内省的知能に代表される情意的・社会的能力に関係しているとみ

ることができます。多重知能理論と「生きる力」の概念も考え方の基盤が重なっているといえるでしょう。

多重知能の8つの基準

　ガードナーは，人間の知能として認めるための8つの基準を設定しています[2]。8つの多重知能は，これらの基準を満たして設定されたものです。したがって，8つの基準を満たすものであれば，今後，8つの知能にさらにつけ加えられる新しい知能が出てくる可能性はあるのです。8つの知能のうちの博物的知能は，8つの基準を満たすものとして新しく付け加えられたものです。また，先に示した実存的知能と霊的知能は，今後加えられる可能性のある多重知能の候補とされています。ガードナーの8つの基準を，多重知能理論の実践者として知られる心理学者アームストロングの指摘も参考にしてまとめると次のようになります[6]。

　知能は脳に対応する機能領域をもつ　脳の研究が進むにつれて，人間の脳はそれぞれの領域によって機能が異なることが明らかにされています。例えば，感覚に対応して視覚野，聴覚野，体性感覚野などがそれぞれ別の部位にあり，運動野，言語野，記憶や情動にかかわる領域なども，それぞれ脳の異なる部位に分かれていることがわかったのです。脳のある部位がダメージを受けて，ある一部の機能に障害が現れたからといって，脳全体の機能が一挙に壊れることはほとんどありません。人間の脳は，1つの中央処理装置によって営まれているのではなく，多くの並列処理装置によって営まれていると考えられるのです。

　知能は進化の過程に起源をもつ　ガードナーは，人間の知能は生物の進化の過程と深く関連していると考えています。現代人の知能の起源は，例えば旧石器時代人がラスコーの壁画として描いた絵画にみられるように，すでにその当時から人間にかなり高い空間的知能が働いていたことを示しています。また，石器時代に楽器が使われていた痕跡のあることから，当時の人に音楽的知能が存在していたことが考えられます。さらに，鏡に映った姿を見て，それを自分と認識するチンパンジーには，内省的知能の起源を想定することができます。多重知能のすべてについて，生物進化の過程において起源として考えることのできるものが存在するのです。

知能は中核的操作をもつ　知能は，それぞれ中核的操作をもっていると考えられます。例えば，言語的知能には音素を識別したり，ことばを統合したり，ことばの意味を獲得するなどの中核的操作が働いています。また，それぞれの知能では，記憶する，識別する，注意するといった操作が均等に現れるのではなく，人によって働くレベルが異なるのが普通です。

知能はシンボルシステムをもつ　人間が知能をもっていることを最も明確に示しているのは，シンボルシステムをつくり出し，それを巧みに操る能力をもっている点にあります。シンボルは，それを用いることによって実際に目の前には存在しないものを，あたかも存在しているかのようにとらえることを可能にします。それぞれの知能には，すべてこのシンボルシステムが存在します。例えば，言語的知能には音声言語が，音楽的知能には楽譜が，対人的知能にはジェスチャーや表情がといった具合にそれぞれシンボルシステムが存在し，知能の特性をつくり出しているのです。

知能は固有の発達過程をもつ　それぞれの知能には，独自の発達過程があります。したがって，作家になりたい人は言語的知能を特定のやり方で発達させなければならないし，よく発達した空間的知能をもつ建築家，身体運動的知能をもつダンサー，内省的知能をもつ精神療法士になるには，それぞれ固有の発達的道筋をたどることが必要となります。言い換えれば，その知能はいつ頃現れ，いつピークを迎え，そしていつ頃から弱まり，消失していくのかといった発達のいくつかの道筋があるのです。偉大な数学者が10代から20代の時に主だった理論を発表しているようにそのピークが比較的早いのに対し，作家の場合などは40代以降になって優れた文学作品を生み出すことがめずらしくないように，そのピークが比較的遅いといった発達過程の違いがあるのです。

ある知能だけが突出することがある　それぞれの知能において，突出した能力を示す人がいます。しかし，ある知能が著しく優れていたとしても，他の知能も同じように優れているわけではありません。アインシュタインは，物理学者としては天才的な能力をもっている人です。しかし，音楽や身体運動能力などでは取り立てて言うほどの能力はなかった，あるいは標準以下の能力しか持ち合わせていませんでした。もし知能が多重ではなく単一のものだとしたら，アインシュタインは天才的な物理学者であるとともに，優れた音楽家，スポー

ツ選手でもあったはずです。しかし，実際にはそのようなことはありませんでした。このことは，アインシュタインのような天才的な知能をもった人だけでなく，例えば1つの領域でずばぬけた才能を示しながら，他の領域では普通かあるいは欠陥さえ示すサヴァン症候群の人の場合でも同じようにいえます。

知能を機能させるためのシステムをもつ　知能には，それを機能させる複数のシステムがあり，それらのシステムが有機的に関係して働くことによってその知能は実現されます。例えば，音楽的知能には音の高低を聴き分けるシステム，リズムを識別するシステムなどがあり，また身体運動的知能には人の体の動きをまねるシステム，運動神経を身につけるシステムなどがあり，それらのシステムが関係して働くことによってそれぞれの知能が発揮されるのです。各知能を支えるシステムの詳細が明らかになれば，将来，それぞれの知能がどのように働いているか，コンピュータでシミュレーションできるようになるかもしれません。

知能検査の知見からの支持がある　ガードナーは，現在用いられている知能検査に対して，それが人が生きて生活している自然な環境から切り離された中で実施されているということから，否定的な立場をとっています。しかし，その上で現在の知能検査には，多重知能理論が一部活用されていると考えています。現在の知能検査には，多重知能理論でいうところの言語的知能，論理数学的知能，そして空間的知能が含まれています。その中で，例えば言語的知能と空間的知能とは弱い相関しかないことが示され，多重知能理論のいう知能の相対的独立性が支持されていると主張しています。また，知能検査の研究から対人的知能と内省的知能の混合されたEQなどが新たに提案され，しかもそれが知能検査で測定されたものとは相関が低く，独立した知能であるらしいことも示されています。これらのことも，対人的知能，内省的知能が，言語的知能，論理数学的知能，空間的知能と相対的に独立していることを示していると考えられているのです。

3．多重知能の4つの特質

多重多能はだれでももっている　多重知能理論は，すべての人が8つの知能をもっていると考えます。ただ，それぞれの知能の有能さの程度は個人によ

り異なり，それらの組み合わせによって一人ひとりの知能の特性が形づくられているのです。すべての知能が優れているという人もいれば，障害のゆえにそれらのレベルが低い人もいるでしょう。ただ，大半の人はこれら両極端の中間にあり，どれかの知能は比較的高く，別の知能は標準よりも低い，そしてその他の知能はほぼ標準というのが実際でしょう。

多重知能は連携して働く　8つの知能はそれぞれ独立性をもっていますが，日常生活の中では同時並行的に使われ，お互いに影響をおよぼしながら働いています。例えば，合唱クラブでみんなと一緒に歌う場合でも，歌詞を声に出して歌ったり（言語的知能，音楽的知能），指揮者やメンバーと息を合わせたり（対人的知能），自分の感情を意識したり，生み出したり（内省的知能）ということが必要でしょう。バスケットボールをするときでも，ドリブルやシュートをしたり（身体運動的知能），味方から投げられたボールのコースを読み取ってうまく受けとめたり（空間的知能），味方同士で力を合わせたり（対人的知能）ということが求められるでしょう。それぞれの知能は，相互に連携して働くことによって，より高い働きをすることができるのです。

多重知能は発達させることができる　知能は生まれつきのものであって変化しない，あるいは個人間の差も縮むことはないというのは正しくありません。知能は，個人をとりまく環境や教育，そして関係をもつ人によって影響を受け，変化していくものです。環境の特性や，教育の内容，かかわる人の人格とそのかかわり方によって，知能はかなり高いレベルにまで発達させることができるのです。それは，言語的知能，論理数学的知能に限らず，音楽的知能，身体運動的知能，そして対人的知能などすべての知能にいえることです。

多重知能は多様に教育できる　それぞれの知能には多様な側面，下位システムといったものがあります。例えば，言語的知能には読む，書く，話す，聞くといった側面がありますが，たとえ読み書きができない人であっても，話したり，聞きとる力は優れていることはよくあることです。そのような人の場合でも，言語的知能をもっている，あるいはその一部は優れているといえるのです。個々の知能は，それぞれ多様な側面と下位システムをもっており，それらは個別に伸ばすことができるのです。

4．多重知能理論と教育の可能性

多重知能理論から学校教育を考えると，全人教育，個性化教育，補償教育の3つの教育の可能性が考えられています[7]。

全人教育 子どものもっているすべての知能を偏りなく，バランスをとって伸ばしていこうとする教育で，多くの学校が教育目標としてあげているものです。知育，徳育，体育のバランスのとれた学校教育を実践することで，子どもの知能，人格，そして体力を育成することを多くの学校が教育目標としているといえます。多重知能理論は，その伸ばすべき知能の特質と伸ばす方法について，そのアイディアと材料を提供するものです。

個性化教育 子どもが得意とする活動，あるいは好きで興味をもって行う活動にかかわる知能に注目し，それを伸ばしていこうとする教育です。子どものもっている多重知能は，その能力において均質ではなく，それらを用いることへの得意・不得意の程度も同じではありません。一人ひとりの子どもが，自分のもっているより優れた能力を伸ばし，それを主体的に好んで用いることで子どもの知能はより伸長し，そのことを通して知能の個性化が達成されるのです。多重知能理論は，子ども一人ひとりの才能を伸ばし，個性を伸ばそうとする個性化教育の考え方に密接に関係しているのです。個性化教育の1つとして早期英才教育がありますが，これは子どもの特定の知能を発達の早期から教育し，高い水準にまで発達させようとする早期教育でもあります。多重知能理論は，このような個性化教育の理念を支えるものでもあるのです。

補償教育 発達の遅れている知能，あるいは障害を受けている知能は，それを伸ばし強化するために補償教育，あるいは治療教育を行うことが必要です。遅滞や障害のある知能を専門的に教育して機能を向上させること，あるいは別の健常な知能を用いることでその機能を代替できるようにすること，これらによって子どもの適応力を高めることが必要です。多重知能理論は，そのような補償教育を実践していく理念と方法を与えるものといえます。

公教育としての学校教育は，全人教育を目標としながら，その中で個々の子どもの個性を育てていくことをめざしているといえるでしょう。その意味で，個性化教育と補償教育は全人教育に適合させて進められなければなりません。

5．多重知能のオクタゴン・モデル

　子どもの学力をめぐる論争でいう学力とは，具体的にいえば国語，算数・数学，理科，社会に代表される主要教科で示される能力をさしていると考えられます。一般に，学校教育の主たる目的は学力形成と人格形成にあるといえるでしょう。そして，学力形成が学校に固有な独自の目的ないし役割であり，人格形成は教育一般の目的であって，他の教育機関と協力して達成すべきものと考えられます[8]。

　多重知能理論でいう学力とは，8つの知能に対応する教科で示される能力であり，それは主要教科だけでなくほとんどの教科で示される能力といえます。さらに，人格の主要構成要素とみられる対人的知能，内省的知能も個人の知能とみなされていることから，多重知能理論は子どもの学力を多面的にとらえているといえるでしょう。また，本章1節で述べたように，「学校教育法」の義務教育の目標としてあげられている内容は，多重知能にほぼ対応するものとなっています。したがって，学校教育で育成が期待されている学力とは，多重知能を活かし，そのことを通して育てられる能力であるといえるでしょう。

　ガードナーの多重知能理論を8角形モデルとして学校教育の教科・領域との関連も併せて表したものが，図5-1に示す知能のオクタゴン・モデルです。博物的知能を除く7つの知能をモデル化したものとしてヘプタ・ヘクサゴン・モデルがありますが[9]，それを拡充したものです。言語的知能が国語や英語，論理数学的知能が算数・数学や理科，音楽的知能が音楽，身体運動の知能が体育，空間的知能が図画工作・美術や社会（地理），対人的知能および内省的知能が道徳，特別活動，生活科，博物的知能が理科，生活科，総合的な学習の時間などの教科・領域と関連していると考えられ，それぞれの知能を活かして各教科の学習を進め，さらに各教科の学習を通して関連する学力の育成が図られていると考えられます。もちろん，各教科・領域が単一の知能のみと関連しているということはありません。ここで示した関連性は，相対的により強く関連しているという意味であり，各教科の学習には複数の知能が並列的に関連しています。例えば，総合的な学習の時間は博物的知能と関連づけていますが，これは多重知能理論の考えを最も実践しやすい教科であり，多くの知能が関連

5章──知力の育成と脳

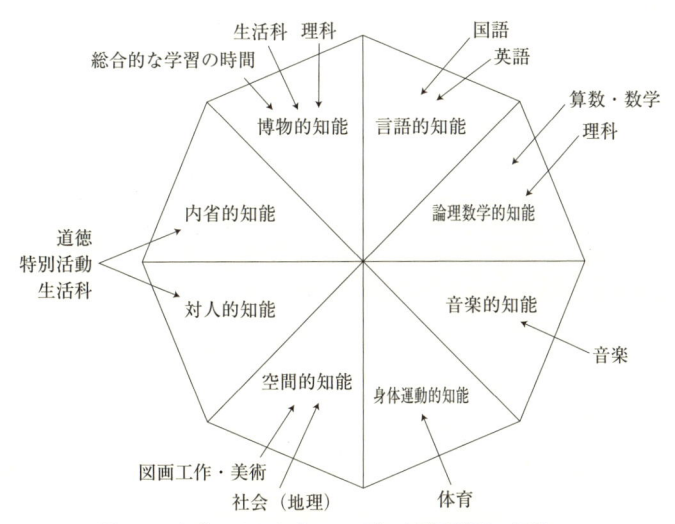

図5-1 知能のオクタゴン・モデルと関連教科・領域

しているものといえます。

　従来の知能理論では，例えば標準的な知能検査が測定している知能の性質から考えればわかるように，多重知能理論でいう言語的知能，論理数学的知能，空間的知能の3知能を主として考えていました。しかし，学校教育ではこれら3知能の育成を行う中で，子どもが他者を理解する能力と自分自身を理解する能力を身につけていくことの重要性が強く認識されるようになり，対人的知能，内省的知能の育成が注目されるようになりました。ガードナーの多重知能理論は，これらに音楽的知能，身体運動的知能，そして博物的知能を加えることによって，人間の知能概念を大きく変えるものとなりました。この理論は，音楽やスポーツにみられる人間の表現活動を支える知能も，従来考えられてきた知能と同等に評価するものであり，それらの知能に基づく芸術，表現活動も知能の重要な側面であることを明確に示すものです[9]。

2節　多重知能と脳

　人間の知能は，相互に独立した個別のモジュールからなっているとガードナーは考えています。この知能のモジュール説が，多重知能理論の基本原理とな

っているのです。モジュールとは機能的な単位のことであり，心を構成している要素を意味しています。それぞれのモジュールは相互に独立して働くのですが，モジュール間には弱くて予測できない関係しかないと考えられています。より高次の心的機能は，いくつかのモジュールが並行して働くことにより実現されるのです。

　ガードナーは，人間の心は脳の構造を反映したものであり，多くの個別のモジュールあるいは能力から構成されていると考え，多重知能理論がモジュールを重視する脳科学の発想に着想を得て生まれたことを述べています[2]。例えば，脳損傷患者の研究から話す能力と歌う能力は違う能力であって，独立に損なわれたり残ったりする事実があること，その一方で手話で話すことと声に出して話すことは似た能力であり，同じように損なわれたり残ったりする事実のあることなどが示されています。これらの事実は，脳がその部位によってそれぞれ異なるモジュールをもっていることを示す証拠だとガードナーは考えています。

　多重知能理論を基盤にした学校教育の実践に貢献しているアームストロングは，8つの知能と関係する脳の部位を指摘して，この理論の教育実践への応用とともに脳科学と連携した理論的展開の可能性を示しています[6]。8つの知能のうち言語的知能は左前頭葉（ブローカ中枢）と左側頭葉（ウェルニッケ中枢），論理数学的知能は左前頭葉と右頭頂葉，音楽的知能は右側頭葉，身体運動的知能は左右運動野，小脳，大脳基底核，空間的知能は右半球後部領域，対人的知能は前頭葉，側頭葉，大脳辺縁系，内省的知能は前頭葉，頭頂葉，大脳辺縁系，そして博物的知能は左頭頂葉というように，それぞれ関連性が高いと指摘しています。これらの関係を手がかりとして，8つの多重知能と脳機能との関係をみていきます[10][11]。

1．言語的知能と脳

　ことばを効果的に使いこなす言語的知能は，左前頭葉（ブローカ中枢）と左側頭葉（ウェルニッケ中枢）を中心に局在した脳領域をもっていると考えられています。

言語機能の脳領域
　ことばを話す脳の中心領域をブローカ中枢といいます。左前頭葉後部にあり

ます。また，ことばを聞いて理解する脳の中心領域をウェルニッケ中枢といいます。左の側頭葉と頭頂葉にまたがった領域にあります（図3-2参照）。ブローカ中枢が損傷されると発話に障害が起こり，ウェルニッケ中枢が損傷されるとことばの理解に障害が起こります。

　耳から入ったことばは，まず側頭葉の聴覚野に伝えられます。ここでは音としてとらえられるだけで，これをことばとして理解するためには，ウェルニッケ中枢に情報が伝えられなければなりません。さらに聞いたことばを理解して話すためには，ウェルニッケ中枢と左前頭葉のブローカ中枢の連携が必要です。これには，左の頭頂葉，後頭葉，側頭葉が接する部分にあたる角回がその中継役として働いています。この中継を通してブローカ中枢が働き，話すという行為が出てくるのです。角回は，書きことばについても重要な役割をしており，ここに障害があると文字の読み書きが困難になります。

　文字や文章を読み，そしてそれを書くとき，脳はどのように働いているのでしょうか。読むときは，文字情報が目から後頭葉の視覚野に伝えられます。その後，左半球の3つの部位からなる読むシステムに運ばれます。まず，文字の形を処理するために側頭葉の下側頭回に情報が伝えられます。それとともに，文字の意味を理解するために側頭葉のウェルニッケ中枢と頭頂葉の角回にも情報が伝えられます。その情報を受けて前頭葉のブローカ中枢が働き，読むという行為が出てくるのです。ちなみに，文字を読むことが困難なディスレクシア（難読症）は，読むシステムに含まれる3つの部位間の統合に問題があることによると考えられています。また，書くときは前頭葉後部の運動野と頭頂葉の体性感覚野が働いて，手指の動きや感触を調整します。それと同時に，頭頂連合野の空間認知能力も働いて文字の構成や配置を処理し，さらに前頭連合野も活性化して書くための思考活動を支えています。

　私たちは，文字として漢字と仮名を使います。表音文字の仮名は，読み書きの音韻的過程にかかわる左角回（AG）を中心に処理されますが，表意文字の漢字は意味的過程にかかわる左側頭葉後下部（T）を中心に処理されると考えられています。これを読み書きの二重神経回路仮説といいます（図5-2）。つまり，私たちは2種類の文字を左半球の2つの領域で並列処理しながら読み書きをしていると考えられるのです。日本の子どもは，小学校から高校にかけ

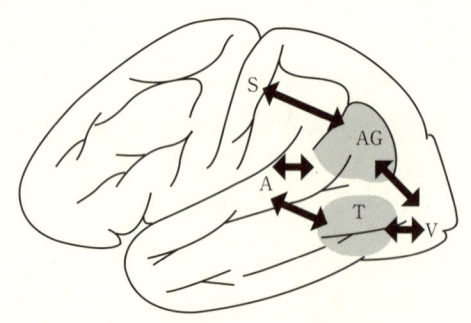

図5-2　漢字仮名処理の二重神経回路仮説[12]
(T：左側頭葉後下部，AG：角回，A：ウェルニッケ中枢，S：体性感覚野，V：視角野)

て多くの漢字を学習しなければなりません。それは子どもにとってかなり辛い学習でもあります。そうした子どもたちに図5-2をわかりやすい絵にして示し，次のように話してみたらどうでしょう。「皆さんは，他の国の子どもと違って自分の脳の中に漢字と仮名を使える2つの場所を今つくっているところです。漢字を覚えるのはたいへんですが，そのぶん皆さんは自分の脳を他の国の子どもよりたくさん鍛えていることになるのです」と。この話を聞いて，漢字を覚えることに興味や意欲をもつ子どもが出てくるかもしれません。

側頭平面と言語

　言語中枢は，ほとんどの人で左半球にあります。言語中枢が左半球にある割合は利き手によって異なります。右利きの人は，そのほとんどが左半球に言語中枢がありますが，左利きの人では，その約3分の2が左半球にあります。残り約3分の1の人は，右半球にあるか，あるいは両半球に分散していると考えられています。

　なぜ，言語を操る能力は左半球にあるのでしょうか。その理由ははっきりしていません。しかし，左右の脳の形態的な差を調べた研究は，その理由の1つを示しています。神経学者ゲシュヴィントは，成人100人の左右の脳の側頭平面という場所の大きさを調べています。それによると，左半球の側頭平面の方が広い人が65％，左右でほぼ同面積の人が24％，右半球の方が広い人が11％でした。平均すると，左側頭平面は右側頭平面より3割程度広いことがわかりました[13]。側頭平面の左右差は，胎児の脳でもみられることが確かめられています。

側頭平面は，左半球ではウェルニッケ中枢の一部をなしています。したがって，この領域は言語理解に関係の深い領域なのです。側頭平面が右半球より左半球で面積が広いということは，そこで営まれる働きが左半球で機能的に優れていることを示しています。しかも，この側頭平面の左右差は胎児の脳ですでにみられることから，言語機能がこの領域に局在するのは遺伝的に決められていると考えられます。

言語獲得の敏感期

ことばの獲得が最もさかんな時期すなわち敏感期は，2歳から12歳頃までが重要な期間とみられています。子どもが脳に損傷を受けて失語症になった場合，そこからの回復は損傷を受けた年齢によって異なります。年齢が低いほど回復は速く，また回復の程度も高いのです。言語機能は一般に左半球にありますが，それがはっきりしてくる時期がだいたい5歳頃とみられているのです。その後，およそ12歳までに左半球の言語機能，右半球の非言語機能という側性化がはっきりしてきます。こうした脳の側性化の期間を，言語獲得の敏感期というのです。

ことばの獲得には側頭平面が深く関係しています。とくに，左半球の側頭平面は言語機能ときわめて密接に関係しています。しかし，その関係はある年齢までは決定的なものではありません。左半球の側頭平面が不幸にして何らかの障害を受けた場合，それが年少の時期であれば右半球の側頭平面が退化せず残されているために，そこが障害を受けた左半球の側頭平面の代わりに言語機能を担う可能性があるからです。いわゆる代償機能があるのです。ところが，子どもの年齢が高くなってくると，右半球の側頭平面が退化してしまうために代償機能が果たせなくなってしまうのです。そのために，言語機能の障害が残ることになります。ただ，この代償機能が右半球の側頭平面ではなく，左半球の残された領域でそれを行っているという見解もあります。こうした代償機能が残る時期がいつ頃までかというと，それが先に示したようにおよそ5歳頃から遅くても12歳頃だとみられているのです。

2．論理数学的知能と脳

問題を論理的に分析し，数学的な操作を実行する論理数学的知能は，左前頭

葉と頭頂葉に主要な機能領域をもっていると考えられています。
論理的思考と脳
　論理的思考にかかわる脳の領域をさらに詳しくみていくと，前頭連合野，頭頂連合野，側頭連合野などの大脳連合野，それに海馬，扁桃体，帯状回，小脳，脳幹などがかかわっていると考えられています。かなり多くの脳領域が思考活動に関係していますが，その中で最も重要な役割を果たしているのが前頭連合野です。前頭連合野の思考にかかわる働きとしては，問題解決のために見通しをつける，またこれから先の計画を立てるといったものがあります。さらに，そうした見通しや計画に基づいて順序よく行動したり，またそのときの状況を理解して適切な判断を下すといった働きもしています。

　前頭連合野から出された思考の信号は，頭頂・側頭連合野に働きかけます。頭頂・側頭連合野は，外の世界のさまざまな事象の情報が集められ，そのイメージをつくっているところです。思考とはこうしたイメージを加工したり，修正したり，あるいは新しいイメージを生み出すといった操作を含む活動といえます。計算能力を失う障害として失算があります。失算は左半球損傷で生じやすく，とくに左頭頂葉の後方下部領域の損傷が重視されています[14]。このことは，計算能力あるいは計算的思考がこの脳領域の働きにかかわっていることを示唆しています。

数学的思考と頭頂葉
　計算能力を障害された患者にかなり共通してみられる脳の損傷部位は，左半球後方領域です[15]。数字の読み書きについては障害を受けていない患者に筆算のテストを行ったところ，左半球後方領域に損傷をもつ患者で成績の劣ることが示されました。また，ウェクスラー知能検査（成人用）の計算問題を左右どちらかの半球に損傷をもつ患者で行ったところ，左半球損傷患者が右半球損傷患者より成績の劣ることが示されています。左半球損傷患者の中では，左頭頂葉に損傷をもつ人が，もたない人よりも成績の劣ることが併せて報告されています。これらの結果は，計算機能の障害が左頭頂葉の損傷に関係していることを示しています。さらに，数の読み書きの障害についても，左頭頂葉とくに角回の損傷が関係していることも併せて示されています。

　健常者が実際に計算をしているときに働いている脳領域は多領域におよびま

す。脳機能画像研究では，計算中に活動している脳領域の中でとくに頭頂葉が活発に働いていることが示されています[16]。その中で，右頭頂葉の下の部位である下頭頂葉が賦活するケースを示した研究があります。そこでは，数を比較したり，足し算，引き算をするときに右下頭頂葉が賦活することが示されています。これは，この領域がとくに空間認知に優れた領域であり，数を比較したり，足し算，引き算の計算をするときに空間的性質の処理が含まれるために，この領域が働いたと解釈されています。数を数えたり，足したり，引いたりするための数直線には，数を空間の中に位置づけるといった性質があります。数直線とは，例えば0から始まって左から右へ伸びる直線を意味しています。したがって，数の計算においてとくに空間的性質の処理が含まれる場合は右下頭頂葉が働くと考えられます。

また，かけ算をしているときは左半球の下頭頂葉の賦活がみられたのですが，これはかけ算をするときは併せて言語的処理も行っているためだと解釈されています。つまり，暗唱して覚えている九九の能力をもとに計算するため，言語中枢のある左半球の賦活が高まったと考えられるのです。わり算にも九九の能力が必要なために，かけ算と同じような脳領域の賦活が生ずると考えられます。

3．音楽的知能と脳

音楽をつくる，表現する，そして認識，識別するといった音楽的知能は，一般に右側頭葉に主要な機能領域をもっていると考えられています。

音楽と左右半球

音楽は右半球で処理されているといわれます。ただ，このことは音楽の3要素，すなわちメロディ，和音，リズムによって異なり，また音楽経験の量と質によっても違うことが示されています[17]。メロディの音の流れを聴き取るのは主として右半球で，側頭葉の聴覚に関係した領域が働きます。和音も同じ右半球で主として聴き取られます。これには，右半球が情報を全体的，同時的に処理する働きに優れていることが関係しています。一方，リズムを聴き取るときは主として左半球の運動連合野と頭頂葉の一部が働きます。リズムは，音の長短と強弱によって表される音の調子です。リズムにはその性質として時間的成分が入っているので，その処理に左半球の情報を分析的，継時的に処理する

働きが優位に作用していると考えられています。

音楽経験と脳

　先に示した音楽処理と左右半球の関係は，音楽に関する特別な教育を受けていない一般の人にかかわるものです。プロの音楽家など質量ともに音楽経験の豊かな人の場合は，メロディ，和音，リズムともに左半球をより多く働かせて聴き取るようになります[17]。音楽経験者は，音楽をより分析的，言語的に処理して聴き取るために左半球がより優位に働くと考えられています。プロの音楽家の脳を調べると，左半球の上側頭回の後方部分の3分の2が大きく発達していることがわかっています。この部分は，聴覚野やウェルニッケ中枢の一部を含んでいます。したがって，彼らは聴覚能力にかかわる脳領域がよく発達していることがわかります。

　音楽にかかわる能力は，一般には右側頭葉が主要な役割を担っていると考えられますが，詳細にみていくと音楽の要素や音楽経験によってかかわる脳領域に変化がみられます。音楽は脳の多くの領域の共同作業によって営まれているといえます。したがって，脳をより広く活性化するのに音楽を聴いたり，演奏したり，また歌ったりすることは有効だといえるでしょう。ただ，音楽を聴いているときは，前頭連合野があまり働いていないことが指摘されています。この領域は脳全体を統合し，また指令を出しているところです。音楽を聴いているときに前頭連合野が働いていないということは，起きていながら脳を休ませていると考えることができます。したがって，日常生活の中で音楽を楽しむことは，脳を休め心を癒すことにつながっていると考えることができるでしょう。

　なお，音楽を聴いて曲名がわからない，音楽として楽しめないなどの音楽能力の障害として現れる失音楽は，音楽の要素および音楽経験によって左右半球との関係が異なりますが，側頭葉に損傷を示すことが多いとされています。このことは，音楽能力がこの脳領域の働きにかかわっていることを示唆しています。

4．身体運動的知能と脳

　自分の考えや感情をからだ全体や身体部位（手や口など）を使って表現する身体運動的知能は，運動野，小脳，大脳基底核に主要な機能領域をもっている

と考えられています。

運動野

前頭葉の後部に運動野，運動連合野という運動機能にかかわる領域があります。このうち，運動野は運動の指令を出しているところです。自分の意思によって体を動かす随意運動を司っている領域です。脳外科医ペンフィールドは，運動野に身体の各部位の運動に対応する場所があることを見出しています[18]。例えば，手を動かす場所が決まっており，それも5本指それぞれの場所まで決まっているのです。運動野の後ろには，皮膚感覚を司っている体性感覚野の領域がありますが，ここも運動野と同じように身体の各部位と対応する触覚の場所が決まっています（図5-3）。

運動野の機能地図を見ると，顔その中でも口の周辺に対応する場所と手指に対応する場所，そして足に対応する場所がとくに広い面積を占めていることがわかります。これらの部位の絵が大きく描かれているのは，そのことを示しています。これらの場所はそれぞれ，ことばを話したり，表情をつくったり，手を使っていろいろな操作をしたり，さらに歩いたり，走ったりする運動と関係しているところです。これらの運動は，運動の中でもとくに微細で微妙な調整

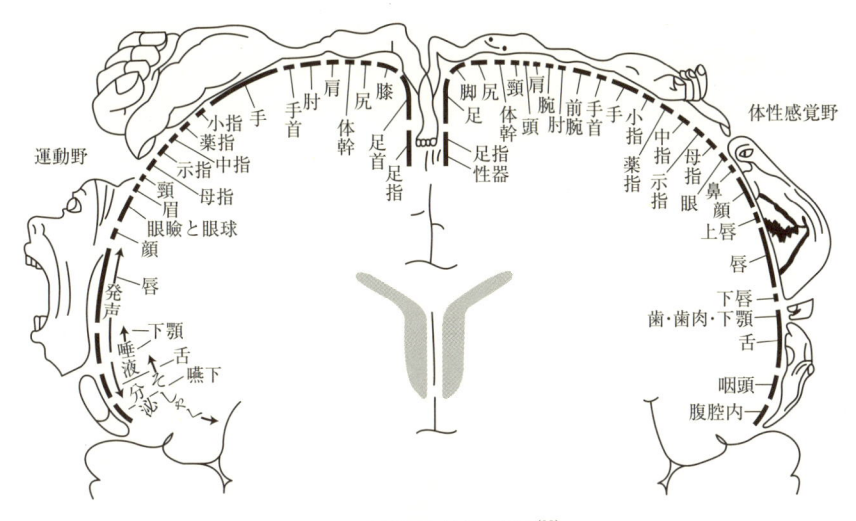

図5-3　運動野と体性感覚野[18]

を必要とするものです。したがって面積も広くなっており、細かで巧妙な調整ができるようになっているのです。ちなみに体性感覚野でも、顔や手さらに足に対応する場所は同じように広い面積を占めています。運動野は左右の脳にそれぞれありますが、左半球の運動野は右半身の運動と、右半球の運動野は左半身の運動とそれぞれ関係しています。つまり、脳と運動は交叉支配の関係にあるのです。

運動のしくみ

　運動野の前にある運動連合野は、運動のプログラムをつくり、その情報を運動野に指令として出す働きをしています。運動野はそれを受けて、その情報を脊髄の運動神経を通して筋肉に伝え、運動を起こしたり、あるいはそれを止めたりして調整しているのです。例えば、2m先の階段を昇ろうとするとき、運動連合野は階段についての目からの情報、つまり階段までの距離や階段の数や高さなどについて知り、それらをもとに運動の手順を決めて「昇れ」という指示を運動野に出しているのです。運動野はその指示を受けて、実際に階段に近づき昇るという行動に関係する筋肉を働かせるわけです。

　こうした運動を円滑に行わせているのが、小脳と大脳基底核です。大脳後部の下にある小脳は、運動の指令と実際の動きとの間にズレがあるときに働いて、そのズレを修正する役割を果たしています。大脳皮質の内部、大脳辺縁系の下にある大脳基低核は、必要な筋肉を組み合わせて運動を始めたり、指令と違わないように運動をコントロールする働きをしています。顔の表情といった微妙な動きの調整にも大脳基低核が働いています。

5．空間的知能と脳

　空間的パタンを認知して操作する空間的知能は、右半球後部の視覚野および頭頂連合野を中心に主要な機能領域をもっていると考えられています。

空間視と脳

　視覚野は、大脳皮質の後頭葉にあります。眼球の網膜からの視覚情報は、視神経を通って間脳に入り視床の外側膝状体を経由して視覚野に伝えられます。視神経には、左右眼球の網膜の鼻側の部分から出ている交叉性神経と外側から出ている非交叉性神経の2種類があります。また、視覚野は第1次視覚野

(V1野), 第2次視覚野 (V2野), 第3次視覚野 (V3野) からなっており, 順次, 視覚情報の特徴的な内容が抽出されていきます。V1野はある傾きをもった線状の刺激に, そしてV2野は物体の輪郭に, それぞれ選択的に反応する神経細胞をもっています。視覚に関係する脳の領域には, この他にも特定の色に選択的に反応する神経細胞をもつ第4次視覚野 (V4野), 物体の形に反応する神経細胞をもつ下側頭野 (IT野), ある方向の動きに反応する神経細胞をもつ第5次視覚野 (V5野, あるいはMT野) があります。

物の複雑な形状は, V1野→V2野→V4野→IT野の順で解析され, さらに物の動きはV1野→V2野→V5野 (MT野) の順で解析されます[19]。つまり, 視覚情報は, 後頭葉の第1次視覚野から出て側頭葉に向かう腹側経路と, 頭頂葉に向かう背側経路に二分されるのです。腹側経路はいま何を見ているのかという形態視の情報処理 (何の経路) に関係し, 背側経路はいま見ている物の動きや位置に関する空間視の情報処理 (どこの経路) に関係しています。

形態視にかかわる側頭葉には, 視覚情報の特徴抽出の機能をもつ神経細胞が存在すると考えられています。顔刺激にのみ反応する顔細胞はその1つです。サルでは, 側頭葉にある深い溝 (上側頭溝) の周囲の神経細胞がその領域にあたりますが[20], fMRIによる脳機能画像研究によると, 人間では後頭側頭葉領域, とくに側頭葉から後頭葉におよぶ紡錘状回 (内側後頭側頭回) が, 顔刺激にのみ反応する脳領域として注目されています[21]。顔の他に, 手刺激に対して反応する手細胞の存在も見つかっています。サルや人のように組織化された社会生活をする動物にとって, 多くの重要な情報をもたらす顔や手に対して特異的に反応する神経細胞が存在することは, 種の特殊性を考える上でも興味深いといえます。

描画と脳

描画には, 空間的知能が主導的に働きます。描くためにまず大切なことは, 描く対象をよく見ることです。描くとだれでも同じような絵になってしまう一番の原因は, よく見て描いていないからです。よく見ないで自分の頭の中の知識に従って描いてしまっているのです。左半球は絵を描くとき, ものをよく見ることを嫌うのです。それよりも, 左半球自身が知っている知識に基づいて描くことを促すのです。しかし, 絵を描くときは, 時間をかけてしっかり観察し,

できるだけ多くの情報を取り込むことが大切です。その働きをしているのが右半球なのです。右半球は，描く対象を全体的，直観的，具体的にとらえる能力をもっていますが，これらは絵を描くときに必要な能力の代表的なものです。したがって，絵を描くときは左半球の言語的，論理的，抽象的にとらえる能力の支配から離れ，右半球のもつ全体的，直観的，具体的にとらえる能力に従って描くモードに変換するとよいのです。

　絵を描くという行為そのものは随意運動です。随意運動は，前頭葉後部の運動野と運動連合野の働きによっています。また，随意運動に使われる多くの筋肉の収縮と弛緩のタイミングを調整しているのが小脳です。これらは描画動作そのものにかかわる領域ですが，描画する前提として描く対象を頭の中で構成するという働きがあります。描く対象の形や位置などを構成する視覚的構成力には，左右の頭頂葉がかかわっています。左頭頂葉が描画の順序や構成を担当し，右頭頂葉が形や位置の視空間的情報処理を担当しています。

　描画には左半球より右半球がより関係しているのは，描く対象の形，大きさ，色，そして空間的位置や方向などの処理が，左半球より右半球でより優れているからです。ただ，描画には描く対象を言語的に特徴づけたり，それらの情報をしばらく頭の中に残しておくといった左半球の働きが並行してかかわっています。したがって，描画も左右2つの半球の共同作業といえる側面があるのです。このことは，描画に限らず彫刻などすべての美術活動についてもいえることです。

6．対人的知能と脳

　他者の感情，信念，そして意図を認識し，他者との関係をつくり上げ，維持していく対人的知能は，前頭葉，側頭葉，大脳辺縁系に主要な機能領域をもっていると考えられています。

愛情と脳

　人の好き嫌いの感情には，大脳皮質の前頭連合野と大脳辺縁系の視床下部および扁桃体がかかわっています（図5-4）。視床下部は，本能的欲求を生み出す中枢です。したがって，性欲はここで生まれるのです。性中枢には，異性への性欲を高める中枢と性行動を起こす中枢の2つがあります。また，扁桃体

5章──知力の育成と脳

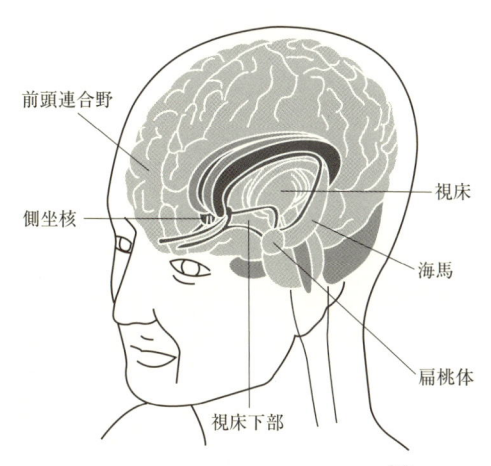

図5-4　感情にかかわる脳のしくみ(11)

は相手に対する好き嫌いを決定する中枢です。

　相手を好きと決定し，性欲が高まったとしても，人は必ずしも性行動に出るわけではありません。なぜならば，人の性行動には前頭連合野が関与しているからです。視床下部からの性欲情報は，前頭連合野にも伝えられます。前頭連合野は，性欲情報だけでなく，目，耳，皮膚から伝えられる相手にかかわる情報，さらにこれまで学習し身につけてきた記憶情報，そしてその場の状況などを総合的に判断して性行動に出るかどうかを決めるのです。前頭連合野が受け入れても視床下部と扁桃体が拒否すれば，単にいい人としてしか意識されません。逆に，前頭連合野は拒否しているのに視床下部と扁桃体が受け入れれば，その他者は単に性的対象でしかありません。人の好き嫌いは，生理的な判断をする視床下部および扁桃体の働きと理性的な判断をする前頭連合野の働きが密接に連携しながら決められていくのです。

　人を好きになり愛情を感じるようになったとき，脳の中にはドーパミンという物質が分泌されます。ドーパミンを分泌するのはA-10神経という快感中枢です。A-10神経は，脳幹から発して視床下部，扁桃体，そして前頭連合野へとめぐる神経のことをいいます。ここにドーパミンが分泌されることで，気持ちがいい，くつろいだ感じがするなどの快感が生まれるのです。大脳辺縁系で生み出された情動は，A-10神経を通って前頭連合野に運ばれ，そこで微妙な

調整を受けてより人間らしい感情が生み出されます。愛情もA-10神経にかかわる領域，中でも大脳辺縁系と前頭連合野の働きにかかわって生じた快感として経験されるのです。

大脳辺縁系の成熟時期は早いのですが，前頭連合野は他の領域に比べると遅く，10歳から20歳という思春期から青年後期にかけてその成熟が完成します。したがって，幼児期の親や家族に向けられる愛着や未成熟な愛情は，児童期には仲間や教師など家族以外の他者に対して友情や尊敬の形で向けられるようになります。さらに，思春期以降には信頼や尊敬あるいは責任などに支えられた愛情が，異性や友人あるいは子どもに向けられる形で発達していきます。その発達過程は，A-10神経にかかわる脳領域によって支えられているのです。

心の理論と脳

自分が心をもっているのと同じように他者も心をもっていることを理解し，その心について理解できるという心的概念として提案された「心の理論」は，人にみられる特有な能力であり4歳以降にその働きが発達していきます。心の理論の獲得は他者理解のために必須のものであり，その獲得によって人は他者への思いやりや共感といった対人関係を形成していくための大切な心的機能を発揮することができるようになるのです。

心の理論が，脳のどこにあるのかという問題について研究が進められています。前頭葉に損傷のある患者とその他の領域に損傷のある患者を対象に，次のようなテストをします。まず，検査者が患者に見えないように5つのカップのうちの1つにボールを隠します。そのとき検査者の両脇にいる2人の助手が，その様子を見ています。その後，2人の助手が患者の所へやってきて，ボールが隠されているカップを教えます。しかし，検査者がボールをカップに隠すとき2人の助手のうちの1人は目隠しをしているか，あるいは横を向いていて実際には隠す様子を見ていないのを患者は見て知っているのです。したがって，患者に心の理論があれば，隠すのを見ていた助手の言うことに従うはずです。実験の結果は，右前頭葉の内側部に損傷のある患者で誤答率の高いことが示されました。しかし，他の脳領域の損傷患者では，このような障害はみられなかったのです。

また，軽度の自閉症といわれるアスペルガー症候群の人と健常者を対象にPET

を用いて脳の働きを調べてみると，健常者で心の理論のテスト中に前頭連合野の活動がより高くなることが示されています。この研究に関連して，自分の心の認知，他人の心の認知として，心の理論が働いているときの脳の活動領域を調べてみると，前頭連合野の内側面の活動が顕著であることが報告されています。

　これらの研究は，少なくとも前頭連合野が心の理論にかかわる領域として有力な候補の1つであることを示しています。ここから，人の気持ちがわからない心の理論の欠如は，前頭連合野の機能低下，機能不全によると推定されます。最近，脳の中にミラーニューロンという神経細胞のあることがわかってきました。ミラーニューロンは，自分がある行為をするときにも，また人がそれと同じ行為をするのを見ているときにも活動する神経細胞です。まるで鏡に映したように自分と他者を結ぶこの神経細胞は，他者の心を読み取ったり，コミュニケーションしたりといった働きを支える役割をしていると考えられます。人のミラーニューロンは，ブローカ中枢を含む前頭連合野でも見つかっています。このことからも，前頭連合野におけるミラーニューロンの働きは，子どもの心の理論を支える重要な脳機能の1つと考えられているのです。

7．内省的知能と脳

　自分自身の感情，意図，そして動機づけを認識し，それをふまえて適切に行動する自己観察・統制的能力としての内省的知能は，前頭葉，側頭葉，大脳辺縁系に主要な機能領域をもっていると考えられています。内省的知能は，人格および意識と密接なかかわりをもっています。

人格と脳

　人格にかかわる脳領域と考えられているのは，前頭連合野，側頭葉，そして大脳辺縁系などの領域です。ただ，人格そのものが包括的な概念であるために，人格と脳との関係は単純なものではなく，複数の脳システムが共同して多様な人格の働きを支えていると考えられます。人格にかかわる神経心理学的研究は，人格の障害が大脳辺縁系と緊密な連絡路をもっている前頭連合野と側頭葉内側部の病変に関係していることを示しています。前頭連合野および側頭葉内側部は，大脳辺縁系の扁桃体による情動や帯状回による意欲の性質を調節し，統合する働きをしています。

側頭葉の病変は，いわゆるてんかん性の性格に関係した変化を引き起こします。例えば，思考や発話の緩徐，ユーモアの欠如，爆発的な怒り，固執や誇張的態度などが顕著になり，粘着性と感情反応が増幅する症状を引き起こすのです。また，前頭連合野は人格特性にかかわる働きをしていることから，例えば前頭連合野眼窩部の病変は，人格の変化，情動の不安定，不注意，衝動の抑制低下，社会的統合の不良，怒りの爆発，判断力の欠如などの症状を引き起こします。そして，背側正中部の病変は意欲の低下，自発性の欠如，周囲への無関心などの症状を引き起こし，いわゆる無気力，無関心，そして無感情の症状をもたらします。さらに，背外側部の病変は計画立案，認知的柔軟性，注意，判断，短期記憶，問題解決といった認知的統合機能の障害を引き起こします[22]。

前頭連合野は，大脳辺縁系の働きを調節することによって情動反応を統制し，また大脳辺縁系からの情動情報と大脳皮質からの情報を統合して外界への適応行動をプログラムし，そしてそのプログラムを実行する働きをしているのです。さらに，この統合によって社会的価値と結びついた感情としての情操を生み出す働きも前頭連合野は行っていると考えられます。人格の働きは，自らの情動を調整し，外界からの情報を適切に処理することによって適応行動をとる，その個人的な方略のことをさすとすれば，前頭連合野は人格の中枢と考えることができます。

意識と脳

人格には，意識的な層と無意識的な層があり，その中間に前意識的な層があると考えたのは精神分析学者フロイトでした。無意識的な層には，抑圧された情動や欲求が潜在しています。無意識層の自覚されない心的過程が，気づかれている心の層としての意識にさまざまな様式で影響をおよぼしているのです。前意識は，思い出そうとすれば思い出せる意識の層です。したがって，意識の層と前意識の層はともに自我と超自我にかかわり，無意識の層は抑圧される側面からみると原始的自我（エス）にかかわり，抑圧する側面（検閲者）からみると超自我にかかわっているのです。このように位置づけられる意識は，脳のどこに存在しているのでしょうか。この問題にふれる前に，まず意識とは何かについて考えておきたいと思います。

意識は，用いられる意味から3つに分類されます。1つめは覚醒水準とし

ての意識です。これは，目覚めた状態としての意識をさしています。はっきりと覚醒している状態を意識清明といいますが，特殊な意識状態として意識の清明性が失われた状態を意識混濁といいます。また，意識混濁にともなって幻覚などが生じる状態をせん妄，そして意識の範囲が狭まった状態を意識狭窄といいます。2つめは認知機能としての意識です。これは，刺激を受容して外界で起こる出来事を意識している状態をさしています。つまり，外界で起こる出来事に注意を向けたり，あるいはそれを認識したりといった心の状態を意味する意識のことです。3つめは自意識としての意識です。これは，自分が何をしているかを知っているというように，自分自身にかかわる意識をさしています。自意識は，過去の自分と現在の自分は同じ自分であるというように，自我同一性を意味する自我意識と自分を対象としてみたときの自己概念などを意味する自己意識に分けられます。内省的知能とより密接にかかわる意識としては，この自意識が考えられます。

　自意識では，自分自身が認識の対象となります。認知機能としての意識が，外界の認識にかかわる意識であるのと対照的です。行為の主体者が自分であることを自覚したり，自分の行為や能力を評価したりするのが自意識です。自意識は，意識の中で最も複雑で高次な水準のものといえます。自意識は，前頭連合野などの大脳皮質の発達した人間において特徴的にみられる意識水準です。自分のことが自分でわかる，気づいているという自己モニターの機能は前頭連合野にあります[23]。つまり，人間は自己認識のためのシステムを前頭連合野にもっているのです。前頭連合野は頭頂葉，後頭葉，側頭葉と密接な連絡路をもっており，必要に応じて情報を交換し，協調して働くしくみをもっています。前頭連合野の自己認識システムは，外界からの情報を取り入れ，自己の置かれた状況を正確に把握し，その中で的確な自己認識と自己評価を行うわけで，まさに内省的知能と密接にかかわっているのです。

8．博物的知能と脳

　生物の種の存在を認知したり，種の種類の違いを見分けたり，それら相互間の関係を理解するといった自然理解能力としての博物的知能は，左頭頂葉に主要な機能領域をもっていると考えられています。

カテゴリー化と脳

　博物的知能が損傷を受けている人は，無生物を見分けて命名する能力は残っていても，生物を見分ける能力を失っていたり，逆に生物を見分ける能力はあっても，無生物を見分けるのに欠陥が現れることをガードナーは指摘しています[2]。ただ，ガードナー自身はこうした生物と無生物を見分けて命名する能力，すなわち分類（カテゴリー化）能力の神経中枢が，脳のどこにあるかについては直接ふれていません。

　脳損傷の臨床例に，視覚機能に障害がなく適切な物体知覚の能力をもつ患者でも，物体認知に障害を示すケースがあります[24]。このような患者は，目の前に示された物品について意味付けをすることができません。例えば，聴診器を示されると「長いコードで，端に丸いものがついている」と答え，「時計ではないですか」と言ったりします。物品の形状などについては認知できるのですが，物品の用途を理解したり，表現することに障害が出ているのです。このような症状を示すものを連合型視覚失認といいます。この型の失認では，次のような解離のみられることが示されています。木や花や身近な物品の認知はまったく問題がないのに，動物を認知する能力には障害がみられ，ネコとリスの区別ができないといったことが起こります[25]。また別の例では，無生物の絵の認知はうまくできるのに，動物や植物の認知はまったくできないことが示されています[26]。さらに，犬や牛などの動物の区別では何ら問題がないのに，コップや花瓶などの物品の区別では重篤な障害を示した症例もあります[27]。このような連合型視覚失認は，主として左半球後方部に損傷をもつ例の多いことが示されています。

　物品や動植物の特徴を抽出し，その異同を判断して分類したり，あるいは関係づけたりする能力が著しく障害を受ける連合型視覚失認は，生物の種の存在を認知したり，種の種類の違いを見分けたり，それら相互間の関係を理解する博物的知能の損傷と関係していると考えられます。したがって，少なくともこの知能にかかわる脳の領域に左半球の後方領域が関係していると推定されます。

抽象化と脳

　あるものを別のものから分類したり，またあるものを別のものと関係づけたりする博物的知能は，それぞれのものの本質的特徴を抽出する抽象化の能力と

も密接に関係しています。ゴールドシュタインが抽象的（範疇的）態度とよんだものです[28]。抽象的態度とは，ある対象をそれぞれの具体的特性においてみる，いわゆる具体的態度ではなく，その対象を包括する概念あるいはクラスの１つの事例としてみる内的態度のことをいいます。例えば，抽象的態度を失った人は，分類テストにおいてタバコとパイプという実践的具体的関係をもったもの同士は一緒にできても，パイプと灰皿を喫煙用具として同じカテゴリーに分類することができないということが起こります。抽象的態度を失うと，対象を実践的，具体的にのみとらえるようになり，概念的カテゴリーの事例や代表としてとらえることができなくなるのです。

このような抽象的態度には，前頭葉が深くかかわっていることが指摘されています[29]。抽象的態度は，カテゴリー化の能力といえるものです。前頭葉に損傷があると抽象的態度が障害を受け，こうした症例ではカテゴリー・テスト，分類テストにおいて誤りが多くなることが示されています。これらのことは，抽象化の能力に関係する前頭葉が博物的知能の責任領域の１つであることを示しています。ガードナーが示しているように，博物的知能に関係する脳領域は明確にされているわけではありませんが，左半球の頭頂葉を含む後方領域と前頭葉，中でも前頭連合野が博物的知能により関係する脳領域と考えられます。

6章
学力の育成と脳

　日本の学校教育の目標に即した教育心理学が求められ，その1つの方向として教科心理学研究の充実が叫ばれてすでにかなりの年月が経ちました[1]。学校教育の目標に即した教育心理学の構築は，現在もなお教育心理学の最も重要な課題ですが，この課題に対し多重知能理論の観点からアプローチしていくことは有効な取り組みの1つになると考えます。多重知能理論は，学校教育と脳科学を媒介，融合するものであり，学校教育の目標に即した教育心理学を構築する基盤となるものです。

1節　子どもの学力事情

　21世紀に入ると同時に，日本の子どもの学力低下問題に大きな関心が寄せられました。戦後，6・3・3・4制が始まり，1970年代には高校への進学率が90％を超え，さらに短大・大学への進学率も40％に迫るようになって，教育の大衆化が進んでいきました。しかし，この年代では子どもの学力低下が問題になることはほとんどありませんでした。子どもの校内暴力や非行，いじめ，そして不登校などの生徒指導にかかわる問題が，この年代では中心的な問題でした。

　80年代の半ばになって，「個性重視の原則」を基本理念とする臨時教育審議会の方針が示され，それが80年代の終わりから90年代の「新学力観」や「ゆとり教育」あるいは「生きる力の教育」につながっていきました。そして，2002年頃からゆとり教育をめぐる論争が，学力低下問題と重ね合わせて議論されるようになりました。ゆとり教育擁護派は，高校や大学への進学率が上がり教育の大衆化が進んだのだから，学力の低下は見かけ上そうなっているだけ

で問題にするほどではないと主張しました。一方，ゆとり教育批判派は，子どもの学力が低下したのは小学校から高校までのゆとり教育が原因だと指摘しました。こうした議論を経て，「確かな学力」を身につける教育が重視されるようになったのです。

1. 子どもの学力低下問題

　日本の子どもの学力低下問題については，2つの主張があります。1つは，日本の子どもの学力は実際に低下しており，それは多くの子どもが勉強しなくなったからだというものです。もう1つは，国際学力調査の結果でも日本の子どもの学力はそれほど落ちておらず，依然としてトップレベルにあるというものです。ただ後者の場合でも，知識や技能には大きな低下はみられないものの，思考力，読解力，あるいは表現力といった知識や技能を習得していくための基礎的能力には低下がみられると指摘するのが一般的です。

国際学力調査（PISA）

　経済協力開発機構（OECD）が行った「生徒の学習到達度調査（PISA）」は，世界各国（2000年調査が32の国・地域，2003年調査が41の国・地域，2006年調査が57の国・地域）の15歳の生徒（高校1年生）の読解力，数学的運用能力，そして科学的運用能力を比較検討しています。PISAでは，義務教育を終えた高校1年生がもっている知識や技能を，実生活のさまざまな場面に直結する課題に対してどの程度活用できるかを評価しています。つまり，思考プロセスの習得，概念の理解，およびさまざまな状況でそれらを活かす力を重視して評価しているのです。

　第1回（2000年）の調査結果は，次のようになっています。読解力を国際比較でみると，日本はフィンランド，カナダ，ニュージーランド，オーストラリア，アイルランド，韓国，イギリスに次いで8位となっています。しかし，1位のフィンランドとは統計的に差があるものの他の6か国とは差がなく，上位2位のグループに入っているといえます。また，日本では女子が男子より読解力が高い結果になっています。

　数学的運用能力は日本が参加国の中で最も高く，韓国，ニュージーランド，フィンランド，オーストラリア，カナダ，スイスがその後に続いています。た

だ，日本と韓国，ニュージーランドの間には統計的な差はみられていません。また，日本では男子が女子よりも数学的運用能力が高い結果を示していますが，統計的な差はみられていません。

科学的運用能力についてみてみると，日本は韓国に次いで2位ですが，韓国との間に統計的な差はないのでトップグループであるといえます。日本の後には，フィンランド，イギリス，カナダ，ニュージーランド，オーストラリア，オーストリアが続いています。また，日本では女子が男子より科学的運用能力が高い結果を示していますが，統計的には差はありません。

第1回のPISAの結果をみると，日本の子どもの読解力はやや低いものの，数学的運用能力と科学的運用能力はそれぞれトップクラスとなっています。読解力も上位2位グループに入っており，総合的にみれば日本の子どもの学力はトップクラスに位置していたといえるでしょう。

第2回（2003年）のPISAでは，読解力がフィンランド，韓国，カナダ，オーストラリア，リヒテンシュタイン，ニュージーランド，アイルランド，スウェーデンなど13か国より低い14位，数学的運用能力が香港，フィンランド，韓国，オランダ，リヒテンシュタインに次いで6位（ただ，これらの国と統計的な差はないため，トップグループといえる），そして科学的運用能力がフィンランドに次いで2位（統計的な差はないのでトップグループといえる）という結果でした。この国別の「順位」から，日本の子どもの学力がかなり落ち込んでしまったと多くの人がみたのです。なかでも読解力は，全体の平均レベルにまで落ちてしまったのでかなり深刻に受け止められました。

そして，第3回（2006年）のPISAでは，読解力が韓国，フィンランド，香港，カナダ，ニュージーランド，アイルランド，オーストラリア，リヒテンシュタイン，ポーランドなど14か国より低い15位，数学的運用能力が台湾，フィンランド，香港，韓国，オランダ，スイス，カナダ，マカオ，リヒテンシュタインに次いで10位，そして科学的運用能力がフィンランド，香港，カナダ，台湾，エストニアに次いで6位という結果でした。読解力とともに，数学的運用能力，科学的運用能力も第2回調査よりもさらに低下傾向を示すものでした。

読解力は，すべての教科の学習の基礎的能力と考えられます。したがって，

日本の子どもの読解力の低下が，彼らの学力低下に影響をおよぼしていることは考えられるところです。子どもの学力低下に歯止めをかけ，学力を向上させていくには，学校での学習指導を通してまず読解力を改善していくことが肝要といえるでしょう。

国際数学・理科教育動向調査（TIMSS）

国際教育到達度評価学会（IEA）が行った「算数・数学および理科の到達度に関する国際調査（TIMSS）」は，世界各国の小学4年生と中学2年生の子どもを対象に，算数・数学および理科の到達度について国際比較をしたものです。最近では1995年，1999年，そして2003年に調査が行われています。

2003年の調査結果から，算数・数学の得点を国際比較でみてみると，46か国の中で日本の小学4年生はシンガポール，香港に次いで3位となっています。これに台湾，ベルギー，オランダが続いています。中学2年生はシンガポール，韓国，香港，台湾に次いで5位となっています。これにベルギー，オランダが続いています。理科の得点を国際比較でみてみると，46か国中で日本の小学4年生はシンガポール，台湾に次いで3位となっています。これに香港，イギリスが続いています。中学2年生はシンガポール，台湾，韓国，香港，エストニアに次いで6位となっています。これにハンガリー，オランダが続いています。

これらの結果をみると，日本の子どもの算数・数学および理科の学力が低いとはいえず，国際的にみて依然高い水準にあるといえるでしょう。ただ，1995年，1999年，そして2003年の3回の調査を比較すると，日本の子どもの学力がやや低下傾向にあることは否定できないと考えられます。例えば，1995年の小学4年生の算数の得点は567点ですが，2003年の得点は565点，中学2年生の数学の得点は，1995年が581点，1999年が579点，2003年が570点となっています。また，1995年の小学4年生の理科の得点は79.7点ですが，2003年の得点は79.3点，中学2年生の理科の得点は，1995年が554点，1999年が550点，2003年が552点となっています。

以上のことを総合的に考えると，日本の小学生，中学生の学力はおおむね良好であるとする文部科学省の見解も的外れとはいえません。ただ，日本の子どもの学力は緩やかではあるが低下傾向にあると指摘できると思います。つまり，

計算力や科学的知識の運用能力などの基礎的能力は高い水準を維持しているけれども，読解力や論理的思考力，さらに推論や表現力などは低下傾向にあるといえるでしょう。

学力低下論争

　大学生の学力低下問題が論じられるようになったのは，1999年頃からでした[2]。調査を通して文系の学生の数学力が極端に落ちていることを具体的数値をあげて指摘し，大学生の基礎学力が低下していることを警告したのでした。大学生の基礎学力の低下問題はそこにとどまらず，必然的に小学生から高校生までの基礎学力の低下問題にまで波及していきました。おりしも新学習指導要領の実施にあたり，ゆとり教育（学習内容の削減，学習時間の減少など），学校週5日制，総合的な学習の時間，そして生きる力などの基本的コンセプトが社会的な関心を集めていた時期でした。小中学校の子どもの学力は，新学習指導要領の下では伸びないだけでなく，その低下傾向にますます拍車がかかるのではないかと危惧されたのです。

　学力低下論争は，子どもの学力の低下を「憂慮する・楽観する」の次元と，新しい教育改革（ゆとり教育）路線に「賛成・反対」の次元の組み合わせから，その主張の違いが分類できると指摘されています（図6-1）。まず，子どもの学力は低下していると憂慮し，新しい教育改革路線に反対する学力低下論者のグループ（憂慮・慎重派）があります。このグループは，日本の子どもは勉強しなくなってきており，その結果として学力が非常に落ちていると主張してい

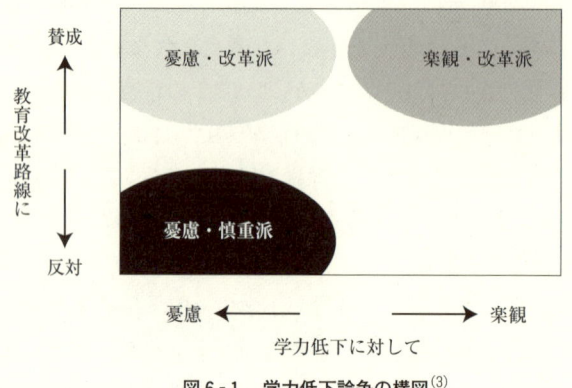

図6-1　学力低下論争の構図[3]

ます。したがって，新しい教育改革路線が狙うゆとり教育では子どもの学力向上は期待できず，もっと主要教科の学習時間を増やすべきであるという立場をとっています。

次にこのグループの対極にあるのが，子どもの学力の低下を認めず，したがって楽観的であり，新しい教育改革路線に賛成する学力低下否定論者のグループ（楽観・改革派）です。このグループは，日本の子どもの学力は低下しておらず，依然として世界のトップクラスにあると主張しています。ただ，問題がないわけではなく，自ら学び考える自己教育力，論理的に考える思考力，内的志向や感情を適切に表す表現力などを伸ばすことが必要であり，そのためには知識を詰め込むだけの教育ではなく，自主的・体験的学習を重視するゆとり教育が大切だという立場をとっています。

この他，子どもの学力の低下は認めて憂慮しているが，新しい教育改革路線には賛成する第3のグループ（憂慮・改革派）があります。このグループは，子どもの学力の低下は起こっているが，それは表面的な知識・技能だけでなく，もっと基本にある子どもの学ぶ意欲，学ぶ力が落ちていると主張しています。したがって，新しい教育改革路線が狙っている主体的学習力や学習意欲を伸ばす教育は有効であるという立場をとっています。

現在では，新しい教育改革路線に立ちつつもその中に子どもの学力低下がみられるという批判を意識しつつ，それぞれの学校にある程度柔軟な教育的実践を許容する施策がとられようとしています。文部科学省は，2007年から毎年，小学6年生と中学3年生を対象に「全国学力・学習状況調査」を国語と算数・数学の2教科について実施しています。学校や自治体間の競争の過熱を招くということで，1966年度を最後に中止されていた全国学力調査が約40年ぶりに復活したのです。子どもの学力低下について，もはや放置できないという政府や世論の力が働いた結果と考えられています。

2．子どもの学力低下の原因

学力の二極化現象

子どもの学力が低下しているとみられている中で，平均の学力を示す子どもが減って，上位層と下位層に学力が二極化する傾向の進んでいることが指摘さ

れています。学力の二極化とは，単に成績上位層と下位層の学力差が大きいというだけでなく，通常は最も多い人数を占める中間層が極端に少なくなっていることをいいます。さらにいえば，上位層と下位層が全体を二分するように思われがちですが，実際には上位層は20～30％程度で，その他の大多数が下位層に含まれるというのが一般的です。そして，この拡大する下位層が学力テストなどの平均点を引き下げて学力低下をもたらしていると考えられるのです。

学力の二極化が現れるのは，まずは進学するかどうかにかかわっていますが，その他に勉強時間が長いか短いか，塾に通っているかどうか，さらに塾通いを含めた学校外での教育に親がどの程度費用を出せるかなどの要因が働いていると考えられます。例えば勉強時間についてみてみると，中学3年生でも「ほとんど勉強しない」「毎日ではなく時々勉強する」とする生徒の割合は50％を超えているのに対し，「毎日2時間以上勉強する」と答えた生徒の割合は15％にも満たないことが示されています。ここからも勉強時間の二極化が学力の二極化を生み，方向としては下位層により多くの生徒がシフトする形で学力が低下していると考えられます。

学力低下以上に深刻な問題として，子どもの「学びからの逃走」が指摘されています[4]。この場合の「学び」は，一般に「勉強」と解釈すればよいでしょう。その学びを拒絶し，学びから逃走する子どもが急激に増えているのです。いじめや不登校など学校のかかえる深刻な問題はあるのですが，それらの発生数は全児童生徒の1％の範囲内にとどまっています。これに対し学びからの逃走は，全児童生徒の60～70％におよんでいるとみられています。一部の受験志向の子どもを除いて，多くの子どもが学びを拒絶し，そこから逃走しているのです。

このことは，学校以外での勉強時間のもち方によく現れています。国立教育研究所が行った「平成15年度小・中学校教育課程実施状況調査」によると，「全く，またはほとんど勉強しない」と答えた小学6年生は9.2％，「30分より少ない」が15.6％，「30分以上，1時間以内」が28.4％で，合わせると53.2％でした。その一方で，3時間以上勉強していると答えた6年生は7％となっています。これからみると，中学校進学を控えた6年生でも約半数の児童が学校以外で1時間以下しか勉強していないのです。まったく勉強しない児童も10％近

くいるわけで，日本の子どもは勉強しなくなったということがいえるでしょう。
　さらに，高校生の学校外での勉強時間をみると，「全く，またはほとんど勉強しない」と答えたのは40.8％，「30分より少ない」が8.0％，「30分以上，1時間以内」が7.7％で，合わせると56.5％でした。その一方で，3時間以上勉強していると答えた高校生は21.8％となっています。これからみると，高校生で3時間以上勉強する生徒の割合は増えて20％以上になっていますが，まったく勉強しない高校生が約40％と大幅に増えていることがわかります。大学進学をめざす生徒とそうでない生徒の違いが，勉強時間の差としてこの年齢ではっきりと出てきています。

学習意欲の低下現象

　国際教育到達度評価学会が行ったTIMSS調査では，学力だけでなく教科についての好き嫌い，あるいは関心や態度についても調べています。「算数・数学の勉強は楽しい」という設問に対し，小学4年生では「強くそう思う」と答えた児童は29％であり，国際平均値の50％よりもかなり下回っています。中学2年生では「強くそう思う」が9％しかなく，国際平均値の29％よりも大きく下回っています。「理科の勉強は楽しい」という設問に対し，小学4年生では「強くそう思う」と答えた児童は45％であり，国際平均値の55％よりも下回っています。中学2年生では「強くそう思う」が19％であり，国際平均値の44％よりもかなり下回っています。
　また，「算数・数学は得意な教科ではない」という設問に対し，中学2年生では「強くそう思わない」および「そう思わない」を合わせると39％であり，国際平均値の54％よりも大きく下回っています。「理科は得意な教科ではない」という設問に対し，中学2年生では「強くそう思わない」および「そう思わない」を合わせると49％であり，国際平均値の54％よりも下回っています。
　これらの結果から，日本の子どもの算数・数学および理科という主要教科に対する好き嫌い，得意不得意の価値判断は，国際的にみてかなり低いレベルにあることがわかります。つまり，学校における教科の学習への関心，意欲，態度が育っておらず，年々弱まっている傾向にあるのです。
　新しい教育改革路線を支持する立場からすると，これは日本の理数科教育が知識の詰め込み教育になっているためで，だから教科の時間を減らし，体験的

な学習内容などを増やすことが必要なのだということになるのです。一方，学力低下論者の立場からすると，新しい教育改革路線が重視してきた学習への関心，意欲，態度すら育っておらず，算数・数学や理科の授業時間を削減してしまったために，知識を体系的に獲得することが困難になってしまったということになるのです。いずれにしても，教科の学習に対する子どもの関心，意欲，態度が低いことは，単に学力が低いこと以上に深刻な問題であるといえます。学習意欲をいかに育て高めていくか，これが今の学校教育の中で最も重要な課題の1つといえるでしょう。

2節　多重知能を活かす授業計画

　子どもの学力と学習意欲の低下傾向に歯止めをかけ，さらにそれらを向上させていく方法として，多重知能理論を基盤とした授業計画を立案し，それを実践していくことは有効だといえます。多重知能理論に基づく授業実践は，子どものもつ有効な知能を活かすことをめざしており，それゆえに子どもの学習意欲を刺激し高める効果をもっています。多重知能理論に基づいた教育は，子どもの個性を見直し，新たに引き出す試みといえるものだからです[5]。

　多重知能理論を基盤として授業計画を立てる利点は，1つの教材について子どものもっている複数の知能を使いながら指導の内容と方法を考えることができるところにあります。教える内容によってまた教える段階によって，活用する知能を選択することができるし，子ども自身が得意とする知能を活かすことができれば学習効果も上がると期待できるでしょう。ここでは，多重知能理論を活かした授業計画の立案について具体例をあげてみていきます。

　また，教師は教える内容と子どもの知能の特性を考えながら多様な指導法を工夫して授業することを期待されています。それぞれの授業の中で子どもの多重知能のいくつかを用いるように計画されていれば，子どもはその日の授業のどこかで自分の得意とする知能を使って学習することができます。そのことが，子どもの能力の向上に直接的な効果をもつといえるのです。アームストロングは，8つの知能を引き出す指導法を知能別に具体例をあげて示しています（表6-1）。この内，学年と教科を超えて適用できる方法について取り上げて

6章──学力の育成と脳

表6-1　多重知能を引き出す指導法[6]

知能	指導法	知能	指導法
言語	・講義をする ・クラス全体や小グループで話し合いをする ・本を読む ・サークルタイムを設ける ・ブレーンストーミングをする ・テープレコーダーを活用する ・ものを書く ・ことばゲームをする ・準備をしてからスピーチをする ・即興スピーチをする ・朗読された本をテープで聞く ・語り／読み聞かせをする ・ディベートをする ・日誌を書く ・群読する ・個別に読む ・クラス全員に向かって読む ・文法を覚える ・クラスの新聞をつくる ・作文を印刷して配布する	空間	・学ぶ内容を視覚化する（ビジュアライゼーション） ・フォト・ランゲージ ・絵や図表を活用する ・ビデオ／スライド／映画を活用する ・視覚的なパズルをする ・地図を活用する ・模型づくりをする ・色を多用する ・絵画鑑賞をする ・別のものにたとえる ・想像的な物語を語る ・想像的な空想にふける ・絵やコラージュを描く ・イメージマップを描く ・連鎖図を描く ・ベン図を描く ・アイディアを描く ・目の錯角を引き起こすイラストを見せる ・絵やイラストを活用する ・コンピュータのデザインソフトを活用する
論理数学	・情報を分類する ・算数／数学の問題を解く ・ソクラテス式の問答をする ・理科の実験をする ・タイムラインを書く ・パズルやゲームをする ・ものを量る／計算する ・子ども自らが調査や発見を通して問題解決をする ・科学的な視点をもつ	身体運動	・からだで表現する ・社会見学をする ・パントマイムをする ・クラス劇を演じる ・競争型ゲームと協力型ゲームをする ・体験活動をする ・ものを手作りする ・料理をする ・庭の手入れをする ・大工仕事をする ・つくる体験から学ぶ ・算数セットなどの教具を活用する ・バーチャル・リアリティのゲームをする ・ジェスチャーをする ・ボディ・ランゲージでコミュニケーションをとる ・3つのコーナーに動く ・ものに触ってみる ・からだを道具として使う ・からだの感覚を使ったイメージづくり ・体育の授業をする
音楽	・歌う、ハミングする、口笛を吹く ・ピアノやギターなどの楽器を演奏する ・合唱する ・リズムに合わせて歌ったり、からだを動かしたりする ・学ぶ内容を歌にする ・音楽鑑賞をする ・打楽器を演奏する ・バックグラウンドミュージックをかける ・記憶力を高める音楽を聴く ・CD目録をつくる ・作詞・作曲をする ・概念を表す音色を出してみる	内省	・1分間の振り返りをする ・個別学習をする ・自分でペースを決めて学習する ・各自の日誌を確保する ・子ども自身と学ぶ内容を関連づける ・興味、関心で「学習コーナー」を選ぶ ・宿題の中から好きなものを選ぶ ・選択をさせる ・学びの契約を結ぶ ・プロジェクトを実行する ・子どもの関心に合わせたカリキュラムをつくる ・感情を表す機会をつくる ・自尊感情を高めるための活動をする ・静かに集中する時間をもつ ・日記を書く ・目標を設定する
対人	・相互にやりとりをする ・2人で話し合う ・互いに教え合う ・異学年で教え合う ・グループで学ぶ ・ロールプレイングをする ・ランキングをつける ・すごろくをする ・グループでブレーンストーミングをする ・人間プラモデルをつくる ・地域社会に参加する ・徒弟関係を結ぶ ・シミュレーションをする ・対立を解決する ・クラブをつくる ・インターネットのチャットをする ・お楽しみ会を開く	博物	・自然散策をする ・水槽や植物栽培用の容器など、手軽なエコシステムを利用する ・庭の手入れをする ・教室の外に目を向ける ・植物の世話をする ・クラスでペットを飼う ・自然に関するビデオや映画を見る ・望遠鏡や顕微鏡など、自然を観察する道具を使う ・百葉箱を使って観察をする ・環境学習をする

説明します。

1. 多重知能に働きかける教え方

　学校教育では，主として子どもの言語的知能，論理数学的知能，あるいは空間的知能を用いて展開される授業が一般的です。これらの知能は，確かに重要な働きをもった知能ですが，多重知能理論はこの他にも同等に重要な5つの知能が存在することを前提に授業展開をしていくことが大切だと主張します。この理論にたてば，子どもへの教師の教え方が多様になり，それによって子どもが用いる知能も多様となって，結果として育成される子どもの学力も拡充，促進されると期待されます。つまり，教師は1つの教え方で教室の子ども全員に教えるのではなく，多様な教え方をしたり，個別に指導したりといった方法をとることで，子どもの多重知能を活かした授業を展開していくのです。例えば，ある漢字を覚える場合に，言語的知能だけでなくその他の知能の中からいくつかの知能を用いて教える，あるいは個別に指導するというしかたで授業を行っていくのです。

　多重知能理論に基づいた教授法は，教科書や黒板を利用した伝統的な講義形式で行われるのでなく，子どもの相互に独立した機能を営む脳領域をいわば刺激する方法で実践されます。伝統的な教え方では，クラスの子どもたちを前に教師がことばを使って学習内容を説明し，さらに質問して答えさせる，あるいは作業や活動を行わせるといったやり方が主として採られます。それに対し，多重知能理論に基づいた教え方では，ことばで説明するだけでなく，音楽を使い，身体で表現し，さらに絵やグラフなどの教材を用いるなど，1時間の授業の中で多様な教え方を取り入れて子どもの多重知能を刺激し続けます。

　例えば，5年生の理科において電気について学習するとします。教師はことばで説明するとともに（言語的知能），絵や図を利用したり（空間的知能），直列・並列配線の実験で比較させたり（論理数学的知能），実験装置を作らせたり（身体運動的知能），グループで結果の予測を話し合わせたり（対人的知能），電気は子ども自身とどのように関係しているか考えさせたり（内省的知能）など，子どもの多重知能を刺激し，活用させるために多様で重層的な教え方を意図的，計画的，組織的に用います。表6-1には，8つの多重知能に対

応した効果的な教え方が具体的に示されています。この教え方の内容をみると，8つの知能を刺激する教材，活動，機器などが巧みに取り入れられ，用いられていることがわかります。

2．多重知能を活かした授業

1つの教科に8つの知能を用いた授業実践例から，多重知能を活かした授業とはどのようなものかを具体的にみていきましょう。小学2年生の国語の授業です。

「中国の北の方，モンゴルには広い草原が広がっています。そこにすむ人たちは，昔から，ひつじや牛や馬などをかって…」と先生がプリントに書かれている文章を読み始めます。それに続いて子どもたちも同じように音読していきます。短い文節を先生の読みのリズムに合わせて読んでいきます。文章には子どもたちがまだ習っていない漢字も含まれています。それでも，先生が読むのに続いてそのまま子どもたちも音読していきます。何度も繰り返し読んでいくことで，子どもたちは知らず知らずのうちに読めない漢字の読み方も覚えていきます。

音読が15分ほど続いた後で，先生がオルガンを弾きはじめます。子どもたちは立ち上がり，いつも歌っているその歌「ビリーブ」を全員で合唱します。「たとえば君が傷ついてくじけそうになった時はかならず僕がそばにいて…」と元気いっぱいに歌います。「大きく口を開けて，きれいな声で歌えたと思った人はしゃがんで」と先生。数曲を歌うと音楽は終了し，再び国語の時間にもどります。

教科書を開かせて音読が始まります。かなりのスピードで読んでいきます。次々と内容が変わっていく授業が展開されていきます。教科書を閉じると，再びプリントの文章の音読にもどります。黒板に書かれた文章の下半分を先生が隠します。子どもたちは隠された文章の部分を読んでいきます。こうして，いつの間にか子どもたちは文章の全体を暗記していくのです。最後の5分を使って，1年生のときからやっている百人一首の対戦が始まります。4人1組のリーグ戦で，成績によってメンバーの入れ替えがあるので子どもたちは必死で取り組みます。先生が上の句を読むと，子どもたちは黙って下の句の札を取

っていきます（朝日新聞　音読が生む一体感　2007年7月28日付，一部変更）。

　音読を取り入れた国語の授業実践の一風景です。この授業は，多重知能理論をもとに計画されたものではなく，通常の授業として行われたものです。この授業実践を多重知能理論からみると，どのように分析できるでしょうか。まず，子どもたちが文章を音読していますが，これは言語的知能を活かしていますし，また黙読と違って音読はことばを声に出すことで身体運動的知能も活かしているといえます。さらに，先生の読むリズムに合わせて子どもたちが読むのは，音楽的知能を活かしていることになります。全員で合わせて音読する活動には，対人的知能も活かされています。

　文章の内容をみると「中国の北の方，モンゴルには広い草原が広がっています…」とあるように，広い草原やそこに住む人や動物をイメージしていくようになっており，子どもたちの空間的知能を刺激しています。文章の下半分を隠しておいてそれを読ませることで，前半の文章の意味や文脈を理解し，後半の文章を推理させて読ませるのは論理数学的知能の一部を活かしていることになります。このことは，百人一首で上の句から下の句を連想する中にも活かされています。

　そして，途中で歌の合唱を取り入れていますが，ここにはもちろん音楽的知能が活かされていると同時に，全員で歌うことで気持ちを合わせ，歌う楽しさを共有できることから対人的知能も活かされ，さらに内省的知能も活かされていると考えることができます。また，合唱の前後に立つとか座るという動きを取り入れていますが，例えば「きれいに歌えたと思った人はしゃがんで」という指示を子どもが実行する中に内省的知能と身体運動的知能が活かされていると考えることができます。

　博物的知能を明確に活かした活動はみられませんが，例えばモンゴルの広い草原に生きる動物や植物の話から，どんな動物や植物を思い浮かべられるかを話し合ったり，文章を読む中でリズムをつけるところとつけないところを分類したりする指導を取り入れることで，自然理解や事象の分類・整理をする博物的知能を活かす授業にすることができるでしょう。

　多重知能理論を活かした授業では，子どもの多重知能を刺激して活かす，しかもできるだけ複数の知能を併用して活かす，さらにそれぞれの子どもが得意

とする知能を活かすことのできる活動を組み込んでいくということに留意して計画することが大切といえるでしょう[7]。

3．多重知能と評価

多重知能理論に基づいた評価は，その多様性に特徴があります。伝統的な評価は，典型的にはその日，その学期，あるいはその年に学習したものを学力テストで測ることで行われます。子どもたちは，一斉に決められた時間内にそれに1人で解答することを求められます。通常，テストの質問はことばや数字，あるいは図や表で示され，それに対する解答もことばや数字，あるいは○×式で答えるものが一般的です。このような検査法では，子どもがある期間に学び経験して身につけた学力の一部しか測定できません。その結果，子どもへの評価も測定されたその範囲でしかできないことになります。

多重知能理論からする評価では，子どもが身につけた知識や技能について8つの知能のうちのどれかを用いて表現されたものに対して，あるいはその中から複数の知能を用いて表現されたものに対して，教師がそれを評価するというやり方で行われます。教師が教えるときは，8つの知能に対応した教え方を採用して行いますが，子どももそれに応じて8つの知能を活用して学習していきます。子どもが学習した成果への評価は，それが実際の生活に活かせるかどうかというプロセスの評価，あらかじめ設定された基準やその子どもの過去の成績との比較による評価の観点を重視して行います[6]。つまり，学校，教室といった狭い環境の中でしか活かされない知識や技能の評価ではなく，実際の生活の中で活かされる知識や技能を多重知能の多様な観点から評価していくことを多重知能理論は重視しているのです。

3節　多重知能で伸ばす子どもの学力

ここでは，多重知能理論を活かした教科指導を実践することによって，多重知能に対応する脳領域を刺激，活用し，子どもの学力を伸ばしていく方法について考えていきます。各教科における多重知能を活かす脳教育の具体的実践例を示していきます。これらを参考にしながら，教科ごとに脳教育を活かした指

導法と指導内容を考案し，子どもの多重知能を活かした教育実践に役立ててほしいと思います。

1．国語教育と脳

　国語教育は，多重知能の中ではとくに言語的知能とかかわっています。したがって，多重知能理論からすると国語教育は主として言語的知能を活かし，それを育てていくところに意義があるといえるでしょう。子どもは，話す，聞く，読む，書くことを通して自らの言語的知能を活かし育んでいきます。学校における国語教育は，これらの活動を通して脳を活性化し，考える力，感じる力，想像する力，表す力を育てていきます[8]。国語教育においてカギとなる能力には，話や物語を創作する能力，ことばで叙述し報告する能力，そしてことばの詩的使用やことば遊びの能力などがあります[9]。国語教育は，これらの活動を通して左前頭葉のブローカ中枢，左側頭・頭頂葉のウェルニッケ中枢を中心とした子どもの言語領域を刺激し，また前頭連合野を中心として営まれる思考，創造性，記憶，集中力をも併せて刺激して，言語的知能を活かし育てていきます。

話す力と創造力

　子どもが話すときは，左前頭連合野のブローカ中枢が働きます。ここは発話の中枢です。さらに，左側頭葉と頭頂葉にあるウェルニッケ中枢も活動します。ここは，ことばの意味を理解する中枢ですが，発話するためにはそのことばの意味を理解していなければなりません。そして，考えながらことばを発しているときは，ブローカ中枢のある左前頭連合野の後部がとくに活動を強めることがわかっています。ここは，創造力との関係が深い領域としても知られているところです。したがって，話すことで創造力が刺激されることが期待されるのです。たしかに，ことばに出して話すことで新しいアイディアを思いついたり，斬新な考えを生み出したりすることがあります。

　みんなでできるだけ斬新なアイディアをできるだけ多く出し合い，他の人が出した案をけっして批判しないブレーンストーミングは，創造性を刺激する有効な方法の1つです。話してアイディアを出すことによって左前頭連合野の後部が活性化され，それが創造的思考を刺激すると考えられるのです。したがって，子どもが新しい考え，役に立つアイディアを生み出すためにも，その課

題について仲間とともに自由に話し合い，左前頭連合野後部を刺激するとよいのです。それによって，子どもの創造的思考力が高められる可能性があります。教室での対話や討議を通して子どもの創造脳が刺激され，斬新なアイディアが生み出される指導法を工夫したいものです。

聞く力と想像力

　子どもが人の話を聞くときは，まず側頭葉の聴覚野で音声が聞き取られ，その後ことばの意味理解のためにウェルニッケ中枢や角回が働きます。同時に，脳全体を統合する前頭連合野も活動を始めます。さらに多くの場合，視覚野も活性化して働きます。視覚野は，目からの刺激を受けて働く領域です。それが，耳からの刺激でも活性化することがあるのです。このことから，聞いた話の内容から頭の中でその情景を思い浮かべることができるのです。

　人の話を聞いてそれを言語的に理解すると同時に，情景を思い浮かべるという想像力が刺激されて働き出すのです。こうした想像力は，英語などの外国語を聞いたときより日本語を聞いたときの方が一般に強く現れます。おそらく，国語力と外国語力の能力の水準に違いがあり，国語の場合はその処理が容易なために想像力をより豊かに働かせる余裕が出てくるからだと考えられます。バイリンガルの人では，こうした想像力がほぼ同じように働くと考えられます。人の話を聞いて想像力が刺激されるのなら，子どもに物語を読み聞かせればもっと多様に想像力が刺激されるといえるでしょう。学校で子どもに朗読を聞かせる指導は，子どもの脳の言語中枢だけでなく視覚野や角回，そして前頭連合野も刺激して，ことばの力とともに子どもの想像力をも強めることが期待できるのです。

読む力と集中力

　本を読むことが，子どもの国語力を高めるのによいことはそのとおりですが，それを声に出して行う，つまり音読すると多くの脳領域が活性化することが知られています。それによって大脳の70％の領域が活動するともいわれています。音読するときは，まず目から入ってきた文字情報を後頭葉の視覚野で処理し，さらに側頭葉で文字の形を処理し，角回で文字の意味を処理します。ここまでは声に出さないで読む黙読とほぼ同じですが，音読にはさらに声に出して読み，それを自分の耳で聞くことが加わります。したがって，読むことにかか

わって前頭葉のブローカ中枢や運動野が働き出しますし，側頭葉の聴覚野も活性化します。この他に，ものを考える前頭連合野の活動も高まります[10]。このように，音読すると脳の多くの領域が一斉に活動しはじめるのです。音読は，黙読に比べると3倍くらい多く脳が働いているという報告もあります。

　音読は，脳の多くの領域を活性化するということから，脳を鍛える効果，脳の準備運動の効果があるとして，小学校や中学校で授業の前に一斉に音読させる指導が試みられています。たしかに，音読は脳の多領域を活性化させるので脳を鍛えるために，あるいは脳の準備運動としてそれを使いたい気持ちは理解できます。しかし，音読の効果を過大に評価するのには慎重であってほしいと思います。学校での音読指導は，文章を流暢に読むこと，文章を効率的に記憶し暗唱すること，そして集中力を高めることのために用いるとよいでしょう。音読によって脳が鍛えられ，思考力や理解力が高まるといったことまで期待するのは適切ではありません。文章を読んで理解し，そこからものを考えるということであれば，音読よりはむしろ黙読の方が効率がよいといえます。音読は，文字という視覚情報を音声に変換して表すという集中力を要するアクティブな行為です。子どもの集中力と記憶力を高めるのに音読は効果があるのです。

書く力と語彙力

　子どもが文字を書くときは，まず手を操作するために前頭葉の運動野と頭頂葉の体性感覚野が働きます。右利きの子どもでは，左半球のこれらの領域が働きます。さらに，目から入ってきた文字処理のために後頭葉の視覚野が活性化し，そして文字の形を処理する側頭葉と意味を理解する角回も働きます。これらに並行して思考や記憶の働きにかかわる前頭連合野も活動を始めます[10]。このように，手で文字を書くときにも多くの脳領域が活動します。手で文字を書いて覚えるのは，目で文字を見て覚えるのに比べると，より多くの脳領域が働くので学習効率が高いのです。

　漢字や英単語を覚えるのは，小中学生にとってかなり苦労する学習の1つです。そうした学習には，ここでふれたように手で書いて覚えるのが脳科学からみても効果が高いといえます。手で書いて覚えた漢字や英単語は，頭の中で運動成分をともなったイメージ，すなわち運動心像としても残ります。言語の運動心像は，視覚心像，聴覚心像とともに頭頂葉の角回において操作されます。

6章──学力の育成と脳

　小学校の中学年の頃になると，漢字を自分の手のひらや空中で書く動作をするようになります。これを空書といいますが，8歳から10歳の頃に増えてきます。小学校の中学年から高学年は，文字を書いて覚えるのに適した時期であり，子どもの脳はそれを支えることができる段階にあるといえます。

　子どもの集中力が弱くなっているといわれます。教師の話を聞いていない，精神的に努力を要するような課題を避ける，授業時間に集中力を持続できない，外からの刺激に気が散りやすいなど，子どもの集中力が分散する現象が日常的にみられます。このような集中力の分散現象を招いた原因の1つとして，神経学者レスタックはテレビ，コンピュータなどの影響をあげています[11]。これらの機器は，画像処理と感情を司る右半球を刺激し，言語と論理的思考を司る左半球を無力化するとレスタックは指摘しています。感情面を司る右半球が刺激を受け続け，論理面を司る左半球の使用が少なくなると注意を持続する時間が短くなってしまいます。

　左半球は言語を使うのに用いられますが，言語の使用や言語の理解そのものは時系列にそって行われます。左半球の使用には，本来的に時間をかけることが必要なのです。それに対し，右半球は画像的な処理に使用されます。画像処理そのものは，即時的，全体的に行われます。このように，左半球と右半球では情報の処理のしかたが異なっているのですが，そのことが注意を集中できる時間的な長さの違いを生んでいるのです。右半球の刺激を受けることの多い今の子どもにとって，左半球の刺激を受けさせることで，集中力を強くすることができるのです。左半球を刺激するには，文章を書くことが最も効果があるのです。

　子どもに文章を考えさせ，書かせるのです。コンピュータの画面上に文字を打っていく作業は主として右半球を刺激しますが，紙に文字を手で書く作業では明らかに左半球が刺激されるのです。文章を考え，それを書くことで，左半球が刺激され集中力を高めることができるのです。子どもが文字を書くことの効果は，集中力を高めるだけではありません。手で文字を書くときは，左半球のとくに前頭連合野が活発に働きます。前頭連合野は，思考力の中枢でもあります。手で文字を書くことは思考をともなう活動でもあるのです。さらに，書くことの効果は記憶を増進するところにもあります。ただ見て覚えるより書

て覚える方が，明らかに脳の活動水準が高められるのです。書くことによって多くの手がかりが加わり，記憶をより確かなものにするからです。

2．算数・数学教育と脳

　算数・数学教育は，多重知能の中ではとくに論理数学的知能とかかわっています。したがって，多重知能理論からすると算数・数学教育は主として論理数学的知能を活かし，それを育てていくところに意義があるといえるでしょう。子どもは，問題を理解し，考え，計算し，そして解くことを通して，自らの論理計算的知能を育んでいきます。算数・数学教育においてカギとなる能力には，数的推理能力，空間的推理能力，論理的問題解決能力などがあります[9]。学校における算数・数学教育は，これらの活動を通して左前頭葉と頭頂葉を中心とした脳領域を刺激し，また前頭連合野，頭頂連合野，側頭連合野などの大脳連合野を中心として営まれる論理的思考，創造性，ワーキングメモリ，計算能力をも併せて刺激して，論理数学的知能を活かし育てていきます。数学には例えば量と数のような性質の違いや，数を表すことばとしての単語と数字のような種類の違いなどさまざまな性質があるので，数学を解く脳領域を特定することは難しいことです。したがって，数学を解いているときに活動する脳領域は，上で示したように脳の多領域にわたるのです。

計算力と脳賦活

　中学生が1桁の足し算をしているときの脳の活動をfMRIで調べてみると，左右半球のいろいろな部位が並行して活動していることがわかります。こうした脳の活動は，足し算だけでなく引き算やかけ算をしているときも起こるのです。しかし，もっと複雑な計算をしているときは，単純計算をしているときとはかなり異なった脳の活動をしていることがわかっています。単純計算をしているときは，左右半球のかなりの領域が活動しているのですが，複雑な計算をしているときは左半球の一部がとくに働いていたのです。複雑な計算をするので単純計算のとき以上に多くの部位が活動しているだろうと予想されました。しかし，実際には左半球の前頭連合野を中心に活動が起こっていました。こうした脳の活動は，算数の文章題を解いているときにも起こることがわかりました。

複雑な問題を解くときに，左半球の前頭連合野がとくに働くのは，計算のしかたをことばにしながら行っているからと考えられます。ことばを使う操作は，多くの人で左半球の前頭連合野で行われることがわかっています。同時に，この部位はワーキングメモリが遂行されるところでもあります。複雑な計算をするときは，問題をことばに直して行い，その途中で必要な情報を一時的に頭に留めておきながら計算を続行していきます。こうした言語操作とワーキングメモリの処理は，左半球の前頭連合野を中心に行われているのです。
　単純計算をするときと，複雑な計算，文章題を解くときでは，脳の活動する領域が異なっていました。単純計算をするときは，左右半球の比較的多くの部位が活動していました。複雑な計算，文章題を解くときは，左半球の前頭連合野が主に活動していました。そこから，複雑な計算問題を解くときは，その前に単純な計算問題をある程度やっておいて，脳の多くの領域を活性化しておくのが有効かもしれないということが考えられます。また，複雑な計算問題を解くときは，前頭連合野の言語操作にかかわるブローカ中枢がかかわっていたことから，算数・数学の能力をつけるには国語力を伸ばすことが大切だとも考えられます。さらに，ブローカ中枢はことばの産出にかかわる領域なので，複雑な計算問題を解くときに問題文を声に出して読んでみると，この領域が活性化されて問題を解くのに有効に働くことも考えられます。
　このことに関連して，最近，小学校における基礎的な能力の学習，いわゆる読み書き計算の学習が，子どもの学力全体を伸ばしていくのに有効だという主張が教育実践の場で話題になっていることについて考えてみます。その主張は，算数でいえば「百ます計算」という学習法として知られています。百ます計算とは，簡単な計算問題を100題，できるだけ速く解くというもので，毎日繰り返して行わせるものです。特別変わった学習法というものではありません。ただ，算数・数学の基礎的能力としての加減乗除の能力を徹底して習得させ，それを機能的に使えるようにしておくと，より高度な算数・数学能力を身につけることが容易になるという考えの下に実践されているのです。こうした学習法が実際に教育的効果をもつかどうかについては，客観的に検証された上で判断されなければなりません。
　fMRIなどを使った脳機能画像研究が，簡単な計算問題を解き続けていると

脳のいろいろな領域が活性化されることを示しているのはすでにふれました。このことから推論すると，百ます計算を行えば子どもの脳のかなり広い範囲が活性化され，脳全体が機能しやすい状態になると考えられます。それが，その後で取り組むより高度な算数・数学の学習によい効果をおよぼすと考えることはできるかもしれません。ただ，複雑な計算問題を解くときは，左半球の特定の部位が主として活動していました。複雑な計算問題をしているときは，脳はその処理に特化された領域を専門的に使って情報を処理しているのです。

　子どもが通常の算数・数学の授業で問題に取り組んでいるときは，ここでいう複雑な問題を解いているときにあたります。つまり，脳の広い領域を使って処理しているのではなく，脳の特定の領域を集中的に用いて処理をしていると考えられます。したがって，複雑な計算問題を行う前に，単純計算をして脳を広く賦活しておくと効果があると単純にはいえないかもしれません。最近，代数がよくできるようになると前頭連合野があまり働かなくなるという報告もされていて，脳の賦活効果については賦活量だけでなく，賦活の質の面からも検討していくことが必要になっています。つまり，脳の活動を「活性化」の面だけでなく，「効率化」の面からもみていく必要があるといえます。

　神経心理学者キンスボーンが提唱した脳の「機能的距離モデル」は，このことに関係するモデルの1つです。このモデルは，脳の中で機能的距離が近い場合は相互に干渉が生じ，それによって機能低下の起こることがあるとしています。つまり，単純な計算問題を行って脳の広い領域を賦活した後で，複雑な計算問題を解きはじめてある特定の脳の領域が活動を始めると，その周辺のすでに活動している脳領域との間に干渉が起きて，複雑な計算問題の遂行が妨げられる可能性が考えられるということです。

　また，百ます計算のような単純作業を連日やり続けるとすれば，子どもがあきたり，意欲をなくしたりすることも予想されます。なかでも，算数・数学のよくできる子どもほど，このような単純作業をやり続けることに抵抗を感ずるようになると思われます。一般に，このような単純作業をやり続けることに意欲をもち続けるのは，子どもにとってかなり難しいことなのです。子どもを対象としたfMRIなどを使った脳機能画像研究は，まだ十分とはいえません。計算と脳賦活の効果との関係については，今後さらに脳機能画像研究を中心に検

討していくことが必要でしょう。

計算力と半球差

　左右半球で計算力に違いのあることが示されています。左右半球は，脳梁という約2億本の神経線維で結ばれています。この脳梁を切断する手術を受けた人の脳を分離脳といいます（3章1節参照）。重いてんかんの症状をもつ患者の症状を軽減するために，左右半球をつなぐ脳梁が切断されたのです。分離脳患者では左右の半球が分離独立しているので，それぞれの半球の働きを単独で調べることができます。

　この分離脳患者の片側半球のみに，例えば「6＋3」のような簡単な計算式を視覚的に送ると，左半球ではそのような足し算はできるのですが，同じ計算式を右半球に送った場合はそれができないのです。かけ算をさせても同様なことが起こります。したがって，九九の計算も左半球ではできますが右半球ではできないのです。九九の計算は主として言語的に処理されるので，言語中枢のある左半球で主として遂行されるのです。右半球には言語的処理を行うシステムがなく，九九の計算やその暗記はできないのです。

　右半球では計算はできないのですが，数を見積もることはできます。例えば「4＋6＝23」といった数式を右半球に視覚的に送ると，それがまちがいであると判断することが可能なのです。つまり，右半球は正確に計算することはできなくても，大まかな見積もりはできるようなのです。正確な計算には言語の働きが関係しますが，大まかに見積もる能力には非言語的な，視空間にかかわる神経ネットワークが関係しており，後者の機能には右半球がよりかかわっていることから，数を大まかに見積もるのに役立っていると考えられます。脳機能画像研究でも，計算を正確に行っているときは左半球の頭頂葉が賦活しますが，大まかな見積もりを行っているときは左右両半球の頭頂葉で強い賦活がみられることが報告されています[12]。

3．芸術教育と脳

　芸術教育は，多重知能の中ではとくに空間的知能および音楽的知能とかかわっています。したがって，多重知能理論からすると芸術教育は主として空間的知能，音楽的知能を活かし，それを育てていくところに意義があといえるでし

ょう。子どもは，絵を描き，歌を歌い，そして音楽を演奏するといった芸術的表現活動を通して，自らの空間的知能，音楽的知能を育んでいきます[5]。芸術教育においてカギとなる能力には，美術の知覚能力，創作の表現能力，創作の探索能力，また音楽の知覚能力，音楽の産出能力，作曲能力などがあります[9]。学校における芸術教育は，絵を描き，作品を造形し，事物を認識，創造するといった図画工作，美術活動を通して右半球後部の視覚野および頭頂連合野を中心とした領域を刺激します。それによって，空間的知能を活かし育てていきます。また，音楽をつくり，表現し，認識し，識別するといった音楽活動を通して右側頭葉を中心とした領域を刺激します。それによって，音楽的知能を活かし育てていきます。

上下逆さに描く

美術教育学者エドワーズは，独自の指導法による描画指導法を提案しています。それは，上下逆さに置かれた絵や写真などをそのまま描かせるというものです。彼女が指導した学生は美術専攻の学生ではないので，授業の始まりの頃の絵はうまいものではありませんでした。しかし，上下逆さに置かれた絵を30～40分かけてできるだけていねいに描く練習をさせていくと，およそ9回ほどの実習で見事な絵を描けるようになったのです。左側は練習前に描かれた人物画ですが，右側は同じ学生が2か月後に描いた人物画です（図6-2）。描く力にかなりの違いがみられます[13]。

図6-2 上下逆さ描画法[13]

6章──学力の育成と脳

　この指導法は，左半球と右半球の機能差にかかわる研究から得られた結果を理論的根拠としています。エドワーズは，分離脳研究から人の左右の脳の特性を明らかにした脳科学者スペリーの研究をもとにこのユニークな指導法を考案したのです。分離脳とは，てんかん治療のために左右半球をつないでいる脳梁を切断した脳のことをいいます。エドワーズは，左半球が言語的で論理的な能力をもち，右半球が空間的で直感的な能力をもつことに注目してこの描画法を考えたのです。通常，あるものを描く場合，目で見たものをそのまま描いているようですが，実は自分の記憶にあるもの，あるいは経験上こういうものだという知識に基づいて描いていることが多いとエドワーズは考えたのです。結果としてできあがった絵は，型にはまった図式的なもので魅力に欠けるものになってしまうのです。これは，どちらかといえば左半球の論理的で概念的な判断によって描かれているからだと彼女は考えたのです。

　そこで，例えば「顔というのは，こういうものだ」というような，自分があらかじめもっている知識や思い込みで絵を描くのではなく，つまり左半球で描くのではなく，もっと対象となるものの姿，形を素直に観察し，それを正確に描くこと，すなわち右半球を使って描くことを重視したのです。その方法として，描く対象を上下逆さに置き，それを正確に描くやり方を考案したのです。正立して置くのに比べ，上下逆さにして置くと，描く人自身がもっている知識に頼ることが弱くなり，対象をより正確に描こうとする姿勢が強くなることをエドワーズは狙ったのです。「この線はこう曲がっているし，この線は紙の端に対してこの角度になっている」と，その人が見た通りに対象を忠実に描いていくようになるのです。これは，右半球を使って描く方法といえ，右半球を使って描く訓練によって描画能力を高めるものといえるでしょう。

　自分の知っているもの，知識によって絵を描く傾向は，子どもではさらに強く現れます。子どもこそ，上下逆さに描く描画法を使って左半球による描画から右半球による描画へと変え，それによって描画能力を高めていくことができると考えられます。その場合，上下逆さにした絵を白い紙で少しずつ隠しながら描かせるとよいのです。白い紙を上から下へと徐々に下げていって，見えている部分を正確に描かせるのです。こうすることで左半球による意味づけの影響をさらに小さくし，右半球による忠実な描画力をより強めることができるの

です。子どもの描画力を育てる方法として，上下逆さにして描く方法は取り入れて試してみる価値はあると思います。

左右対称に描く

　左半球による描画から右半球による描画への変換が，子どもの描画能力の伸びに効果があるということから，エドワーズはもう1つの方法として左右対称に描く練習法を考案しています。これは，図6-3の左にあるような「横顔と花瓶」とよばれる錯視画を利用して，横顔を完成させる方法です。この図は，心理学ではルビンの杯とよばれているものです。黒い部分に注目すると2人の人の横顔が見えますが，白い部分に注目すると花瓶が見える錯視画になっています。

　子どもに提示されるのは，線画で描かれた半分の横顔です（図6-3の右）。右利きの子どもには左半分の横顔，左利きの子どもには右半分の横顔の線画が提示されます。まず，子どもは提示されている横顔の輪郭を鉛筆でなぞりながら「ひたい，目，鼻，上唇，下唇，あご，首」といったように，声に出して各パーツの名前を言っていきます。その後，右側あるいは左側の空白になっているスペースに，逆向きの横顔をゆっくり描いていくのです。この方法で横顔を描いていくと，多くの子どもにある種の混乱，葛藤が生じます。例えば，鼻から唇のところの線が難しかったとか，ここが唇だと思ったら鉛筆が止まってしまったなどです。しかし，この方法ではこのような混乱や葛藤を経験させることが目的なのです。これらの混乱や葛藤は，左半球による描画から右半球によ

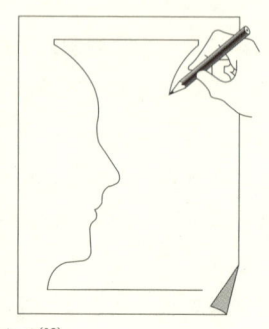

図6-3　左右対称描画法[13]

る描画へと頭を切り替えるときに生じるものなのです。

　子どもが自分で横顔を描く前に，まず提示された横顔の各パーツ名を呼称するのは，それによって線画がしっかりと左半球の言語システムに組み込まれるものになるからです。その後で横顔を完成しなければならないので，右半球の視覚的，空間的システムに切り替える必要が出てきます。この頭の切り替えを行うことが難しいことから，混乱や葛藤が生じるのです。これらを解消するために，例えば目鼻などの名前を考えないようにする，描く視点を顔の形から花瓶の形に切り替える，上からではなく下から描くなどの工夫をして，左半球からの影響を弱くし，右半球の影響力を強くしようとする変化が起こるのです。左右対称に描く描画法は，子どもが左半球モードから右半球モードに頭を切り替える効果があるといえます。

手を見て描く

　美術教育家ニュートンは，エドワーズの描画訓練法を参考にして，新たな右半球描画法を考案しています[14]。まず，1秒で1ミリのペースで円を描く練習法です。鉛筆とスケッチブック，時計を用意します。絵を描くときは，対象をじっくり見てゆっくり描くことが大切です。子どもは，時計の秒針を見ながら，その動きに合わせてスケッチブックに鉛筆で円を描きます。そのとき，1秒で1ミリの長さを描くつもりで，1分間ゆっくりと円を描いていきます。目は時計だけを見て，鉛筆やスケッチブック，そして描いているところは見てはいけません。

　こうして描かれた円は，おそらくいびつな形になっているでしょう。たしかに，スケッチブックに描いているところを見ながら描けば，きれいな円が描けるのですが，その円は左半球が知っている円を思い浮かべ，その円になるように形を調整するからきれいに描けるのです。形にこだわらず秒針の動きだけを追って描くことは，こうした左半球の働きを阻止するわけです。その結果，右半球の働きに従って円を描こうとする構えが強められるのです。

　さらに別の描画法として，自分の手だけを見ながら，5分かけてスケッチブックに手を描く練習法を考案しています。子どもは自分の手は見ているのですが，描いている手や鉛筆，スケッチブックの方はいっさい見ません。手指の形，手のシワなどをよく観察して，見えた通りに描いていきます。最初の絵で

は，短い時間のうちにいかにも手らしい絵が描かれます。いま見ている手を描くというより，自分が知っている手というものを描いているのです。手とはこういうものだという考えに基づいて描いているわけで，左半球に基づいて描いているのです。したがって，できあがったものはパタン化された手の絵そのものです。しかし，その後何度か続けて描いていくと，手の形やシワなどに徐々に注意が集中しはじめます。つまり，右半球が働きはじめて描画を導くようになるのです。こうしてできあがった絵は，よりリアルなものになっているはずです。

　子どもが描いている絵を直接見ないで，描く対象をよりよく見ることで右半球の働きに従って絵を描けるようになっていくのです。その結果，描かれた絵がより創造性を感じさせるものになっていくことをこれらの描画法は狙っているのです。これらは，左半球の支配をできるだけ排除し，それに代わって右半球の働きに従って描いていく練習法といえます。これらの描画法を使って子どもに繰り返し練習させ，左半球モードから右半球モードに脳の働き方を変換して絵を描くようにするとよいでしょう。

絶対音感を身につける

　ある音を聴いて他の音と比較することなしに，その音が何の音であるかを音名でいえれば，その人は絶対音感があるといいます。相対音感とともに絶対音感があれば，メロディを全体として聴き取ることができるだけでなく，メロディを要素である1つ1つの音に分解して聴き取ることもできます。絶対音感は，子どもが音楽を聴くにしても，つくるにしても必要な音楽能力といえるものです。

　幼時期の音楽的訓練を適切に行うことによって絶対音感を身につけることができます。聴覚が発達する3歳から6歳くらいまでに，絶対音感の訓練を行うことが必要です。3歳に近い年齢で始めると効果が高いといわれています。子どもにまだ相対音感がしっかりついていないことが絶対音感の獲得にはよいのです。絶対音感と相対音感を同時に獲得させようとすると，たいてい相対音感の方が優先的に獲得されて絶対音感の獲得が妨害されてしまうのです。

　絶対音感訓練プログラムによれば，それを身につける2つの具体的な方法があるとしています[15]。まず，単音ではなく和音で練習することです。ドミ

ソ，ドファラ，シレソなどの和音で練習します。単音で練習するより和音で練習する方が手がかりは多く，子どもには覚えやすいのです。もう1つは，新しい和音で練習するより，すでに覚えた和音の記憶を安定させる練習をすることです。練習すべき52の和音がつくられており，これらを繰り返し練習して覚えさせていくと効果が上がるのです。

子どもには和音を丸ごと覚えさせて，最初は色のついた旗で答えさせるやり方から始めます。ドミソなら赤，ドファラなら黄といった具合です。旗の本数が9本になったところで，色から音名に変えて答えさせます。毎日練習すること，弾き方はいつも同じにすること，和音の順序は毎日変えること，答えは直後に教えることなどを守って練習すれば，早ければ10か月，通常2年くらいで多くの子どもが絶対音感を身につけることができます。完全な絶対音感を身につけるにはかなりの期間を必要としますが，ある程度の絶対音感ならば3か月くらいで練習効果が出てきます。絶対音感をもつ人は，左半球の上側頭回前部が通常よりも大きいことがわかっています。したがって，この領域を大きくして絶対音感を身につけるには，幼児期の早い段階から訓練を始めるのが効果的といえるのです。

ブレインダンスで表現する

音楽に合わせて，利き手でない左手を自由に動かす運動をすると，手と反対側の右半球が刺激されて活性化します。これをブレインダンスというのですが，音楽を使って脳の片側を活性化する技法として音楽療法家キャンベルが考案したものです[16]。右利きの人は身体の左の部分を使って，左利きの人は身体の右の部分を使って運動することで，反対側の脳を刺激することができます。

まず，薬指と小指に注意を集中し，それぞれの指が独立したダンサーであると意識させながら動かします。それから，手首，腕，肘と動きを徐々に広げていきます。その場合，反対側の身体部分は不動のままにしていることが大切です。手や腕はできるだけ創造的な動きをもって指揮したり，ダンスしたりします。さらに，つま先，足，足首と加えていき，最後には身体の片側半分のすべての部分を使ってダンスをします。左側の身体部分を使ったダンスが終わったら，次に右側の身体部分を使ってダンスをします。

ブレインダンスが終了したら，子どもにどのように感じたかを報告させます。

とくに左手と右手の感覚の違いに注目させて報告させます。本人の利き手とは逆の手，逆の側の身体部分の感覚を，より新鮮に感じることに気づかせます。右利きの子どもであれば，左側の身体部分の感覚をより新鮮に，より敏感に感じ取れるだろうと思われます。それは，右利きの子どもにとっては，非支配側である右半球をいつもとは違って強く刺激されたからです。ブレインダンスは，音楽に合わせて行うことでより効果的に子どもの左右の半球を刺激することができます。

音楽ことばで話す

右半球は，音楽を聴き，音楽を演奏するときにより中心的な役割を演じます。音楽を聴き，それを演奏するには，より全体的に，直観的に，そして感情的に音楽を処理する能力が必要です。右半球は，そうした能力に優れています。これに対して，左半球はことばを聞き，ことばを話すときにより中心的な役割を演じます。ことばを聞き，ことばを話すためには，より分析的，論理的，そして理性的にことばを処理する能力が必要だからです。左半球は，そうした能力に優れているのです。

右半球は，自分を表現するためのことばをもちません。そこで，右半球に自らを表現することばをもたせることで，右半球の機能を高める訓練をしてみるのです。それによって，右半球に左半球がするような役割を疑似体験させ，右半球の活動を高めるのです。まず，子どもたちは2人1組になって向かい合います。1人がことばを使って話します。もう1人は，そのことばを聞いて楽器を使って音楽のことばとして表現するのです。どのような表現にするかは，演奏者の自由です。楽器は，ピアノ，オルガン，ハーモニカ，リコーダー，ドラム，タンバリンなど音楽室や教室にあるもの，身近にあるものを使います。

使用することばとしては，まず単語を用います。チューリップ，自転車，風，信号機など，あらかじめ考えておいた単語リストを用います。そのことばを聞いて，もう1人の子どもは楽器を演奏することでそのことばを表現するのです。単語リストが終わったら，次は短い疑問文を使って行います。「あなたの今の気分は？」「あなたの友だちはどんな人？」などの質問に，好きな楽器を使って答えるのです。そして，演奏をした子どもは聴いていた子どもに，どんな気分だと思ったのか，どんな友だちだと感じたのかを質問します。このゲ

ムをこの後，役割を交替してやるのです。ことばと音楽の応答ゲームを通して，子どもが音楽ことばを使いながら右半球を活性化することができるのです。

4．体育教育と脳

　体育教育は，多重知能の中ではとくに身体運動的知能とかかわっています。したがって，多重知能理論からすると体育教育は主として身体運動的知能を活かし，それを育てていくところに意義があるといえるでしょう。子どもの運動は，身体の成長にはもちろん脳や心の健全な発達にも深くかかわっています。運動は成長ホルモンの分泌を促し，身体の成長に直接影響をおよぼします。また，運動はストレスを軽減し，心理的安定をもたらす効果もあります。これは，運動をすると脳内にBDNFという特別な蛋白質が増えて，ストレスホルモンを抑制してくれるからです[17]。さらに，集団活動としてのスポーツは子どもの社会性も育んでいきます。体育教育においてカギとなる能力には，身体の制御能力，リズムへの敏感さ能力，表現力，動きのアイディアの生成能力，空間を意識する能力などがあります[9]。学校における体育教育は，走る，跳ぶ，投げる，蹴るなどの運動と，それらを組み合わせた運動・競技などを通して運動野，小脳，大脳基底核を中心とした領域を刺激して，身体運動的知能を活かし育てていきます。

歩きと走り

　車やバスそして電車と，便利な移動手段をもった現代，いながらにして携帯電話やインターネットで他者とコミュニケーションをとり，多くの情報を得ることのできる現代において，子どもが足を使って移動することはますます少なくなっています。そうであるからこそ，子どもが歩いて移動することの意味はこれまで以上に強まっているといえるのです。歩くことで身体が丈夫になり，併せて脳の発達も促されるということを考えると，成長期にある子どもには歩くことを通してこれらの成長を促すことが大切です。

　身体の中で最も大きい筋肉は，太ももの筋肉，つまり大腿筋です。大腿筋は，筋紡錘という神経によって脳幹につながっています。歩くことで筋肉から出た信号が脳幹に伝わります。そうすると脳幹が刺激されて覚醒作用をもつ脳幹網様体の活動が高まり，大脳の働きが活発になるのです。また，心臓から送り出

される血流は通常だと1分間に約5ℓですが,歩く運動だけで約50ℓと,およそ10倍にもなります。それだけ脳には酸素や栄養素が供給され,老廃物は除去されることになるので,脳はますます活発に働くようになるのです。

　ランニングは,歩くことの効果をさらにアップするとともに筋力や持久力も強くします。どのくらいの速さで走ればよいかというと,脳を活性化させるのに適切なのは1分間に約150mといわれています。どのくらいの時間走ればよいかというと,脳が一番活性化するのが大人ではランニングを始めてから約50分ですから,子どもでは年齢や体調,そして季節などによってこれより短めに調整します。また,子どもに長い時間走ることを強いる必要はありません。サッカーやバスケットボールなどのスポーツ活動の中で走る時間と量を増やすことでよいのです。

　ランニングの場合,その距離を長くしていくと,いわゆるランナーズハイという現象が起こることがあります。長距離を走り続けているとある時点から気分がよくなり,爽快な気持ちになる現象のことをいいます。なぜランナーズハイが起こるかというと,それは走ることから生じる体内のストレスに対して身体が対応できるように変化するからです。走っているときは,交感神経系が緊張しているために心泊数が増し,血圧も上がります。さらに体温も上がってきます。このように,走るということは身体がある種のストレスを受けている状態なのです。ストレス状態は不快なので,例えば体温が上がってくれば汗をかいてそれを調整するように,身体はかけられたストレスをもとにもどそうと働き出します。最初は苦しかったランニングをしばらく続けていると,だんだんその苦しさが軽くなっていきます。身体がストレスに対応できるようになるからです。

　ランナーズハイの現象が起こるのは,鎮痛効果をもつエンドルフィンが働くからです。その中でも最も強い鎮痛作用をもっているのがβ-エンドルフィンです。脳内麻薬物質として知られているものです。この物質がランニング中に分泌されて,ランニングの苦しみを和らげるのです。さらに走り続けると,β-エンドルフィンがドーパミンの働きを強めてランナーズハイとよばれる爽快感を生み出すのです。ドーパミンは快感ややる気をもたらす神経伝達物質です。したがって,走ることで神経信号が脳幹に伝えられ,さらに大脳全体を活

性化するという効果が歩くこと以上に高められるのです。さらに，快適な気分ややる気までも出てくる効果が期待されるのです。

　ランニングが脳にどのような影響をおよぼしているかについて研究したものがあります(18)。その中で，週2，3回軽いランニングをしている人としていない人で，ワーキングメモリ量が違うかどうかが検討されています。ランニングを始める前のテストでは，2つのグループはワーキングメモリ量に違いはなく，それぞれ約65％の正答率でした。それが12週間後にランニングを続けたグループの正答率は95％に上昇したのですが，ランニングをしなかったグループは70％にとどまっていたのです。これはランニングにより前頭連合野が活性化され，それがこの領域で営まれるワーキングメモリの働きを高めたためと考えられるのです。ランニングによって，運動をコントロールする運動野と運動連合野が活性化されるとともに，その前にある前頭連合野も併せて活性化されることで，ランニングが知的能力を高める効果をもつと考えられます。走ることで頭がよくなるわけではありませんが，それによって前頭連合野が刺激を受け，学習した知識をうまく利用することができるようになるのです。走ることは，前頭連合野の機能を上げることで子どもの判断力，統制力，やる気，創造力をも伸ばす可能性をもっているのです。

手指を使う

　脳内の運動野と体性感覚野の機能地図でみると（図5-3参照），手指の占める面積はとくに広いことがわかります。そのことは，手指の運動やそこにおける感触が巧緻で微細なものであることを意味しています。それはおそらく人の進化の中で達成されたものと考えられます。人は2本足で立つことによって手が移動することから解放され，大脳とくに運動野と体性感覚野の手指の領域が発達したと考えられます。人は手指を用いることによってさまざまな道具をつくり出し，そこから高度な文明を生み出してきたのです。

　手指を器用に使うことによって，運動野と体性感覚野の広い手指の領域が刺激され，脳が活性化されます。それも，ただ単に手指を動かすだけでなく，何か目的をもって手指を使うとさらに効果が高まるのです。ピアノやバイオリンなどの楽器を演奏することもこれにあたりますし，毛糸でマフラーを編むことも効果があります。また，料理でキャベツを千切りにしたり，針やハサミを使

って縫い物をすることも脳の活性化を高めます。また，文字を書いたり，絵を描いたりすることも同じ効果があるのです。このような手指を使った活動，操作を子どもに1週間ほど続けてやらせてみると，その技能に対する基礎的な神経回路がつくられ，他の回路との接続も可能になってきます。こうした手指を使う技能は小脳に記憶され，たとえ久しく使わないことがあっても子どもの運動スキルとして残っていきます。それが手指の器用さとなっていくのです。

　器用さを身につけるには，その技能を繰り返し使って練習することが大切です。苦労して身につけた技能ほど忘れられにくく，長く残って定着するのです。子どもが手指を器用に使えるということは，それだけ脳を鍛えたこと，脳を活性化したことを意味しているのです。学校教育では，ある目的をもって手指を用いるような活動を各教科のさまざまな課題場面で使用します。子どもが目的をもって手指を使用する活動を意図的，計画的，組織的に取り入れることで，子どもの脳を活性化し，身体運動的知能を高めることができるのです。

バランス感覚を養う

　手足を使う運動によって脳を活性化することができますが，脳機能をさらに高めるためにはバランス感覚を使う運動をすることが効果的です。バランス感覚を必要とする運動には，小脳の働きが関係しています。バランス感覚にかかわる器官は，内耳の蝸牛のすぐそばにある三半規管と耳石器です。これらの器官で感知された身体の位置や運動の変化情報は，電気的信号として脳幹を経由して小脳に伝えられるのです。小脳は，その情報に基づいて身体のバランスをとりながら自分の行動をスムーズに行っているのです。

　小脳の機能を高めるバランス感覚を必要とする運動として，子どもに勧めたい動きは多様にあります。自転車に乗るのはバランス感覚を使うのに有効ですが，それが一輪車になればさらに効果は上がります。一輪車を備えている学校ではその使用を勧め，子どもが小脳を使ってバランス感覚を養うよう指導するとよいでしょう。ダンスも同じようにバランス感覚を使う運動です。音楽に合わせて身体を動かし，回転させるスクウェアダンスなどは，とくに小脳を使う運動として優れています。

　屋内で子どもがバランス感覚を養う運動として，頭に本を乗せて歩く運動があります。ソフトカバーの本を頭に乗せバランスをとりながら，廊下や教室内

をまっすぐ歩きます。そうすることでより強いバランス感覚を発揮させるのです。次に，左足を左横に1歩移動させ，右足をそれに添えるようにして横に移動していきます。部屋の端までいったら，今度は右横の方向に同じように移動します。これらの運動を，頭の上の本を落とさないように気をつけて行うのです。これもバランス感覚を養うのに適した運動です。

　小脳を使った運動は，技能として一度学習されるとかなり長期にわたって保持されます。例えば，子どものときに自転車を練習して乗れるようになっていれば，大人になるまで自転車に乗ることがなくても，ほとんど苦労なく再び乗れるようになります。これは，自転車に乗るために必要な多くの運動技能が，小脳に記憶されて残っているからです。バランス感覚は，あらゆる運動の基礎的技能として大切な働きをするものです。小学校から中学校の時期にしっかりと養い記憶させて，さまざまな運動に役立てるようにすることが大切です。

イメージトレーニングを活かす

　イメージトレーニングは，運動をしている人が用いているトレーニングの1つです。ここでいうイメージとは，心の中で運動する動作を記憶をもとに思い浮かべたもののことです。実際には身体を動かさず，身につけようとする動作を実際に行っているつもりで頭の中にイメージを描く，そのことで実際に効果が出てくることを狙って取り入れられているトレーニングなのです。例えば，バスケットボールのフリースローでイメージトレーニングしたグループとしなかったグループでは，トレーニングした方でフリースローの成績がよいのです。

　ある動作を行っているイメージを頭の中で描いているときの脳は，運動野がかなり広い範囲で使われ活性化しています。ただ，実際にその運動をしているときと比べると低い活性化であって，いわば運動のシミュレーションをしているような状態です。運動野の神経細胞は骨格筋とつながっています。したがって，この領域が活性化しているということは，運動をイメージしただけで実際に運動をしているのと同じような効果が少なくとも脳のレベルではみられるということです。また，人がある動作をするのを見ると，自分もその動作をしているかのように運動連合野の神経細胞が活動する現象もわかっています。まるで鏡に映しているようだという意味で，このような神経細胞をミラーニューロンといいます。このニューロンは，実際には運動していないが運動しているつ

もりになっているときに活動しはじめるのです。これは，イメージトレーニングをしているときにも当てはまります。イメージトレーニング中は，運動連合野のミラーニューロンが働いていると考えられるのです。

　理想的なフォームで走る，バットを振る，あるいはボールを投げる自分を頭の中に描いて，何度もそれを繰り返す。そうすることで実際のボールの投げ方，走り方，バットの振り方がよくなるのがイメージトレーニングの効果です。運動をする前に，運動連合野のミラーニューロンを使ってシミュレーションをしておくと，実際の動きがよくなるという効果がイメージトレーニングにはあるのです。ミラーニューロンの働きは，実際の運動を見ていても，テレビモニターを通して見ていても現れます。ただ，実際に見たときの方がテレビを通して見たときよりもミラーニューロンの活動が大きいことも示されています[19]。

　運動のイメージトレーニングには一定の効果が認められるのですが，実際の運動トレーニングと比べると，それにはやはりかないません。しかし，運動トレーニングにイメージトレーニングを併せて用いれば相乗効果が期待できます。イメージトレーニングには，スポーツにおける緊張感や不安感を和らげたり軽くしたりする効果もあります。したがって，子どもがスポーツ能力を向上させるときも，イメージトレーニングを用いる効果は大きいのです。子どものイメージトレーニング効果を高めるには，まず実際に動作を行わせて体験させることが必要です。さらに，模範となる動作を子どもの目の前で演じて見せ，またビデオで見せて，模範となるイメージを頭に印象づけると効果がさらに高まります。

5．道徳教育と脳

　道徳教育は，多重知能の中ではとくに内省的知能および対人的知能とかかわっています。したがって，多重知能理論からすると道徳教育は主として内省的知能と対人的知能を活かし，それらを育てていくところに意義があるといえるでしょう。子どもの自己理解力と他者理解力を育てるには，共感力やコミュニケーション力を伸ばし，人とのふれあいを深める経験を多くもつことが大切です。また，他者に対する親和的な意識と感情をもたせることで人に対する愛情を育てていくことも必要です。道徳教育において鍵となる能力には，自己理

解能力，他者理解能力，リーダー的役割能力，助言者的役割能力，友人的役割能力などがあります[9]。

学校教育における道徳教育は，自分の考え，感情，そして意図などに気づき，それを理解することを通して，また他者のそれらに気づき，理解することを通して，前頭葉，側頭葉，大脳辺縁系を中心とした領域を刺激して，内省的知能および対人的知能を活かし育てます。道徳的矛盾（ジレンマ）課題を遂行中の脳の賦活をfMRIで調べた研究では，前頭連合野および眼窩前頭領野が道徳的判断や道徳的感情に関係する領域であることを示しています[20]。これらの領域の障害は，衝動的な攻撃行動を引き起こすことも報告されています[21]。

共感する心

子どもが周りにいる人の気持ちや考えを理解し，それらの人への愛情を育むには，その人たちの心にまず共感できることが大切です。子どもが共感を経験するときは前頭連合野が働いていますが，この領域の中で発話に関係しているブローカ中枢を含む領域にはミラーニューロンが多くあります。ミラーニューロンは，共感性とのかかわりで注目されている神経細胞です。ミラーニューロンは，すでに述べたように心の理論とも関係しています。子どもが人に共感できるのは，前頭連合野のミラーニューロンが働いていると考えられます。人を理解し友情や愛情を感じることができるのも，その人に共感できるからです。ミラーニューロンの働きによって，子どもはこれらのことを感じることができるようになるのです。そう考えると，ミラーニューロンを使い，それを育てることで，子どもはよりよく人を理解し，それらの人との親密な関係をつくり上げていくことができます。ミラーニューロンによる共感性の神経回路が，子どもの他者理解を促し，愛することと同時に人から愛される感覚を子どもに実感させるのです。

子どもの共感性は，他者への気づきから始まります。つまり，共感するにはまず他者に何かが起こっていることに気づくことが大切です。共感性は，他者についての気づきの発達から4つの発達段階を経て育っていきます。

第1段階は生後ほぼ1年の時期で，自分と他者を区分できない段階です。したがって，他者についての気づきはまだなく，共感性はみられません。ただ，自他の区分がないので他者の示す状態をまるで自分に起こっているかのように

反応することがあります。

第2段階は1歳すぎの時期で、自分と他者を区別しはじめる段階です。したがって、他者についての気づきが始まり、共感性が現れはじめます。ただ、この段階の子どもは、自分の考えや感情と他者のそれとの区別がまだできないので、他者の考えや感情を自分のそれと同じであるとみなす傾向があります。

第3段階は2〜3歳の時期で、自分と他者は別々の考えや感情をもつと考えている段階です。したがって、他者の考えや感情は自分のそれとは違うものであり、それは他者自身の解釈や欲求によるものであることに気づくようになります。この時期の子どもは、他者の立場に立って想像し考えて共感できるようになります。

第4段階は、小学校高学年の時期で、自分も他者も特定の状況だけでなく、いろいろな状況においてさまざまな考えや感情をもつということに気づく段階です。したがって、この時期の子どもは、他者の特定の状況での一時的な考えや感情に対してだけでなく、いろいろな状況での一般的で恒常的な考えや感情に対しても共感できるようになります。

このように、子どもの共感性は、他者についての気づきの発達的な変化にともなって促進されていきます。したがって、子どもの成長にともなって他者への気づき、他者への関心を高めることが、子どもの前頭連合野のミラーニューロンを刺激し、他者理解および他者への愛情を育むことに効果があるのです。

共感的な行動は、例えばチンパンジーがお互いに気分、情動、願望を理解することができるように動物にもみられることから、共感能力は生物学的、進化論的基礎をもっていると考えることができます。そこから、人の場合でも共感能力を生じさせる生物学的基礎が存在すると考えることができるでしょう[22]。

前頭葉損傷患者の事例には、共感能力に関係する機能の障害を示すものが多くみられます。例えば、他者への関心の欠如、他者の感情理解の欠如、他者の期待に対する感受性の欠如などが、前頭葉の損傷にともなって発生することが示されていますし[23]、また前頭葉を切除した患者で他者の痛みや苦痛を感じ取るような共感能力が失われることも指摘されています[24]。さらに、前頭葉の底面にあたる眼窩領野の損傷は、社会的行動や社会的判断能力の障害や自発的行動の障害をもたらすことが示されており、この領野が他者との社会的関係

を保ち，他者の気持ちを感じ取ったりする共感能力に関係していることが指摘されています[25]。

共感性に関係すると考えられる前頭連合野は，その成熟が生後4〜5か月頃から始まり，10歳過ぎから20歳頃にかけて完成します。共感性が1歳過ぎから3歳頃に現れ，小学校高学年の頃に安定した機能をもつようになることを考えると，その発達が5歳〜12歳，および12歳〜20歳代半ばの頃の脳の発達に関係していると考えられます。後者の段階での脳の発達は前頭連合野を中心としており，それによって思考や行為の計画，さらに感情や行動のコントロール機能が発達します。これらの機能の発達が，子どもが他者の立場に立ち，その人の気持ちを理解し，そしてそれを共有する経験としての共感性を支えていると考えられます。

思いやる心

共感性に働いているミラーニューロンは，他者の心を理解する上で大切な役割を果たしています。ただ，ミラーニューロンが働くだけでは，見えない他者の心を理解することはできません。そこには見えない他者の微妙な心の状態や変化を読み取る論理的，抽象的能力が働いていなければなりません。論理的，抽象的能力は，まさに目に見えないものを推理する能力といえます。この能力が高度に発達しているのは人間だけといってよいでしょう。

さらに，論理的，抽象的能力は，子どもの学習能力を支える中心的な能力でもあります。そう考えると，他者の心を理解し，他者を思いやる気持ちと子どもの学習能力は一定の関係にあることが考えられます。つまり，思いやりのある子どもに育てることと学習能力をつけることは別々のものではなく，両者には密接な関係があるということです。ここでいう学習能力は，論理的，抽象的能力，あるいは思考能力を意味しています。したがって，学習能力＝学力ということではありません。学力が高くなくても，つまり学校の成績が良くなくても論理的，抽象的知能，あるいは思考能力を身につけている子どもはいます。他者の心を理解し，思いやる心をもつ子どもに育てるには，論理的，抽象的能力を育てることが大切だといえるでしょう。学校教育において学習能力を育てることと人を思いやる心を育てることは矛盾するものではありません。両者は，ミラーニューロンシステムを基盤に密接に関係するものといえるでしょう。

キレる心

　「子どもがキレる」という言い方をします。怒りや不満を自分で抑えることができず，発作的に攻撃反応を引き起こしてしまう現象のことをいいます。子どものキレ行動は最近ではめずらしくなく，どのような子どもにも起こりうる行動とみられています。キレ行動は，子どもの愛他的行動あるいは共感的行動と背中合わせにある行動といえます。親や教師に乱暴なことばを吐いたり，仲間や見知らぬ人にささいなことで暴力をふるったりといったキレ行動が，子どもの日常生活の中で起こっているのです。家庭や学校，そして地域でも，こうした子どものキレ行動をいかにして抑え，未然に防ぐことができるか，親や教師など子どもの教育にかかわる関係者の多くが頭を悩ましている問題です。

　子どものキレ行動は，仲間関係を破壊しかねない，そして相互の身体と心を傷つけかねない危険な行動です。キレ行動を引き起こす怒り，憎しみ，恐怖などの情動を自分で自律的にコントロールできるようになることが大人になることの証だといわれます。しかし，小学生から中学・高校生の頃は，脳機能の発達からみて，このような情動を自律的にコントロールすることがまだ難しい年齢といえます。

　子どもの目や耳などの感覚器官から入ってきた情動刺激は，脳の真ん中にある視床に送られますが，そこから刺激が直接扁桃体に送られる低次経路と，大脳皮質を経由して扁桃体に送られる高次経路があります（図6-4）。通常，情動刺激は大脳皮質を経由して扁桃体に送られることで衝動的な行為となることは少ないのですが，時に視床から直接扁桃体に送られるとそれがキレ行動となって現れるのです。大脳皮質を経由しないので「何がなんだかわからないうちにやってしまった」といったことが起こってしまうのです。もともとこの低次経路は，例えば突然外敵に襲われたときに瞬時に反応して身を守ったり，相手を倒したりするために発達した経路と考えられます[27]。人の場合は普段はあまり使われませんが，何度か使われるうちに強化されて，何か不満があるときに無意識的，発作的に攻撃行動になって出るようになるのです。

　こうしたキレ行動を抑制しているのが前頭連合野なのです。前頭連合野には，扁桃体で生じる情動活動を調整あるいは抑制する働き，および視床下部などのホルモン，自律神経の活動を調節する働きがあります。したがって，前頭連合

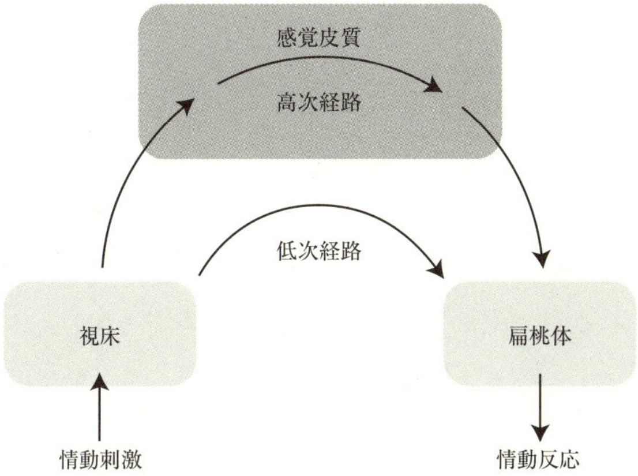
感覚皮質
高次経路
低次経路
視床
扁桃体
情動刺激
情動反応

図6-4　情動反応にかかわる脳のしくみ(26)

野の働きが悪いと，あるいは成熟していないと，情動を抑えることができずキレてしまうことになりやすいのです。前頭連合野と扁桃体の連絡は12歳頃でも十分にはできていません。16歳頃になると前頭連合野の中央あたりの領域との連絡がみられるようになり，20歳頃には前頭連合野の外側部を残して多くの領域との連絡がみられるようになります。前頭連合野全体との連絡が完了するのは25歳頃とみられています(28)。したがって，小学生から中学・高校生の子どもの前頭連合野機能は十分には成熟しておらず，情動にかかわる扁桃体など大脳辺縁系の働きを適切に統制することが難しいためにキレ行動が起こりやすいと考えられるのです。

子ども同士が一緒にいれば，やがて遊びが始まり，その中でケンカも起こってきます。小学生や中学生でも，同性同士あるいは異性同士でもケンカをします。例えば，小学生が遊具の取り合いでケンカをします。そのようなとき，他の子が止めてもなかなかやめようとはしません。お互いに遊具をしっかり握って放しません。つかみ合いのケンカになるかもしれません。多少力が入って子どもが痛い思いをするかもしれません。しかし，それも大切な学習です。自分が相手に力を加えて相手が痛い思いをする。逆に，相手から力を加えられて自分が痛い思いをする。また，相手から厳しいことばで罵倒されて悔しい思いをしたり，自分のことばで傷つけられる相手の表情を見る。ケンカをすることで

経験されるこのような体の痛みや悔しい気持ちは，その後ケンカをしたときに相手の身体や心の痛みを思いやり，相手を痛め過ぎないように気づかうことにつながっていきます．

相手の身体の痛みや悔しい気持ちを思いやり，共感し，そして同情することができるようになれば，たとえケンカをしても相手が体や心に深い傷を受ける前に手加減して力を緩めたり，ケンカそのものを中止したりするようになるのです．児童期にリーダーシップをとる子は，勉強のできる子よりもスポーツのできる子，ケンカに強い子です．でも，ここでいうケンカに強い子とは，単にケンカに勝つ子ではなく，ケンカをうまくさばける子，ケンカでうまく力を加減できる子です．情動刺激によって引き起こされた怒りや憎しみなどの感情を前頭連合野の働きによって調整することを，直接ケンカする中で経験することが大切です．それによって，低次経路から高次経路に変換させてキレ行動を抑えることができるようになるのです．

異性に向けられる心

性欲中枢の1つである視床下部の内側視策前野の大きさは，男子が女子の2倍あることがわかっています．この男女差になるのは4歳頃で，したがってこの頃までの性や性別にかかわる経験が脳の性分化に影響を与えることが考えられます．この脳の性分化を基盤として，その後8歳くらいまでに性的アイデンティティ，すなわち性の自己意識がつくられていくのです．4歳前後の子どもは，フロイトのいう男根期にあたり，子どもが性器に触れることで性的快感を得るようになると同時に，男の子，女の子という性別意識をもちはじめる時期でもあります．そして，8歳頃までに文化的性差としての男女の意識がつくられるのです．したがって，8歳までに性および性別意識にかかわる学習経験をもたせることが大切だといわれるのです．

私たちの社会では，性にかかわる情報がテレビ，インターネット，DVD，ビデオ，マンガ，雑誌などのさまざまな媒体を介して子どもに伝わります．それを大人が規制したとしても限界があり，子どもはさまざまなルートで性にかかわる情報を得るでしょう．そうであるからこそ，性教育を行う意義があるのです．脳の性分化の年齢が4歳の頃，文化的性差の意識が出てくるのが8歳頃という事実を考えると，性教育は小学校低学年，少なくとも中学年までに始

めるのが適切だといえるでしょう。そんなに早く子どもに性教育をする必要はないという意見もありますが，子どもの性意識，性行動が特徴づけられ，方向づけられる時期に，誤った性情報，不適切な性情報，そして偏った性情報が伝えられ，学習されるとしたら，その弊害の方が大きいといえます。

　8歳までに確立された性意識は，思春期以降の性行動に決定的な影響をおよぼします。異性の適切な相手に対して性意識と性行動が向けられるかどうかは，8歳までに確立された性の自己意識によるからです。したがって，8歳までに学校教育の中で適正な性教育を行うことによって，健全な性意識と性行動について学習させることが大切です。現在の性教育は，主として保健体育と理科の授業で行われていますが，性教育は生教育であるとの観点からは，道徳，総合的な学習の時間においても取り上げて学習させる意義は大きいでしょう。

7章
社会力の育成と脳

　社会力（社会的能力）とは，他者理解力，自己理解力，そして自己統制力からなり，人と人がつながる力，社会をつくっていく力，そして自分自身を理解し，統制する力を意味するものとして用いられています[1]。ここでは，社会力を子どもの社会適応力および社会形成力を意味するものとして用います。この意味での社会力を多重知能理論からみると，対人的知能および内省的知能にかかわる能力といえます。したがって，それは共感力，コミュニケーション力，感情統制力，そして行動統制力などを司る前頭連合野の働きと密接にかかわっているといえます。人間の社会力が，脳のどのような働きによって実現されているのかを明らかにしようとする「社会神経科学」の研究も最近盛んに行われています[2][3]。ここでは，その成果もふまえながら，子どもの他者理解と自己理解，そして自己統制からなる社会力の発達と教育について，前頭連合野とのかかわりを中心に考えていきます。

1節　子どもの社会力事情

1．子どもの社会力と学校適応

　現代の子どもたちは，他者とのかかわりが狭く希薄になる傾向を強めているといわれます。他者への関心は低下し，他者との友情や愛情も弱まって，子どもたちが相互に信頼しあう関係をもつことが難しくなっています。他者とのかかわりが希薄になれば，生活実感をもつことも難しくなります。そうなれば，自主的な学習力，思考力，判断力，それに表現力といった知的能力と，自律性，協調性，共感性，それに愛他性といった情意的・社会的能力が統合されたもの

としての「生きる力」が育っていくはずはありません。

　「生きる力」の基礎を成すものの1つが社会力であり，したがって現代の子どもたちに最も必要とされ，求められている力が社会力であるといえるかもしれません。社会力は，他者や現実への適応力であると同時に，それらとのかかわりをつくり，維持し，そして変化・発展させていく能力といえるものです。その意味で，社会力は同化と調節の機能をもつものといえるでしょう。他者や現実に適合するように自分を修正し（調節），また自分に合うように他者や現実に働きかけて変えていく（同化）。子どもの社会力はこのような機能をもって自己と環境とのかかわりを強め，そして深めていくように働く能力です。そして，それは前頭連合野の働きによるものであることが指摘されているのです。

　子どもの不登校，いじめ，そして非行など，何らかの心理的，社会的要因によって通常の学校生活を送ることができない問題行動を学校不適応といいます。学校不適応は，子どもの社会力の低下，あるいは欠如と密接に関係しています。そして，それは前頭連合野の機能低下，あるいは不全によるものと考えられるのです。

2．子どもの学校不適応事情

　不登校　「青少年白書（平成19年度版）」によれば，「何らかの心理的，情緒的，身体的，あるいは社会的要因・背景により，児童生徒が登校しない，あるいはしたくともできないために年間30日以上学校を欠席した」という不登校の児童生徒数は，小学生で22,709人（全小学生の0.32％），中学生で99,578人（全中学生の2.75％）となっています。小中学生の不登校，とくに中学生の不登校は高い水準で維持されており，依然として憂慮すべき状況にあるといえます[4]。

　いじめ　「自分より弱いものに対して一方的に，身体的・心理的な攻撃を継続的に加え，相手が深刻な苦痛を感じているもので，それが起こった場所は学校の内外を問わないこととする」といういじめは，小学校で11.3％，中学校で34.6％，高等学校で30.0％の学校でみられています。発生件数としては，小学校が5,087件，中学校が12,794件，高等学校が2,191件となっており，1校あたりの発生件数は小学校が0.2件，中学校が1.2件，高等学校が0.5件となってい

す。いじめの発生件数を学年別にみると，小学校から学年が進むにつれて多くなり，中学1年生で最も多くなっています。その後は学年が進むにつれて減少しています。冷やかし・からかいといったいじめが小中学校ともに多く，学校段階が上がるにつれて暴力，ことばでの脅し，たかりなどの割合が増えています。

なお，いじめについては先の定義にある「一方的に」「継続的に」「深刻な」などの文言が解釈に幅があるとして，文部科学省は平成18年度からいじめの定義を「当該児童生徒が，一定の人間関係のある者から，心理的・物理的な攻撃を受けたことにより，精神的な苦痛を感じているもの」とし，さらに「いじめか否かの判断は，いじめられた子どもの立場に立って行うよう徹底させる」としています。そして，具体的ないじめの種類について「パソコン・携帯電話での中傷」「悪口」などが追加されています。この定義に基づいて文部科学省が行った「児童生徒の問題行動等生徒指導上の諸問題に関する調査（平成18年度）」によれば，先の定義に従って集計するといじめの認知件数が全体で124,898件（小学校60,897件，中学校51,310件，高等学校12,307件，特殊教育諸学校384件）となり，前年度のそれに比べると約6倍に増えたことが報告されています。いじめと認定する基準の変更，公立学校だけでなく，国立・私立学校も対象として行うという調査方法の変更，そして学校側の取り組みの変化などが，発生件数増加の理由と考えられています。なお，いじめの態様については，小・中・高・特殊教育諸学校すべてで「冷やかしやからかい」が最も多いのですが，「パソコンや携帯電話等で誹謗中傷や嫌なことをされる」が4,883件（3.9%）報告されており，今後の調査によって増加することが懸念されています。

校内暴力 従来「学校生活に起因して起こった暴力行為」を校内暴力としていたものを，学校生活に起因しない暴力行為についても生徒指導上把握する必要があることから，平成9年度以降は学校の内外に分けて「自校の児童生徒が起こした暴力行為」を校内暴力として調査が行われています。学校内で発生した暴力行為は，小学校で全学校の3.2%にあたる725校において2,018件，中学校で全学校の32.2%にあたる3,294校において23,115件，高等学校で全学校の41.7%にあたる1,701校において5,150件となっています。学校外で発生した暴力行為は，小学校で全学校の0.6%にあたる127校において158件，中学校で全

学校の14.9％にあたる1,527校において2,681件，高等学校で全学校の16.4％にあたる670校において896件となっています。暴力行為には，対教師暴力，生徒間暴力，対人暴力，学校の施設・設備等の器物破損の4形態があります。

非行　少年犯罪の発生件数は，昭和26年，39年，58年の3度のピークに続き，現在，第4度めのピークに向かって増加しているのではないかと憂慮されています。刑法犯少年（14歳以上20未満）の数は112,817人となっており，同年齢層の人口1,000人あたりの検挙人員は14.8人となっています。犯罪の種類としては，万引き，自転車・オートバイ盗などの窃盗が最も多く（55.5％），傷害，恐喝などの粗暴犯も増えています（8.7％）。学校別でみると，中学生が31,437人（27.9％），高校生が47,790人（42.4％）となっています。年齢別では16歳が最も多く，ついで15歳，14歳の順になっています。男女別では，男子が86,758人，女子が26,059人となっており，総数に占める女子の割合は23.1％となっています。

　子どもの非社会的，あるいは反社会的問題行動の現状をみると，まさに憂慮すべき状況にあるといわざるをえません。こうした問題行動の発生には，子どもの側でみると感情の未分化，抽象的思考力の未発達，コミュニケーション能力，自己の感情や行動の統制力，そして対人関係能力などの不足が考えられます。これらの多くは，前頭連合野の機能に関係するものです。前頭連合野の主要な働きには，すでに述べたように抽象的・論理的思考力，注意・集中力，意思・意欲の調整力，共感やおもいやり，感情・行動の統制力，そして達成感・幸福感を感じる力などがあります。したがって，子どもの問題行動の理解とそれへの対応について考えるとき，前頭連合野の機能の特徴とその発達的変化について十分に理解しておくことが必要だといえるでしょう。

2節　対人的知能としての社会力

1．社会構造と脳の進化

社会脳仮説

　動物の脳の大きさは，その動物が生活する社会構造の大きさや複雑さと関係

しており，それが大きく複雑になるほど脳のサイズも大きくなります。多くの動物が群れをつくり，社会を形成しています。群れのサイズが大きくなれば，そこでうまく生活していくのに処理しなければならない情報はそのぶん増えていきます。学習し身につけなければならない社会的能力や行動も増大します。しかし，それによって脳は大きく進化していったのです。これを社会脳仮説といいます[5]。つまり，人を含む霊長類の脳は，社会的能力を獲得するために大きく進化してきたというのがこの仮説です。社会脳仮説では，人の脳が大きく進化してきた理由として，協同や競争といった複雑な社会行動を集団生活の中で適切に獲得，遂行してきたことによると考えています。

　動物の中で霊長類の社会構造をみると，一夫一妻あるいは一妻多夫の一妻型と，多数のオトナメスに1頭または多数のオトナオスの多妻型に分けられます。人は基本的に多妻型に入ると考えられています。真猿類の出現から人に至る系統では多妻型が基本で，現在でも人の社会（人口ではなく）の少なくとも80％は多妻型かそれを許容する社会とみられています[6]。一妻型と多妻型の社会構造をもつ霊長類の脳の大きさを比較してみると，多妻型が一妻型より大きい脳をもっていることが指摘されています[7]。このことは，高次機能を担う大脳新皮質についてもいえ，さらに新皮質の中の前頭連合野に関してもいえるのです[8]。多妻型のチンパンジーやゴリラの脳は，一妻型のテナガザルの脳よりも大きく，また脳のしわの数も多く，複雑さの程度も高いのです。このように，多妻型は一妻型に比べてより発達した脳をもっており，そのことはまたこれらの動物がより発達した知能をもっていることを示していると考えられます。

社会関係と脳

　社会構造の違いによって脳の発達の程度が異なる最も有力な理由として，社会関係があげられます。多妻型の社会では，多くの個体が相互に多様な交渉をしており，一妻型より複雑な社会関係をもっています。例えば，多妻型のサルは群れの中で社会的地位という順位を形成し，それに従って協調行動をとります。そして，他の個体を助けて自分も利益を得る互恵的利他行動（向社会的行動）をとったり，ある個体を群れから追い出す追放行動をとったりします。これらの行動は，多妻型のサルが発達した社会関係，つまり社会性をもっていることを示していると考えられています[6]。

多妻型のこのような社会関係にかかわる脳領域で，最も重視されているのが前頭連合野です。多妻型のオナガザルの前頭連合野を実験的に切除すると，群れの中の順位が下がり，他のサルに対する協調行動や親和行動が減少して群れから追放されてしまいます[9]。つまり，多妻型はその社会構造に結びついた社会的順位，協調行動，親和行動，互恵的利他行動，そして追放行動などの社会関係を遂行し，維持する知能を前頭連合野の機能として進化，発達させてきたのです。

また，社会関係を円滑に営むためには，他の個体の顔を認知，識別し，その表情を適切に理解することも必要です。顔の認知に関係するサルの脳領域は，側頭連合野の第3，第4視覚野にあることがわかっており，さらにその領域が前頭連合野に投射していることも明らかにされています[10]。したがって，個体の円滑な社会関係は，側頭連合野による他の個体の認知と，それに基づいた前頭連合野の適切な社会的行動の選択によって実現していると考えられるのです。人の場合でも，前頭連合野が障害を受けると社会的感覚や社会的行動が損なわれることが示されており[11]，動物で示されたような社会的関係を遂行する能力が前頭連合野と密接にかかわっていることが指摘されています。

人の知性を支えている脳が，その中でも前頭連合野が進化してきた理由が複雑な社会関係，人間関係を適切に遂行するためであったとすれば，社会力こそ人の知性の中心にあるものと考えることができます。

2．子どもの対人関係と脳の発達

環境の豊かさと脳の発達

子どもが，人との関係を適切にもつことができれば社会性があるといいます。人とかかわり，人の中で適応的に生活していくために，社会性は子どもが獲得しなければならない大切な能力です。そうした社会性が，子どもの育つ環境の豊かさによって影響を受けることを示唆する動物実験が報告されています。豊かな環境の下で育ったラットは，貧しい環境の下で育ったラットより大脳皮質が重いことを4章3節でみてきました。豊かな環境には，貧しい環境と比べてブランコ，ハシゴ，木片などの遊び道具が多く備えられていましたが，両環境の違いで最も大きかったのは，ケージの中に入れられていたラットの数（1

匹，3匹，10匹）の違いと考えられます。それぞれの環境の中で，他のラットと接触し，交流し，時には争うといったことが，彼らにとっておそらく最も豊かな経験となり，それが脳の成長につながったと考えられます。つまり，脳に対して最も有効な刺激を提供したのは仲間との関係だったのです。

　このことは，ラットに限りません。人においても同様なことがいえると考えられます。子どもの周りにオモチャやゲーム，そして本などが多くあり，探索できる自然も豊かにあれば，それが子どもの脳の成長に役立つことはまちがいないでしょう。ただ，そのこと以上に子どもの脳の成長に有益なのは，親や他の大人と関係をもち，また同年齢の仲間と交流し，遊ぶ経験をもつことだといえるでしょう。そうすることによって，子どもの脳はより豊かな刺激を受け，活発に活動してその成長を高めていくのです。

対人関係と脳の発達

　乳児の愛着は，生まれて数か月経った頃から現れはじめ，2～3歳の頃に特定の他者に向けられ，親子関係など親密な人間関係が形成されます。さらに，3～4歳以降は，他の子どもとの遊びを通した仲間関係が形成されるようになります。この期間は，ゴールデンの第3段階（生後2か月～5歳）にあたります。この段階は，大脳における感覚系と運動系の発達，およびそれらの連携の発達が著しい時期として特徴づけられます。したがって，この段階の子どもは身の周りのものをよく見，よく聴いて，環境から多くの情報を取り入れ，それを知識として貯蔵し，必要に応じてそれらを使用するようになっていきます。さらに，例えば聴覚野での音韻処理と運動野（ブローカ中枢）での運動処理を連携させることによって，ことばの模倣などの言語活動がより活発になっていきます。このような言語能力の発達によって急速にコミュニケーション能力が伸び，それが対人関係をさらに広げていきます。

　児童期以降の人間関係は，例えば小学校中学年から高学年にみられるギャング集団，中学生の頃のチャム集団，高校性の頃のピア集団を中心に発達していきます。この時期は，ゴールデンの第4段階（5歳～12歳），および第5段階（12歳～20歳代半ば）の中頃にあたります。これらの段階は，感覚連合野および前頭連合野の発達が著しい時期として特徴づけられます。したがって，これらの段階では情報の理解や知識の貯蔵に加え，思考や行為を計画し，感情の自

律を実行する機能が発達してきます。これらの機能の発達が，他者の理解を深め，その人の気持ちを思いやる能力を高めます。そして，それによって対人関係をより円滑に形成していくことができるのです。

対人関係の中で，子どもが他者から刺激を受けて学ぶことは多く，また多様ですが，他者から学ぶといっても学ぶ相手を選ばないと何ら知的刺激を受けることもできないでしょう。また，悪い仲間によっていじめられるといったことが起これば，それがトラウマとなって脳，とくに海馬の萎縮をもたらすことも考えられます。児童期から青年期の仲間関係のあり方は，脳の発達的形成の面からもとくに重要といえるのです。

3．社会力としての心の理論

心の理論

5章2節で述べたように，自分および他者の意図，目的，信念，思考，知識，好み，そして振りなどの内容の理解ができれば，その人は心の理論をもつといいます[12]。つまり，人が他人も自分と同じように考え，意図し，信じ，欲求し，予想するであろうと信じていることを心の理論をもっているというのです。心の理論は，動物とくにチンパンジーなどの類人猿を対象として，この問題を検討していたプレマックによって提唱されたものです。したがって，ここには動物から人への心の発生と発達の問題を読み解く手がかりが隠されている可能性があり，その意味でも近年注目されている問題の1つなのです。プレマックは，動物から人への心の理論の発生・発達段階を3つに区分しています[13]。第1段階は，どんな種類の心の理論ももたない動物の段階（大部分の動物），第2段階は心の理論をもつが，それに限界がある動物の段階（チンパンジーなどの類人猿），そして第3段階は心の理論を無制限にもつ動物の段階（4歳以降の人のみ）です。

人では，4歳以降になって心の理論をもちうることが示されています。子どもがどのようにして他者の心について理解できるようになるかという問題を，心の理論にかかわる研究は「誤信念課題」によって検討しています。これは，子どもが他者の誤った信念や考えを理解しているかどうかをみることによって，心の理論をもっているかどうかを確かめるものです。例えば，3歳から7歳

の子どもに次のような話を聞かせます(14)。

「ゆうきさんという女の子が、緑の戸棚の中にチョコレートを入れました。ゆうきさんが部屋から出た後で、お母さんがそのチョコレートを青の戸棚の中に移してしまいました。その後、ゆうきさんが部屋にもどってきました」。最後に、子どもに「ゆうきさんは、どちらの色の戸棚にチョコレートを取りに行くでしょう。緑の戸棚かな、青の戸棚かな」と質問します。

その結果、3〜4歳児では緑の戸棚と正しく答えられた子どもはいませんでした。4〜5歳児では、57％が正しく答え、6〜9歳児では86％が正しく答えました。4歳以下の子どもは「チョコレートは青の戸棚の中にある」という自分のもっている知識をゆうきさんももっていると考え、「ゆうきさんは青の戸棚にチョコレートを取りに行く」と答えてしまうのです。しかし、4歳以上の子どもは「ゆうきさんは緑の戸棚にチョコレートを取りに行く」と正しく答えます。彼らは、チョコレートが青の戸棚に移されたことを自分は知っているが、ゆうきさんは知っていないはずだということを理解しているからです。

4歳頃になると、他者の誤った信念に関する推論が多くの子どもにできるようになり、小学1年生になればほぼ全員ができるようになります。つまり、心の理論が獲得されるわけです。心の理論をもつことによって、子どもも大人と同じように他者の行為をその人の心的状態に基づいて予測したり、説明したりできるようになるのです。その意味で、心の理論の獲得は、子どもの社会性と道徳性の発達に深く関係しているといえるのです。

4歳以前では心の理論はまだ獲得されていないということが多くの研究で示されていますが、それではその年齢まで心の理論が獲得されていないかというと必ずしもそうではありません(15)。例えば、「考える」「知る」などの心の状態を示すことばは、4歳以前の子どもの会話の中でも使われており、これは他者の誤信念に子どもが気づきはじめていることを表していると考えられるのです。4歳以前の子どもの心の理論についても、今後の詳細な検討が必要です。心の理論にかかわる脳領域は、5章2節で述べたように前頭連合野であることがわかっています。

心の理論とミラーニューロン

　サルの前頭葉後部にある運動前野の機能を研究していたリゾラッティは，特別な働きをしている神経細胞を発見しました[16]。その神経細胞は，ミラーニューロンと名づけられました。ミラーニューロンとは，どのような働きをする神経細胞なのでしょうか。リゾラッティは，サルの運動前野のうち腹側運動前野のF5とよばれる領域の神経細胞の活動を調べていたのですが，ここはサルがエサをとったり，口でくわえたりするときに活動する部位であることがわかっていました。彼らは，その神経細胞の反応特性をさらに詳しく調べていたのです。そのとき実験者がアイスクリームを手にとって口に運ぶのを見た際にも，この領域の神経細胞が活動するのを偶然に発見したのです。

　その後の実験で，この領域の神経細胞は，実験者がサルの目の前でエサを手でつかむ動作をしてみせると活動し（図7-1の左），さらにサルが同じ動作をしているときにも活動することがわかりました（図7-1の右）。つまり，手であるものをつかむという動作を自分がするときと，他者がそれをするのを見るときに，同じように活動する神経細胞が運動前野にあることがわかったのです。リゾラッティは，さまざまな手の動作を見たときに活動する92個の神経細胞を見出しています。つまり，物をつかむ，置く，片手で操作する，両手で操作するなどの動作を見たとき，あるいはこれらが組み合わされた動作を見たときに活動する神経細胞のあることがわかったのです。そして，これらの神経細胞は，サル自身が同じ動作をするときにも活動することが併せてわかったのです。

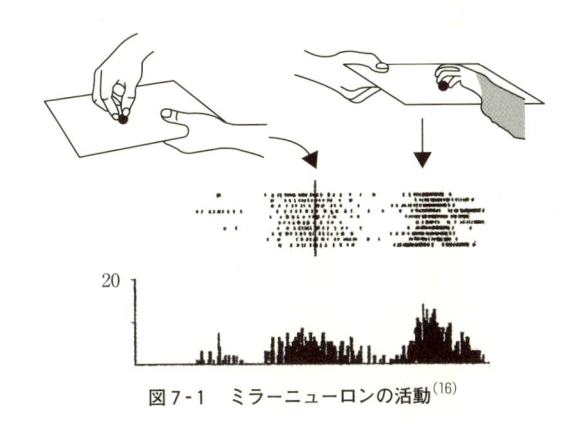

図7-1　ミラーニューロンの活動[16]

まるで自分の動作を鏡に映して見るような働きをすることから，この神経細胞をミラーニューロンと名づけたのです。

ミラーニューロンは，サルと同じように人にも存在することがわかっています。リゾラッティは，PETによる脳機能画像研究によってそれを明らかにしています[17]。刺激条件として，他者が手で物をつかむのを見る条件，自分で手を伸ばして物をつかむ条件，そしてただ物を見るだけの条件が設けられ，脳の賦活部位が測定されました。その結果，他者が手で物をつかむのを見たときは，ただ物を見るだけの条件に比べると，下前頭回の尾側部および中側頭回の賦活が高いことが示されました。つまり，前頭連合野および側頭連合野領域にミラーニューロンの存在する部位があることが示されたのです。人の下前頭回の尾側部領域にはブローカ中枢があります。この部位は，サルの腹側運動前野のF5にあたります[16]。したがって，人の下前頭回の尾側領域にもミラーニューロンの存在する部位があると推定されるわけです。人でも，他者のしている動作を見ているだけで賦活する脳の部位が，視覚野以外にもあるのはたいへん興味深いことです。

ミラーニューロンの機能

人でも発見されたミラーニューロンの働きの1つは，動作の学習や模倣にあります。つまり，他者がある動作をするのを見たときに，自分の脳の中でその動作を自分がしているかのように活動するニューロンがあれば，その動作やその動作に似た動作を学習するのに役立つだろうと考えられるわけです[18]。他者が行った動作，例えば口を開けて舌を出すといった動作を繰り返し見せると，新生児がそれを模倣することがわかっています[19]。こうした反応にもミラーニューロンが働いているのではないかと考えられています。ミラーニューロンの働きにより，他者の行為を自分の心の中でリハーサルすることで追体験できると考えられます。子どもは，親や教師など他者のふるまいをまねることによって成長していく側面をもっています。まねるという複雑なスキルは，こうしたミラーニューロンの働きによって支えられていると考えられるのです[20]。

2つめの働きとして，その動作にかかわるさまざまな事象を理解することがあげられます。つまり，その動作をすればどういう結果になるのかといったことを理解するのに役立つと考えられるのです。これは行動を予測する心的過

程にかかわるもので，他者理解の1つの側面と考えることができます。

3つめの働きとして，他者の心的状態を推定するという働きがあります。ミラーニューロンの反応特性は，他者の行為を見たときに，それを自分がしているかのようにシミュレーションすることを可能にします[21]。つまり，他者がある行為をしているということは，自分がその行為をしているということに相当するわけだから，その人の心理はこうだろうと推定することができると考えられるのです。ここからミラーニューロンの働きは，心の理論や共感性と関係していると考えられています。つまり，他者にも自分と同じような心的状態があることに気づき，それを自らのものとして共有する経験にミラーニューロンが重要な役割を果たしている可能性があるのです。人が他者の行為を見てその意図を理解できるのは，その人自身の脳の中でもミラーニューロンが働くことによって直接同じ体験ができるために他者の行為の意図や感情を理解することができるのです。人の心を本当に理解するには自分の心でそれを経験しなければならないといわれますが，ミラーニューロンシステムの発見はこのことに関する神経学的な根拠を与えたことになります。

4つめの働きとして，コミュニケーションの働きがあります。すでに指摘したように，ミラーニューロンが見つかったサルの腹側運動前野のF5の部位は，人の下前頭回の尾側部領域のブローカ中枢にあたります。ここから，ミラーニューロンは言語の発生に関係があるのではないかと考えられています。リゾラッティは，言語の萌芽が身ぶり手ぶりであると考え，ミラーニューロンが言語機能に深く関係していると指摘しています[22]。

人では，前頭連合野および側頭連合野領域にこのミラーニューロンが存在する領域があると考えられるのですが，そうならばこれらの領域が成熟するのは，1つは5歳～12歳の頃，もう1つは12歳～20歳代半ばの頃と考えられます。したがって，この期間に心の理論や共感性の発達にかかわる学習と経験を豊かにもつことが，これらの脳領域の発達を促すことにつながると考えられます。

共感とミラーニューロン

心の理論は他者の意図や思惑を推察するしくみですが，併せて他者の感覚や感情を察するしくみでもあります。これが共感です。ミラーニューロンシステムは感情の理解にもかかわっており，それは複雑な対人関係のために働く神経

回路の基盤といえます。この回路があることによって，他者の意図や感情を理解でき，共感することができると考えられるのです。

自分が不快な匂いを嗅いでいるときの脳の活動領域と，他者が不快な匂いを嗅いでいるときに示す表情を見たときの脳の活動領域はかなりよく似ていて，帯状回や島皮質などが共通に賦活していることが示されています[23]。他者が不快感や悲しみ，あるいは痛みなどを感じている表情や様子を見て，自分もそれと似たような感情や感覚を感じるのは，自分の脳内のミラーニューロンシステムが賦活して働いているからと考えられます。また，人があくびをしているのを見るとそれが伝染してあくびをしてしまうという現象があります。同じ現象が笑顔についてもみられますが，ここにも共感がかかわっており，ミラーニューロンが働いているとみられています[24]。

親密な関係にある男女を対象に行われた研究では，電気ショックを与えられて痛がっている男性の映像を見たときの女性の脳の活動を調べていますが，そこでは内側前頭連合野の賦活が高くなっているのが確かめられています。さらに，その賦活の程度は女性の男性への共感の強さの程度に比例して強くなっていました。男性が痛がっているのを見たときに，女性が感じる痛みの程度が強いほど，すなわち共感の程度が強いほど内側前頭連合野の賦活の程度が高かったのです。

ミラーニューロンは，他者の心を理解するコミュニケーション能力を支える神経細胞と考えられていますが，その働きは共感という現象にはっきりみられるわけです。相手の心と自分の心が鏡に映したように関係していることを，私たちは共感という心理現象から認識するわけですが，それを支えているのがミラーニューロンシステムなのです。効果的なセラピーでは，クライエントに対するセラピストの共感性が高いといわれています。両者はセラピーの間に，表情，姿勢，呼吸，体の動き，位置などで同調する傾向が高いのです。共感している人においてミラーニューロンシステムが働き，それによってこうした行為の同調が顕著に起こったとみることができます。このことは，表情や姿勢，呼吸や体の動きなどを意識的に相手に合わせることで共感力を高めることができることも示唆しています。教師と子ども，親と子ども，そして子ども同士の間で交わされる行為の同調経験を通してミラーニューロンを活かし，それによっ

て共感力を高めていくことができるのです。

4．社会力としての向社会的行動

向社会的行動

　他者のためになり，その人からのお礼などを望むことなく，自発的に行われる行動を向社会的行動といいます。向社会的行動を特徴づける条件には，次の4つがあります。1つは，向社会的行動が他者に対する援助行動であること，2つめは他者からの外的報酬を目的としたものではないこと，3つめはその行動をとれば何らかの損失がともなうこと，4つめは向社会的行動は自発的なものであることです[25]。向社会的行動には，例えばケガをしている人を保健室につれていくといった援助・協力行動，鉛筆を忘れた人に自分のものを貸してあげるといった分配行動，困っている人のためにお金や時間を提供するといった寄付・贈与行動などがあります。

　向社会的行動の動機は，その行動の道徳的水準を表していると考えられています。アイゼンバーグは，子どもに道徳的ジレンマの物語を聞かせ，そこでとるべき行動とその理由をたずねて，道徳性の発達水準と向社会的行動との関係を調べています[26]。例えば，次のような物語を聞かせるのです。

　「ある日，メアリー（エリック）が，友達の誕生会に急いで行くところでした。1人の女の子（男の子）が，転んで泣いていました。その子はメアリー（エリック）に，自分の家まで行って，病院につれて行くために親を呼んできてくれるように頼みました。でも，その子の親を呼びに行っていたら，誕生会に遅れてしまい，おいしいアイスクリームやケーキはもうなくなってしまうかもしれませんし，ゲームにも参加できないかもしれません。メアリー（エリック）はどうしたらいいのでしょうか。それはどうしてですか」

向社会的行動の発達

　物語に対する子どもの反応から，アイゼンバーグは向社会的道徳判断のレベルを5段階に分けています（表7-1）。それによると，幼児期から小学校低学年では，道徳的な配慮よりも結果が自分に役立つことに関心のある「快楽主義的・自己焦点的指向」レベルにあります。そして，他人の要求が自分の要求と矛盾するものであっても，他人の身体的・物質的・心理的な要求に関心を示す

表7-1　向社会的道徳判断の発達[26]

向社会的道徳判断のレベル	反応例	おおよその年齢
レベルⅠ：快楽主義的・自己焦点的指向	叱られるから助ける，ケーキを食べたいから誕生会に行く，友達だから助ける	幼児期および小学校低学年
レベルⅡ：要求に目を向けた指向	けがをしているから助ける，助けてあげたらその子はうれしいだろう，痛そうだから助ける	幼児期および多くの小学生
レベルⅢ：承認および対人的指向，あるいは紋切り型の指向	助けるのはあたりまえ，助ける人はいい人だから，助けたらみんなが自分を好きになってくれる	小学生の一部と中学・高校生
レベルⅣa：自己反省的な共感的指向	かわいそうだから助ける，自分が相手の立場だったら助けて欲しいから	小学校高学年の少数と多くの中学・高校生
レベルⅣb：移行段階	助けたら自分がほっとする，その子のけががが悪くなったら後悔する，助けないと責任を感じる	中学・高校生の少数とそれ以上の年齢の者
レベルⅤ：強く内面化された段階	助ける義務があるから，困っている人にも生きる権利がある，人々は互いに助け合った方がいい，みんなが助け合ったら社会はもっとよくなる	中学・高校以上の者で，小学生にはみられない

「要求に目を向けた指向」レベルの推論もある程度はできます。小学校の中学年から高学年にかけて，他人の承認や受容を考えに入れること，あるいはよい人と悪い人，よい行動と悪い行動についての紋切り型のイメージを考えに入れることが，向社会的行動の基準となる「承認および対人的指向，紋切り型の指向」レベルの推論を多くするようになります。さらに，共感的反応などが道徳的判断に含まれる「自己反省的な共感的指向」レベルの推論もみられるようになります。中学生から高校生にかけて，内面化された価値や規範，義務や責任などが向社会的行動の基準になる「移行段階」レベル，それがさらに強化された「強く内面化された段階」レベルの推論へと発達的に移行していきます。

このように，子どもの向社会的道徳判断は，快楽主義的傾向，あるいは他者指向的傾向から，より共感的傾向，および内面化される傾向へと発達的に変化していきます。そして，最終的には自己の価値観や自尊心に従って行われるようになるのです。高い道徳的判断をする子どもは，高いレベルの向社会的行動を行うことが多いといえます。困っている子どもを助ける際に，その子の立場に立って判断し，自分の価値観に従って判断する子どもは，実際に援助行動や分配行動を起こすことが多いのですが，その子を助けることによって自分が得

7章──社会力の育成と脳

るものがあるかどうか，将来お返しがあるかどうかということを基準に判断する子どもは，実際に援助行動や分配行動を起こすことは少ないのです。

向社会的行動と脳

　向社会的行動は，相手の表情やしぐさを認知し，あるいはことばからその相手の意図や感情を察し，それに共感して，報酬などは期待せず，自発的に相手のためになる行動，利他的，愛他的行動をとることです。向社会的行動をこのようにとらえると，多くの脳領域がこの行動に関与していることが考えられます。

　例えば，表情の理解には，大脳辺縁系の扁桃体，およびそれと密接な連絡をもつ前頭連合野底面の眼窩皮質の働きが関係しています。また，相手の意図や感情を察するには，心の理論や共感性にかかわる脳領域である前頭連合野が関与しています。さらに，報酬期待の有無に関係する脳領域としては，眼窩皮質を含む前頭連合野の働きが有力視されており[27]，中でも自己犠牲をともなう利他的行動には腹内側前頭前皮質が関係していることが示されています[28]。サルの前頭前野を切除すると，社会的認識や社会的行動がうまくできなくなり，適切な社会的関係を維持できないことも指摘されています[29]。これらのことから考えると，向社会的行動にかかわる脳領域としては，前頭連合野が大脳辺縁系などと連携しながらその中心的な役割を果たしていると考えることができます。

　向社会的行動が，児童期から青年期にかけて発達していくことを考えると，それがゴールデンの第4段階（5歳〜12歳）および第5段階（12歳〜20歳代半ば）の脳の発達を基礎にしていると推定されます。これらの段階は，主として前頭連合野による行為を計画したり，それを実行して結果を評価したり，また感情を統制する働きが発達する時期といえます。こうした機能の発達は，相手の気持ちを理解し，相手のためになることを，報酬を期待せずに自主的に行う向社会的行動を支えるものと考えられます。

3節　内省的知能としての社会力

1．自意識とワーキングメモリ

ワーキングメモリと意識

　ワーキングメモリは，情報を一時的に頭に残しておいていつでも使えるようにしておく記憶です。したがって，ワーキングメモリは自意識の基礎的過程を支える心的機能と考えられています。つまり，ワーキングメモリの働きによって，私たちはいま自分がしていることや考えていることをモニターし，知ることができるのです。ワーキングメモリの働きによって，私たちは自己認識ができると考えられるのです。何かに対する意識としての対象意識も，主体としての自分に関する意識としての自我意識も，そして対象化した自分に関する意識としての自己意識も，それぞれその時点で作動しているワーキングメモリの働きによると考えることができます。

　意識は，志向性をもつ高次な脳の情報処理の一様式であり，その中核はワーキングメモリを基盤とする多様な情報の能動的統合であると考えられています[30]。つまり，ワーキングメモリを媒介にして情報の能動的統合が可能になると考えられるのです。意識とは，拡張されたワーキングメモリといえるのです。ワーキングメモリにかかわる脳領域は，3章4節の図3-7に示したように前頭連合野，その中でもブロードマンの46野を中心とした領域にあります[31]。例えば，遅延課題中の脳の活動領域をPETでとってみると46野の領域が最も賦活することが示されています。また，46野が損傷を受けると知覚や長期記憶の働きには障害がみられないのに，遅延課題反応には障害がみられることも報告されています。これらのことから，この領域がワーキングメモリの中枢と考えられているわけです。

ワーキングメモリの発達と前頭連合野

　自我意識や自己意識といった自意識の発達が，ワーキングメモリと密接な関係にあることをみてきました。自意識の発達は，人格形成の中で中核となるものです。それは，幼児期に芽生え，思春期から青年後期にかけて発達していく

ものです。このように考えると，人格形成を促すには自意識を発達させることが大切であり，その自意識を発達させるにはワーキングメモリの機能を高めることが大切だということになります。

ワーキングメモリの発達は，3章4節でふれたように6歳から12歳までの間に認められ，それ以後の思春期において徐々に成熟していきます[32]。これは，ワーキングメモリを測定するウィスコンシン・カード分類検査，あるいはリーディングスパンテストを用いた研究によって明らかにされたものです。ウィスコンシン・カード分類検査は，情報の一時的保持とその変換を行う能力，および課題の遂行をコントロールする能力を測定する検査です。リーディングスパンテストは，言語の情報処理，言語理解に関したワーキングメモリの個人差を測定することのできる検査です。

6歳から12歳の児童にウィスコンシン・カード分類検査を行った研究によると，この検査で測定される問題解決能力，認知セットの変換能力，不適切な反応を抑制する能力が6歳から発達しはじめ，10歳以降に成人と同じ水準に達することが示されています[33]。また，7歳から10歳の児童にリーディングスパンテストを行った研究によると，6歳から9歳まではスパン数に差はなく，10歳でスパン数が有意に上昇することが示されています[32]。

このように，ワーキングメモリの機能は児童期に発達しはじめ，思春期以降に成熟していくことがわかります。ワーキングメモリにかかわる脳領域が，前頭連合野を中心とする領域であることを考えると，ワーキングメモリの発達の節目が10歳代にあることは整合性をもっているといえます。つまり，この年齢段階は，前頭連合野の髄鞘化が達成される時期でもあるからです。前頭連合野の神経細胞の機能的成熟期に入って，ワーキングメモリは成人のそれに匹敵する水準に達します。また同時に，この年齢段階は人格形成の節目の時期でもあります。自我意識や自己意識などの自意識が明確に意識される年齢にもあたります。ワーキングメモリが自意識を支える心的機能とすれば，思春期から青年後期にかけてワーキングメモリ機能を伸ばし，それを使用する学習経験を積むことが，その個人の自意識を発達させることにつながると考えられます。

2．社会力としての人格

人格と前頭連合野

　人格と脳の関係を示す最初の臨床事例は，「ゲージの脳」として知られています。1848年9月13日の午後，米国のバーモント州キャベンディッシュで，鉄道工事の現場監督をしていたフィネアス・ゲージは，火薬を使って岩を爆破する準備をしていました。ゲージは25歳，身長165cm，壮健な体，動きは俊敏で正確，上司からは責任感の強い有能な人物と評価されていました。そのゲージに，このとき重大な事故が起こってしまったのです。準備していた火薬が誤って爆発し，長さが109cm，直径が最大で3.1cm，重さが6.2kgある鉄棒が，ゲージの頭を直撃したのです。鉄棒は，ゲージの左のほおにめり込み，頭蓋の低部に突き刺さり，大脳の前部を貫通して30m以上離れた地面に落下したのです。鉄棒には，血と脳の一部がついていました。あお向けに倒れたゲージは，手足をばたつかせていましたが，意識はあり少し話すことはできたようです。大きな事故であったにもかかわらず，ゲージは一命をとりとめ，治療のかいもあって翌年の中頃には通常の生活に復帰できるくらいに回復したのです[34]。

　回復したゲージは，運動や会話にこれといった障害はみられず，記憶もよく保たれており，新しい知識を学習することもできました。しかし，重大な変化は彼の社会性や人格特性に表れていたのです。事故前のゲージは，ものごとを計画して着実に実行する賢明で責任感のある人物と周りから評価されており，どちらかといえば穏健な人柄とみられていました。ところが，事故後のゲージは態度がごう慢になり，気まぐれで汚いことばを吐いて周囲の人たちを冒涜し，いろいろな計画を立ててはすぐに放棄してしまうといったように，人柄がすっかり変わってしまったのです。周囲の人たちは「彼はもはや以前のゲージではない」と述べたと記されています。ゲージは職場を解雇され，各地を放浪生活した後，13年後に亡くなりました[35]。

　神経学者ダマシオは，ゲージの事故から150年ほど経ってその頭蓋を再度詳しく調べています[36]。ダマシオらは，ゲージの頭蓋とそのX線写真の詳細な分析から，その脳がどのように損傷を受けたかをコンピュータ・グラフィックス技術を駆使して再構築しています。それによると，鉄棒の貫通によって脳の

一部は失われたものの，運動機能や言語機能の脳領域は損なわれていなかったと推定されます。損傷は，右半球より左半球でより大きく，また前頭葉領域の中では後方より前方の損傷が大きいことがわかりました。さらに，両半球の前頭連合野の腹側と内側の損傷が大きく，外側部は損傷されていないこともわかりました。ここから，ダマシオらはゲージにみられた計画性の喪失や感情の抑制不能，そして共感性の欠如は，前頭連合野領域の損傷と深く関係していると推定しています。

　ゲージの脳の症例は，私たちが将来の計画を立てる能力，学習した社会的ルールに従って行動する能力，自己の生存に最も適切な行動を決定する能力，自己の情動を適切に調整する能力，そして他者の気持ちを思いやる能力など，人格にかかわる主要な働きが前頭連合野に深くかかわっていることを示唆しています。その後の臨床事例は，前頭連合野の損傷によってゲージのように温和だった人柄が粗暴になる，逆に粗暴な人柄の人が一転しておとなしい人柄に変わってしまう，さらに自発性がなくなる，感動しなくなる，現在や未来に対する関心がなくなる，ものごとをまとめて組織化する能力が弱くなる，抽象能力が失われるといった障害の出ることを数多く示しています。これらのことも，前頭連合野がその人らしさ，つまりその人の人格を形づくる脳領域として重要な役割をしていることを示しています。

社会力と前頭連合野

　ゲージの脳の症例は，社会力が破綻した症例の1つとみることができます。この症例は，その障害にかかわる脳領域が前頭連合野にあることを示しています。ゲージは，社会的ルールに従って行動するとか，自分の情動を適切に調整するなど，人と適応的にかかわる社会性が大きく障害されていたのです。そして，その障害の責任領域は前頭連合野だったのです[37]。

　ゲージの脳の症例に類似したものとして，ダマシオは「エリオットの症例」を報告しています[29]。ダマシオは，この症例を現代のフィネアス・ゲージとよんでいます。エリオットは，商社に勤めていた30歳代の男性でした。彼は，商社に勤めていた頃は後輩や同僚の鑑であり，個人的にも，職業的にも，社会的にも人が羨むような地位にいました。しかし，そうした中でエリオットは髄膜腫を患ってしまったのです。小さなオレンジ大の脳腫瘍が，両半球の前頭葉

を下から上へ圧迫していました。腫瘍を除去する手術が行われたのですが，その際，腫瘍によってダメージを受けた前頭葉組織も同時に除去されました。手術は成功しましたが，術後のエリオットの人格は大きく変容し，集団での適切な行動が以前のようにはできなくなってしまったのです。

　例えば，朝起きて仕事に出かける準備をするときも，1つ1つだれかに指示を出してもらわなければなりません。また，仕事に入っても自分の時間を適切に管理することができず，同僚との連携がうまくいきません。そして，それまでしていた仕事を突然中断して別のことを始め，しなくてもよい仕事を一日中続けるといったことが頻繁にみられるようになったのです。エリオットの知的基盤に変化はなかったのですが，仕事にかかわる個々の知識，判断，行動を適切に統合し，周囲の人と連携してそれを行うことができなくなってしまったのです。上司や同僚は，再三にわたって忠告と警告をしたのですが，エリオットはそれをことごとく無視してしまいました。当然のことですが，エリオットは仕事を失い，その後，就職と解雇を繰り返し，やがて兄弟の保護を受ける生活を余儀なくされたのです。

　エリオットの脳は，両半球の前頭葉が損傷されていました。損傷の程度は，右側が左側より大きいことがわかっています。ただ，運動を制御する前頭葉後部の損傷はありませんでした。また，ブローカ野も損傷されていませんでした。したがって，エリオットの行動は正常ですし，発話も問題はありませんでした。エリオットの損傷部位は，前頭連合野に限定されたものだったのです。ここから，彼の社会的行動と意思決定の障害，すなわち社会力の障害は，前頭連合野の損傷によると考えられます。このことは，ゲージの場合にも当てはまることだったとダマシオは指摘しています。

3．社会力としての道徳性

　人の行為が，社会一般に受け入れられている規範や原理に対し自律的に一致する心性を道徳性といいます。道徳性と似た概念に社会的習慣があります。社会的習慣とは，ある社会の人々が習慣について共有している知識のことであり，その社会で人が社会的関係をうまく営むことのできる行動の統一的様式のことをさしています[38]。人がある社会の中でうまく生活していくためには，社会

的習慣を身につけ，それを適切に使うことが必要です。その意味で，社会的習慣は道徳性と近似した関係にあるといえます。

道徳性の発達段階

コールバーグは，認知発達の観点から子どもの道徳性の発達段階を示しています[39]。コールバーグによる道徳性の発達段階は，前慣習の水準，慣習の水準，脱慣習の水準の3水準に分けられ，さらにそれぞれの水準が2つの段階をもつ3水準6段階説になっています（表7-2）。

前慣習の水準では，子どもは自己の行動の結果に方向づけられています。つまり，行動の基準は自分本意で決定され，社会的慣習を考慮に入れないのがこの水準の特徴です。次に，慣習の水準では，子どもは他者の期待および慣習的

表7-2　道徳性の発達段階[39]

段階	《水準1　前慣習の水準》
I	服従と罰への志向：罰せられることは悪く，罰せられないことは正しいとする。 「盗みは罰せられることだから，盗んだことは悪い」
II	手段的欲求充足論：何かを手に入れる目的や，互恵性（相手に何かしてお返しを受ける）のために，規則や法に従う。 「彼が法律に従っても，得るものは何もないし，また，薬屋に何かの恩恵を受けたこともないから，盗んでもよい」
	《水準2　慣習の水準》
III	「よい子」の道徳：他者（家族や親友）を喜ばすようなことはよいことであり，行為の底にある意図に目を向け始める。 「盗みは薬屋はもちろんのこと，家族や友人を喜ばすものではない。しかし，命を助けるために盗んだのだから，正しいと思う」
IV	「法と秩序」志向：正しいか間違っているかは，家族や友人によってではなく，社会によって決められる。法は社会的秩序を維持するために定められたものであるから，特別の場合を除いて従わなければならない。 「法を破った点では，彼は悪い。しかし，妻が死ぬかもしれないという特別の状況にあったのだから，完全に悪いとはいいきれない」
	《水準3　脱慣習の水準》
V	「社会契約」志向：法は擁護されるべきであるが，合意によって変更可能である。法の定めがあっても，それより重要なもの（人間の生命や自由の権利など）が優先される。 「生命を救うために，彼が薬を盗んだのは正しい行為である」
VI	普遍的な論理の原理：生命の崇高さと個人の尊重に基づいた，自分自身の原理を発展させている。大部分の法律はこの原理と一致しているが，そうでない場合には，原理に従うべきである。 「生命の崇高という普遍的な論理の原理は，どのような法律よりも重要であるから，彼が薬を盗んだのは正しい」

注）表では，「盗んだのは正しい」，あるいは「間違っている」とする一方の場合の理由づけの例を示している。しかし，逆の判断に伴う理由づけも，それぞれの水準について同様に成り立ち得る。理解しやすくするために用語を変えたところがある。

な方法で行為することに方向づけられています。つまり，行動の基準が他者の期待承認や社会的慣習に基づいているのがこの水準の特徴です。そして，脱慣習の水準では，子どもは抽象的な道徳的価値と自己の良心に方向づけられています。つまり，行動の基準が他者の期待や社会的慣習に基づくことから，自己の良心と人間の尊重に目覚めるのがこの水準の特徴です。

　これらの水準およびそれに付随する各段階が出現するしくみは，ピアジェの均衡化の概念によって説明されます。つまり，道徳的認知構造は子どもがさまざまな道徳的矛盾（ジレンマ）に直面することによって再組織化されていくと考えられています。また，これらの水準や段階が出現する順序は，文化を超えてすべての人に普遍であるとされています。ただ，発達の速さや最終的にどの段階まで到達するかは人によって異なります。

　道徳性の発達を調べるために，コールバーグは道徳的な葛藤が起こるような場面（道徳的ジレンマ）を物語として聞かせ，それに対する答え方を分析しています。例えば，次のような物語を聞かせるのです。

　「ヨーロッパで，1人の女性が病気で死にかかっていました。医者は，ある薬を飲めば彼女は助かるかもしかないと言いました。その薬はラジウムの一種で，同じ町に住んでいる薬屋によって最近発見されていました。その人は，その薬をつくるのに200ドルもかからなかったのに，10倍の2,000ドルの値をつけていました。この病人の夫のハインツは，薬を買うための金をもっていませんでした。そこで，金を借りようとして知人を何人も訪ねました。しかし，必要な金の半分しか借りることができませんでした。ハインツは，薬をつくった人に，妻が死にかけているので薬を安く売ってくれるか，後払いにしてくれるように頼みました。しかし，その人はハインツの頼みを断わりました。ハインツは絶望的になり，妻を助けるために店に押し入り，薬を盗みました。ハインツは，そうすべきだったでしょうか。どうしてそう思いますか」

　この物語を聞いた人は，ハインツの行為を道徳的にどう判断するのでしょうか。妻の命を守ることは道徳的に大切なことだと考えられるし，その一方で法律を守ることも大切だといえます。物語を聞いた人は，この2つの道徳的価値の間で迷い，葛藤する経験をすることになります。コールバーグは，このような異なる道徳的価値の間で迷い，葛藤する経験が道徳性を発達させると考え

ています。ハインツの物語に対する答え方を，コールバーグの道徳性の発達段階に則して示したものを，表7-2に併せて載せています。

コールバーグの道徳性の発達段階に基づいて考えると，道徳性の発達を促すためには，相手の立場に立って考えることができること，1つ高い道徳発達段階の考えにふれること，自分の行動が引き起こす結果が相手におよぼす影響を推理することなどが大切です[40]。子どもが自らの道徳性を発達させるには，相手の心に気づき，お互いの感じ方や考え方の違いを認め，共感し，さらにより高い水準での問題の解決を図ることが重要であるといえるでしょう。

道徳性と前頭連合野

コールバーグが用いた道徳的ジレンマ課題を使って，それを遂行している人の脳を測定した脳機能画像研究では，前頭連合野および眼窩前頭領域が賦活していることを見出しています[41]。また，身体的暴行シーンを写真で提示した脳機能画像研究でも，同じ領域が賦活することを報告しています[42]。これらの研究は，道徳的判断や道徳的感情が前頭連合野および眼窩前頭領域の働きと関係していることを示しています[43]。道徳的な善悪の判断については，図7-2にあるように眼窩前頭領域，扁桃体，それに頭頂葉と下部側頭葉から情報を受ける上側頭溝の領域で構成される神経ネットワークが関与していることが示されています[44]。

前頭連合野の病変は，人格の変化のほかに情動の不安定，衝動の抑制低下，社会的統合の不良，怒りの爆発，判断力の欠如などの症状を引き起こすことが神経心理学的研究からわかっています。さらに，意欲の低下，自発性の欠如，

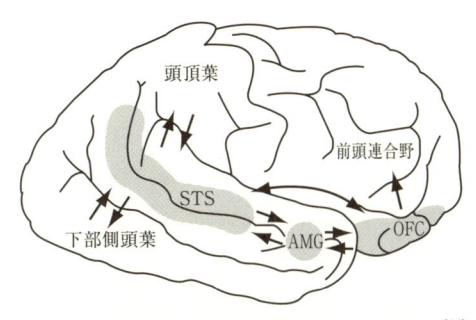

図7-2　社会的認知に重要と考えられている脳領域[44]
（STS：上側頭溝，AMG：扁桃体，OFC：眼窩前頭皮質）

周囲への無関心などの症状もみられます。ここから，前頭連合野は内的情報を統合してそれに一定の判断を与え，その結果に基づいて外界に対して適切に対処する働きをしていると考えられます。つまり，前頭連合野は大脳辺縁系の働きを調節して情動反応を統制し，また大脳辺縁系からの情動情報と大脳皮質からの情報を統合して外界への適応行動をプログラムし，そしてそのプログラムを実行する働きをしているのです。

　こうした前頭連合野の働きが，自己を調整し，外部に対して適応的な判断と行動をとる道徳性および道徳的判断に関係していると考えられます。前頭連合野の領域は，少なくとも子どもの道徳的判断や道徳的感情を統制している重要な脳領域の1つといえるのです。

4．社会力の病理と脳

学校不適応と前頭連合野

　児童期から青年期の時期は，学校不適応として現れる不登校，いじめ，そして非行などの問題行動が生じやすい時期でもあります。これらの問題行動が，脳および脳の発達的形成とどのようにかかわっているかについてはよくわかっていません。ただ，それらの行動が発生する重要な要因の1つに，子どもの社会力の未発達，あるいはその欠如を指摘することができます。社会力の発達にかかわる脳領域として，これまでの研究から最も注目されているのは前頭連合野の領域です。この脳領域が発達的に形成される最重要な時期は，ゴールデンの第5段階（12歳～20歳代半ば）と考えられます。まさに，青年期全体がそこに含まれるのがこの段階といえるのです。

　前頭連合野の成熟は，社会力の発達にかかわるさまざまな高次精神機能の出現を可能にします。例えば，知識を統合することによって思考をプログラミングする働き，感情や行動を統制することによって自己調整を図る働き，あるいは他者の心理を理解し共感する働きなどが顕著になってきます。他者の示す表情やしぐさ，発話の内容，あるいはその場の状況や文脈などから相手の立場を推察し，自分の感情を調整しながら，適切な行動をとって相手との関係を円滑，親密なものにするといった社会力は，その多くが前頭連合野の働きによると考えられるのです。

7章——社会力の育成と脳

　前頭連合野の成熟期にあたる青年期は，それゆえに社会力が大きく伸びる時期であるといえます。しかし，逆にこの時期は，前頭連合野の機能的統制力がまだ弱く不安定な時期であるともいえるのです。そこから，青年期は社会力がまだ弱く不安定であったり，またそれが欠如している時期であるともいえるのです。青年期に社会的不適応が生じやすく，問題行動を引き起こしやすいのは，成熟期を迎える前頭連合野がまだ安定した機能を獲得していないからと考えられるのです。

テレビゲームと前頭連合野

　子どもがテレビゲームを楽しみ，それに多くの時間を費やすのが日常的になっています。1日2時間以上の長時間，テレビゲームをしている小学生は21.6％，中学生は24.9％，高校生は11.9％となっており，中学生では4人に1人が2時間以上テレビゲームをしていることになり，とくに高くなっています[45]。子どもがこれだけ長い時間をテレビゲームに熱中するのは，もちろんそれが気晴らしや逃避の身近な手段となりよい気分にしてくれるということがあるからでしょう。実際にテレビゲームをしているときの脳をPETで調べた研究によると，前頭連合野や大脳基底核の線条体とよばれる部位でドーパミンの放出が約2倍に増えていることが示されています[46]。ドーパミンは神経伝達物質の1つで，これが放出されると快感が生じるのです。したがって，ドーパミンが放出されるような行動は繰り返されやすいのです。このことから，テレビゲームへの依存性が強まることがあるわけです。そうなると，子どもは時間を調整することができなくなり，生活のリズムが崩れてきます。なかでも，睡眠リズムが乱れて就寝時刻が遅くなり，睡眠時間が短くなって朝起きるのが遅くなるといったことが起こりやすくなります。疲労感が強くなり，集中力が低下し，学業への悪影響も現れてきます。家族や友だちとの関係よりもテレビゲームを優先するようになり，対人関係が希薄になってきます。

　大阪府教育委員会が中学生を対象に行った「メディアの利用状況と認知などへの影響に関する調査報告書」（2005年）によると，テレビゲームへの依存傾向が18.7％の中学生にみられることを報告しています。そして，テレビゲームをより長時間利用する中学生ほど依存症状が増すことも併せて指摘されています。テレビゲームとインターネットを合わせて1日30分程度する場合の依存

性に対して，1時間の場合は約1.9倍，2時間の場合は約2.9倍，そして3時間以上になると約5.7倍と，依存性が飛躍的に増大することが示されています。こうした依存性は，先に示した身体・神経症状が顕在化するだけでなく，前頭連合野を中心とした脳機能の低下をもたらすことが懸念されます。テレビゲームは快感をもたらすドーパミンの過剰な放出を促しているのですが，これが長期間続くと脳への影響が懸念され，前頭連合野や線状体の神経細胞の損傷を引き起こすことが考えられます。そうなると，子どもが何ごとにも無気力になり，神経過敏あるいは妄想傾向などの症状が出てくることがあるのです[47]。

　子どもがテレビゲームから離れられない理由には，この他に子どもの定位反応が活性化されるということがあります。定位反応とは，突然の，もしくは新奇な視聴覚刺激に対する本能的な反応のことで，身体が反射的にその刺激の方に向いてしまう反応のことです。具体的には頭の転位，瞳孔の拡張，耳の動きなどの行動面の変化や，脳波，呼吸，心拍などの生理面の変化として現れます。典型的な定位反応としては，脳への血流の増大，心拍数の低下，そして筋につながる血管の収縮などがあげられます。

　テレビゲームによってこのような定位反応の活動が長く続けば，当然疲労は避けられません。長時間テレビゲームをした子どもは，疲労感を覚え，めまいや気分の悪さを訴えることが少なくありません[48]。このことに関連して，1997年に日本で起きた事故があります。それはテレビの「ポケットモンスター」を見ていた子どもが，目の異常，吐き気，あるいはてんかん性の発作などの症状を引き起こして，全国で約700人の子どもが病院に運ばれたというものです。

　原因は，画面に挿入された明滅する閃光刺激（フリッカー刺激）でした。人気キャラクターのピカチューが，目からピカピカと放電光を発して敵のミサイルを爆破した時の閃光刺激が影響したのです。時間にして4秒，10Hzくらいの閃光刺激でした。赤，青，白，黒の点滅光が子どもの脳を刺激し，さまざまな発作の症状を引き起こしたのです。光感受性発作といい，幼児期から思春期にかけてみられることの多い光刺激によって誘発される発作です。光刺激が数秒続くと，四肢がピンと伸び，やがて交互に屈折したり，身体の一部の筋肉がピクピク動いたり，意識がなくなったりします。脳内の発生機序はよくわかっ

ていませんが，海馬と扁桃体の神経細胞の同時興奮が関係しているのではないかとみられています[49]。

この事故に関して，子どもの健康被害の状況，症状発現の背景にある病態，映像側の原因などについて調査したものが報告されています[50]。赤，青，白，黒の色刺激を切り換え刺激として提示し，fMRIで脳の賦活部位を測定した結果をみると，左右後頭葉内側部に著しい賦活が認められ，色に関係するV4領域も賦活していることがわかりました。視覚野を中心にかなり強い賦活のあったことがわかっています。

光感受性発作は，視覚刺激に対する応答を制御する脳機能の欠陥からくると考えられています。視覚野には，閃光刺激のような明滅する光刺激のコントラストを制御する機構があるのですが，発作を起こした子どもたちはそうした制御機構が損なわれているのではないかと考えられます。それが光感受性発作を引き起こした原因と考えられるのです。なお，この発作には先に示したように，海馬，扁桃体などの脳領域も関係しているのではないかという見解も出されています[49]。報告書では，子どもがテレビを見るときは，適度の距離を置いて見ること，部屋を明るくして見ること，長時間見続けさせないことなどが留意点として指摘されています。これらは，子どもがテレビを見るときの一般的な留意点といえるものですが，光感受性発作の素因をもった子どもでは，とくにテレビ視聴によって脳が過度に刺激されないための方法として守る必要があるでしょう。

攻撃性と前頭連合野

他者との相互作用としての対人関係や社会的行動にかかわる機能の1つに，他者に対する攻撃性や従順性があります。攻撃性や従順性は，集団内での個体間の優位関係と結びついており，集団内での社会的行動に影響をおよぼす働きの1つと考えることができます。攻撃行動に関係する主要な脳領域として，大脳辺縁系の扁桃体および視床下部があります。したがって，これらの領域が，対人関係や社会的行動に関係して働いている脳領域の1つである可能性が考えられます。

また，対人関係や社会的行動を円滑に行うためには，人の表情から適切な対人情報を得ることが有効です。これについては，同じく大脳辺縁系の扁桃体が

深く関係しています。扁桃体は，自分にとって危険を与えるかもしれない対象に対しての警報器の役割をしているのです[51]。例えば，恐怖，怒り，嫌悪といった他者の否定的な表情を適切にとらえたり，また危険をもたらすかもしれない見知らぬ人に対する注意を喚起したりといった働きをしています。つまり，社会的行動を方向づける人の表情の識別・判断をしているのが扁桃体であり，したがってこの意味からもこの領域が対人関係や社会的行動にかかわる重要な脳領域の1つであると考えられます[52]。さらに，他者の表情を認知するためには，その前提として顔を識別することが必要です。側頭連合野には，顔細胞とよばれる顔刺激のみに反応する神経細胞があります[53]。このことから，側頭連合野も対人関係や社会的行動にかかわる脳領域の1つであると考えておく必要がありそうです。

　前頭連合野に損傷をもつ患者のほとんどは，対人関係に問題をもつことが指摘されています[54]。前頭連合野が損傷したゲージの脳の症例は，その領域の損傷が運動や言語，そして記憶の働きにほとんど支障がなかったにもかかわらず，人格的な変容をきたし，周囲の人と適切な関係を形成し維持することがきわめて困難になってしまったことを示しています。損傷を受ける前と比べて，ゲージは態度がごう慢になり，気まぐれで礼儀正しさも失ってしまったのです。こうしたことから，前頭連合野も対人関係や社会的行動にかかわる脳領域の1つと考えられます。

　人の攻撃行動の抑制には，前頭連合野の眼窩前頭皮質の働きが関係していると考えられています[55]。眼窩前頭皮質が，恐怖や攻撃衝動発生の源である大脳辺縁系の視床下部と扁桃体を統制することによって攻撃行動を抑制することができると考えられています。眼窩前頭皮質は前頭葉の下側の面にあり，眼球を収めている眼窩に接している前頭連合野領域をさします。眼窩前頭皮質の主な働きは，自己制御（セルフコントロール）と自己モニタリングです。

　したがって，この領域が損傷を受けると衝動性が高まり，自己制御が利きにくくなります。温和な人が短気で怒りっぽくなり，暴力的になってしまうこともあります。また，他者の気持ちを気にせず，自分勝手な発言や行動をとったり，道徳的にもだらしなくなってしまうといったことも起こります。眼窩前頭皮質は，自己の感情や行動を調整し，抑制する働きをしているのですが，それ

を行うには自分の行動を絶えず監視する必要があります。眼窩前頭皮質のもう1つの働きが，この自己モニタリングなのです。衝動を抑えることができず攻撃行動が起こってしまうのは，自分を監視する自己モニタリングの機能がうまく働いていないと考えられるのです。

犯罪と前頭連合野

犯罪と脳機能の異常をPETで計測した研究によると，22人の殺人犯の課題遂行中の脳の賦活を，年齢，性，人数を一致させた一般の人のそれと比較すると，前者が後者よりも前頭葉領域の賦活レベルが低いことが示されています[56]。このことは，情報の理解と統合，思考と行為のプログラミング，そして感情の統制といった前頭葉にかかわる機能が低下していることを意味しています。そして，そのことが例えば学校では子どもが問題行動を起こし，社会では職務怠慢や失業状態などをもたらすことに関係しているとこの研究は指摘しています。さらに，こうした学校や社会における不適応状態が犯罪行為につながっていくと警告しています。

また，激しい暴力行為を示す8人の患者の脳賦活レベルをPETで調べた研究でも，これらの患者が一般の人のそれに比べると，前頭連合野および中側頭回の賦活レベルが低いことを示しています。これらの領域は，攻撃性や衝動性のコントロールに関係しているとみられており，したがってこれらの領域の機能不全は暴力行為を起こしやすくすると指摘されています[57]。さらに，人格障害のために違法行為や攻撃行動を起こした17人の患者の脳機能をPETで測定した研究でも，前頭葉下部の賦活レベルの低いことが示されています[58]。

これらは，犯罪行為，攻撃行動，あるいは問題行動などの反社会的行動が脳の異常，とくに前頭葉の異常と関係していることを示していると考えられます。道徳性にかかわる機能の多くが前頭連合野と関係し，また情動の統制にも同じく前頭連合野が関与していることを考えると，この領域の機能レベルが低下している個人に反社会的行動の発生の可能性が高いという指摘は妥当性をもっていると思われます。青少年犯罪，なかでも凶悪犯罪が目立つ最近の私たちの社会の傾向は，子どもたちの前頭連合野の機能不全と関係しているという見解もよく聞かれます。これに関連して，前頭葉の損傷，中でも腹内側前頭前皮質とよばれる前頭葉の底面（眼窩前頭皮質）と内側面（内側前頭前皮質）にまたが

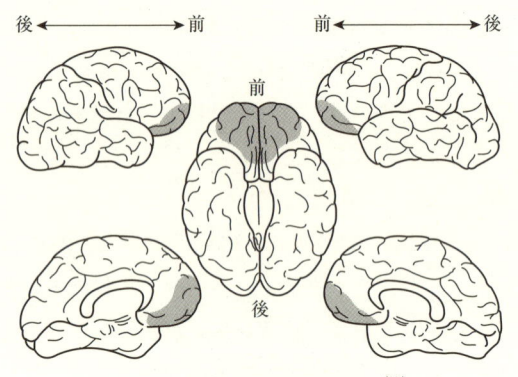

図7-3　腹内側前頭前皮質領域[51]

る領域（図7-3）の損傷が幼少期からあったケースでは，成人になってから損傷を受けたケースに比べると社会的道徳性の獲得が困難なために，その後他者への攻撃行動など反社会的行動が起こりやすいことが示されています[51]。青少年期は前頭連合野のまさに形成過程にあり，そうであるからこそ機能的にまだ不安定な時期であるともいえます。そのことが，青少年の反社会的行動を引き起こす1つの要因になっていると解釈することもできるでしょう。

　最近，子どもがキレるという言い方をよくします。怒りや不満を自分で抑えることができず，発作的に攻撃反応を引き起こしてしまう現象のことをいいます。このキレる行動の脳のしくみには，図6-4で示した二重情動処理システムのうち，情動刺激が視床から直接扁桃体に行く低次経路が，それに該当すると考えられます。通常，情動刺激は視床から大脳皮質を経由して扁桃体に送られ，情動反応を引き起こします。これが高次経路です。しかし，視床まできた情報が大脳皮質を経ずに直接，扁桃体に送られ，情動反応を引き起こしてしまう低次経路があるのです[59]。情動刺激がその高次処理を行う大脳皮質に送られる前に扁桃体を刺激し，暴力行為などの激しい情動反応を引き起こしてしまうので，本人自身は自分が何をしているのかわからない状態になってしまうと考えられます。もちろん，この低次経路の場合でも，通常，大脳皮質，とくに前頭連合野によって情動反応が抑制されるのですが，その機能が高次経路ほど強く働かないのです。さらに，キレる子どもの場合は，前頭連合野によって扁桃体の興奮を抑える力が弱いと考えられます。これらのことが，結果的に重大

7章 社会力の育成と脳

な犯罪行為の発生につながっていると考えられます。

したがって，子どもがキレないためには，前頭連合野の機能を高めることを考えるのが大切です。子ども自身が愛情や友情を受け，自分自身が社会的に受け入れられていることを実感すること，自分自身を肯定的に受け入れられること，こうした社会的喜びが前頭連合野の機能を健全にし，反社会的行動を抑制する力をもつのです。さらに，前頭連合野はコミュニケーション機能，あるいは抽象的，論理的機能の中枢でもあり，したがってこれらの能力を育むことが子どものキレ行動を抑える上で有効だといえます。これらの機能は，子どもが自分の感情を客観的にとらえ，それを表現すること，それを他者に伝えることに深くかかわっているものだからです。

8章 特別支援教育と脳

　学校教育法が改正され，従来の盲・聾・養護学校を障害種を超えた特別支援学校に一本化すること，また小学校，中学校においても特別支援教育を推進することが法律上明確に規定され，2007年4月から施行されました。また，小学校，中学校において，学習障害（LD），注意欠陥多動性障害（ADHD），高機能自閉症（HFA）等を含む障害のある児童生徒に対して適切な教育を行うことも併せて規定されました。

1節　特別支援教育の理解

1．特別支援教育の理念

　義務教育段階における盲学校，聾学校，養護学校および小学校，中学校の特殊学級の在籍者，そして通級による指導を受けている児童生徒の総数が全児童生徒数に占める割合は，2006年5月1日現在で1.9％と報告されています。また，学習障害，注意欠陥多動性障害，高機能自閉症，および学習や生活の面で特別な教育的支援を必要とする児童生徒を調べた「通常の学級に在籍する特別な教育的支援を必要とする児童生徒に関する全国実態調査」（2002年，文部科学省）では，これらの対象児童生徒が通常の学級に約6.3％の割合で在籍している可能性を示しています（図8-1）。全国で約68万人にものぼると推定されています。これが40人学級であれば2.5人程度，つまり1学級に2～3人はこのような特徴をもつ子どもが在籍している可能性があると考えられます。これらの子どもたちは，例えば教科書がうまく読めなかったり，教室で落ち着きがなくじっとしていることができなかったり，あるいはグループ行動がうまくで

8章──特別支援教育と脳

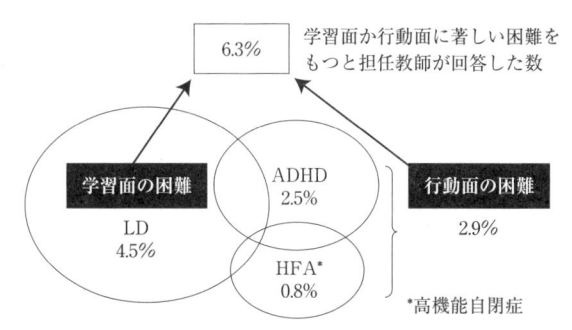

図8-1　通常の学級に在籍する特別な教育的支援を必要とする児童生徒の割合
（6.3%となっているのは3つの症状が重複しているケースがあるため）

- 6.3%：学習面か行動面に著しい困難をもつと担任教師が回答した数
- 学習面の困難　LD 4.5%
- ADHD 2.5%
- HFA* 0.8%
- 行動面の困難 2.9%
- *高機能自閉症

きなかったりといった問題をもっている子どもたちです。まさに，特別な支援を必要としている子どもたちといえるでしょう。これらの児童生徒への対応は，緊急かつ重要な課題と認識されたのです。

従来の特殊教育は，障害の種類と程度に応じて盲・聾・養護学校および特殊学級において行うことを基本としてきました。また，近年その教育的対応が強く求められるようになった学習障害，注意欠陥多動性障害，そして高機能自閉症のような学習や生活に関して特別な支援を必要とする障害は，従来の特殊教育では適切に対応できないという問題もありました。こうした障害をもつ児童生徒に対して，それぞれ教育的ニーズを把握し適切な対応をとるのが特別支援教育であると規定されています[1]。

さらに，学習障害，注意欠陥多動性障害，高機能自閉症などの症状を示す児童生徒が，いじめの対象になったり不適応を起こしたりする場合があり，それがまた不登校につながることもあることから，学校全体で特別支援教育を推進することでいじめや不登校を未然に防ぐことも併せて求められています。そして，これらの児童生徒に対しては障害に関する医学的診断の確定にこだわらず，常に教育的ニーズを把握し，それに応じた指導を行うことが必要です。このような考え方が学校全体に浸透することで，障害の有無にかかわらず学校における児童生徒の学力の向上や人格の育成につながることが期待されているのです。

私たちがめざす社会は，障害の有無にかかわらず一人ひとりがお互いの人格と個性を尊重し，支え合う共生社会です。その中で，学校教育は障害をもつ子どもの自立と社会参加を見通した取り組みを実践することを通して，特別支

教育の目的を果たすことが求められているのです。

2. 特別支援教育と多重知能理論

多重知能理論は，特別支援教育と密接に関係しています。学習障害，注意欠陥多動性障害，高機能自閉症など，さまざまな医学的診断を与えられた子どもたちに，多重知能理論は彼らの内に秘められている能力を呼び起こす方法とそれを支える考え方（理念）を提供するものです。多重知能理論は，障害をもっている子どもをその障害に対応する知能に欠陥があるというとらえ方だけでなく，健全に働いているその他の知能をもっている存在，障害を受けた知能を補償する能力をもっている存在というとらえ方を併せてします。前者を欠陥モデルとよび，後者を成長モデルとよびます[2]。

多重知能理論から成長モデルに立って障害をもつ子どもの教育を考えると，次のようになります。障害をもっている子どもに対して，障害というレッテルを貼らず，特別な支援を必要としている健全な個人として対応する，その子の得意な知能，分野に着目する，できるだけ普通の生活パタンの中で他の仲間との関係をもち続けられるようにする，すべての子どもによいとされる教材や活動を用いる普通学級の教師と連携，協力して仕事ができる体制にする，ということになります。それは，欠陥モデルに立った教育がとる立場，すなわち障害というレッテルを貼り，欠陥をもった個人として扱い，その子の不得意とする知能や分野に着目し，普通の生活から個人を切り離し，障害をもっている子どもだけに適用される教材や活動を用い，普通学級の教師と連携，協力して仕事ができる体制をとらない，という立場とは異なるものです。

特別支援教育を必要としている子どものもつ障害は多重知能の一部にしかすぎず，その障害が他の多くの知能によくない影響を与えているわけではないのだというとらえ方，それが多重知能理論の立場です。多重知能理論は，障害をもっている子どもに対しても「障害もあるが才能もある」というとらえ方をするのです。事実，障害をもちながら才能を開花させた偉人は多くいるのです。物理学者アインシュタインの学習障害，発明家エジソンの注意欠陥障害，同じくベルのアスペルガー障害，そして画家シャガールのコミュニケーション障害，哲学者ニーチェの情緒障害，画家ロートレックの身体障害，作曲家ベートーベ

8章――特別支援教育と脳

表8-1 障害をもった領域の能力を活性化する方法と教材 (2)

障害の領域＼教材	言語的な方法と教材	論理数学的方法と教材	空間的な方法と教材	身体運動的方法と教材	音楽的な方法と教材	対人的な方法と教材	内省的な方法と教材	博物的な方法と教材
言語的障害	テープレコーダー、本を読み取って音声に変える機械	コンピュータ言語（記号化された情報）	象形文字	点字	メロディーにのせた歌詞	読んでくれる人 口述筆記をしてくれる人	何でも自由に書ける／描ける日誌	自然、植物、動物の絵や写真が入った本
論理数学的障害	計算機	算数を教えるためのソフト	絵画 図表	そろばん	分数の3/4を4分の3拍子の音楽を使って教える	算数の家庭教師	自分のペースで学ぶ算数や理科の教育ソフト	科学的な道具を使って自然を観察する
空間的障害	朗読を録音したもの、博物館などの音声ガイドツアー	コンピュータのデザイン・ソフト	虫めがね 地図	凹凸のある地図	音のセンサーがついた杖	介助者	自分がガイドをするツアー	木や花の香りのする庭 動物に触れられる動物園
身体運動的障害	ハウツーものの手引書	バーチャル・リアリティーのソフト	踊りやバレエの振り付けを示した図	車椅子	音楽に合わせてからだを動かす	介助者	ビデオ録画による振り返り	介助犬
音楽的障害	リズミカルに読む詩	作曲できるソフト	音を色に変換する機械	打楽器	テープ CD レコード	引率者	独学で楽曲を学ぶ	自然のさまざまな音を録音する
対人的障害	カウンセラーと話すことによって問題を解決する	認知療法	人間関係をテーマにした映画	サバイバルを体験するコース	コーラスなどの音楽グループ	音楽の先生	セルフ・ヘルプ グループ	自然保護団体
内省的障害	自信をつけるための本	性格の自己評価プログラム	芸術療法	ロッククライミング	音楽療法	カウンセラー	1人の時間を持つ	自然の中で自分を見つめ直す
博物的障害	自然散策ガイド 雑誌『ナショナル・ジオグラフィック』	動・植物を分類する	テレビのネイチャー番組を見る	トレッキング	自然界の音を録音する	プロの自然ガイド／自然保護団体のボランティア活動をする	ペットの世話や庭の手入れをする	キャンピング ハイキング

ンの聴覚障害，政治家トルーマンの視覚障害などは，そのほんの一例です[2]。障害をもっている子どもを欠陥モデルからとらえるのでなく，障害に対応する知能を伸ばしていくとともに，その他の多重知能を育てる中で障害を補償していく，あるいは特異な知能を発掘していく教育の理念と方法というものを多重知能理論は提供しているのです。

　多重知能理論は，成長モデルに立って，障害のある子どもをある特定の知能には遅れがあるものの，その他の知能を有効に使うことで目的を達成することができると考えます。ある知能に発達的な遅れがあったとしても，別の残された知能を活用することで課題や問題を乗り越えていくことができるのです。障害をもつ子どもの知能を開発するための多重知能理論からの方法を表8-1に示しています。障害をもつ子どもが活用できる知能を活かす指導法，教授法を開発することで，その能力を伸ばしていくことができると多重知能理論は考えます。特別支援教育として考えられる学習計画は，普通教育における学習計画と基本的に変わらないということです。その際，授業を進めるときに指導形態や指導時間を普通児よりは例えば人数を少なくするとか，あるいは時間をかけて実施するなどの工夫や配慮をすることが必要でしょう。

2節　発達障害の理解

1．発達障害

　発達障害は，心身の成長期にさまざまな原因が作用して中枢神経系に障害が生じた結果，認知，言語，社会性および運動調整にかかわる高次精神機能が障害されることをいいます[3]。アメリカ精神医学会の『DSM-Ⅳ-TR 精神疾患の診断・統計マニュアル』によれば，発達障害に該当するものとして10の障害があげられています[4]。

　①精神遅滞は，18歳より以前に発症した平均以下の知的機能（IQ70以下）と，同時に適応機能の欠陥または障害により特徴づけられるものをいいます。②学習障害は，子どもの年齢，知能，および受けた教育などから期待される基準よりも，かなり低い学業的機能により特徴づけられるものをいいます。③運

動能力障害には，子どもの年齢，知能などから期待される水準よりもかなり低い協調運動能力により特徴づけられる発達性協調運動障害が含まれます。④コミュニケーション障害は，会話および言語における困難さにより特徴づけられ，音韻障害，吃音症，表出性言語障害などが含まれます。⑤広汎性発達障害は，多彩な領域における発達の重度の欠陥および広汎な障害により特徴づけられ，自閉症，レット障害，アスペルガー障害などが含まれます。

そして，⑥注意欠陥および破壊的行動障害には，不注意および/または多動性-衝動性の顕著な症状により特徴づけられる注意欠陥多動性障害が含まれます。⑦幼児期または小児期早期の哺育・摂食障害は，哺育および摂食における持続的な障害により特徴づけられるものをいいます。⑧チック障害は，音声および/または運動性チックにより特徴づけられ，トゥレット障害，慢性運動性または音声チック障害，一過性チック障害などを含みます。⑨排泄障害には，不適切な場所に繰り返し排尿，排便をする遺尿症と遺糞症が含まれます。⑩その他の障害としてあげられている分離不安障害は，子どもが愛着をもっている人または家から離れることに対する発達的に不相応な過剰不安により特徴づけられるものをいいます。選択性緘黙は，他の状況では話しているにもかかわらず，特定の社会的状況において話すことができないことにより特徴づけられるものをいいます。早期の反応性愛着障害は，ほとんどの状況において著しく障害され，十分に発達していない対人関係によって特徴づけられ，ひどく病的な養育に関連しているものをいいます。常同運動障害は，正常な活動を著しく阻害し，時には自傷を引き起こすかもしれないような，反復し，しばしば駆り立てられるような非機能的な運動行動のことをいいます。

2．軽度発達障害

発達障害の中から，その発症率あるいは障害に対する教育的ニーズの高さ，そして小学校，中学校における特別支援教育の必要性などを考慮して，学習障害，注意欠陥多動性障害，そして高機能広汎性発達障害（高機能自閉症，アスペルガー症候群等）に代表される軽度発達障害を取り上げて考えていきます。つまり，図8-1で示された通常学級に在籍し，特別な支援を必要としている6.3％の児童生徒について取り上げていきます。

軽度発達障害は専門用語ではなく，学習障害児や注意欠陥多動性障害児を特別支援教育の中で扱っていくようになり，それまで法的な支援の対象外にあったこれらの子どもたちを総称する用語として用いられています。ただ，文部科学省は，軽度発達障害という用語が単に障害の程度が軽いといった受け止められ方をされることを危惧して公的には用いていません。軽度発達障害でいう軽度とは，けっして障害の程度が軽いということを意味しているわけではありません。軽度とは，気づきにくい，あるいは気づかれにくいという意味で使われているのです。つまり，軽度発達障害は周囲からみると気づきにくい発達障害，子どもからみると気づかれにくい発達障害といえるのです[5]。ここでは，軽度発達障害をこのような意味で用います。

　学習障害とは，知的発達に遅れがないにもかかわらず，読み・書き・計算などを中心とした学習に遅れのある症状のことをいいます。注意欠陥多動性障害とは，注意散漫で落ち着きがなく，衝動的な行動をとる症状のことをいいます。そして，高機能広汎性発達障害とは知的発達の遅れがない自閉症としての高機能自閉症，あるいはアスペルガー症候群のことをいいます。ここから，学習障害は認知発達の遅れや歪みによる適応障害，注意欠陥多動性障害は行動発達の遅れや歪みによる適応障害，そして高機能広汎性発達障害はコミュニケーション発達の遅れや歪みによる適応障害と考えられています[6]。

　軽度発達障害は，就学前の幼児期において見逃されやすいという問題があります。それは障害の程度が軽いからというより，この時期にはその障害がまだ顕在化していないからといえます。しかし，小学校に入り，集団生活の中で教科の学習が始まると，それぞれの障害による問題が顕在化してくるのです。そうなると学校生活に適応できなくなったり，さまざまな心身症を発症したりといった問題が出てくることになります。そして，思春期以降になって不登校やひきこもりなどの社会的不適応につながることもあります。軽度発達障害の発見が遅れると，学校不適応，社会不適応といった2次的不適応が発生してしまうことになりかねません。そうならないように，軽度発達障害を就学前に適切に発見し，学校生活，社会生活での2次的不適応の発生を防ぐことが大切です。

3節　学習障害と脳

1．学習障害とは

　学習障害（LD: Learning Disabilities）は，基本的に全般的な知的発達に遅れはないにもかかわらず，聞く，話す，読む，書く，計算する，または推論する能力のうち，特定のものの習得と使用に著しい困難を示す障害のことをいいます。学習障害は，その原因として中枢神経系に何らかの機能障害があると推定されるものであり，視覚障害，聴覚障害，知的障害，情緒障害などの障害や，環境的な要因が直接の原因になるものではないとされています。これは，文部省（現文部科学省）が1999年に「学習障害児に対する指導について（報告）」において定義したものです[7]。学習障害については，アメリカ精神医学会の『DSM-Ⅳ-TR　精神疾患の診断・統計マニュアル』においても定義されており，個別試行された標準化検査の成績が，その人の年齢，就学，知的水準から期待されるより著しく低く，学業成績，または日常生活の活動が明らかに障害されている状態と定義されています[4]。

　文部省とDSM-Ⅳの定義に共通しているのは，全般的な知的発達に遅れがないこと，読み，書き，計算，あるいは推論などのうち，特定の機能の習得と使用に困難があること，中枢神経系の機能障害によると推定され，それは全生涯にわたって起こる可能性があることといえます。学習障害の発症率は，DSM-Ⅳでは2〜10％となっていますが，わが国では3〜6％と見積もられています。例えば40人のクラスで考えてみると，1.2人から2.4人の知的発達に遅れはないけれども，学習面や行動面での適応が著しく困難な子どもがいることになります。性差については，男子が女子より多くみられます。男女比は，およそ4〜6対1の比率になるとみられています[8]。

2．学習障害の分類

　学習障害の分類として，認知的情報処理にかかわる障害のタイプから，言語性学習障害と非言語性学習障害に分類する考え方があります。言語性学習障害

は，話しことばの障害（話の理解障害，話すことの障害）と書きことばの障害（読むことの障害，書くことの障害）に分けられます。非言語性学習障害は，視空間認知と視覚運動協調の障害と社会的認知の障害に分けられます。この他に算数障害があり，言語性と非言語性の処理を含む障害と考えられています。

言語性学習障害 聴覚的情報処理機能に遅れがみられ，ことばの理解や表出につまずきのある聴覚性言語障害のタイプ，それに視覚的情報処理機能に遅れがみられ，文字の読み書きにつまずきのある視覚性言語障害のタイプがあります。文字の読みの障害をディスレクシア（難読症）といいます。また，文章の理解や作文などの文章表現などにも困難を示すことが多いとされています。

非言語性学習障害 視空間的認知機能に遅れがみられ，形態や位置関係の認知につまずきがあり，それにともなって運動協調の面にも障害がみられる視空間的認知と視覚運動協調の障害のタイプがあります。これに，対人関係やその場の状況の認知の悪さをもつ社会的認知の障害のタイプが付け加わります。

算数障害 算数の計算または推論などの算数能力が，その人の年齢，知能，教育の程度に応じて期待される水準よりも著しく低い障害のタイプのことをいいます。数学的概念や操作を理解するなどの言語性の障害と，数学的符合や計算記号を認知するなどの非言語性の障害を含みます。算数障害は，読字障害または書字表出障害などの言語性学習障害と重複している場合が多くみられます。

3．学習障害の原因と脳

学習障害の原因については，定義の中で中枢神経系に何らかの機能障害があると推定されるという表現で指摘されています。学習障害は，感覚情報の入力・処理・出力の過程のいずれかで十分に機能が働かないところがあることによって生じると考えられます。中枢神経系のどの部位にどのような機能障害があるのか，現時点では明確に指摘することは難しい状況にあります。しかし，男子の発症率が女子より4～6倍多いことも，この障害が何らかの生物学的な要因をその背景にもっていることを示しています。

学習障害をもたらす原因として，この他の要因も指摘されています。例えば，胎児への薬品，アルコール，ニコチンなどの化学的な影響がある場合，鉄分その他の微量物質，あるいはビタミンの欠乏などの栄養不良の影響がある場合，

また食品添加物や放射線などの影響のある場合などが指摘されています[9]。これらは環境要因の1つといえるでしょう。その他に，親の養育や学校教育などの社会的環境要因によるとする考えや教科に対する学習意欲の欠如，およびそれへの好き嫌いによるとする考えもありますが，これらを学習障害の原因と考えるのは妥当ではありません。

学習障害は，指摘したように脳機能障害との関係が推定されているのですが，脳のどのような障害が学習障害にかかわる機能上の障害に関係しているかはまだ明確ではありません。ただ，子どもの脳障害が脳機能の脆弱性を一般に増大させることは考えられるところです。そのことが言語性発達障害から非言語性発達障害まで，脳の幅広い領域にかかわる機能の障害として現れることと関係しているかもしれません。

読む，書く，計算する，そして推論するといった能力は，いずれも言語機能の局在する優位半球，通常，右利きの人の場合は左半球にかかわる能力といえます。したがって，言語性学習障害あるいは算数障害では，左半球に何らかの障害が存在している可能性が考えられます。8～12歳のディスレクシアの子ども20人を対象にして，言語音の理解を試みる課題を行っているときの血流量をfMRIで測定した研究では，ディスレクシアの子どもが健常児に比べると左半球の角回とブローカ中枢で血流の増加がみられないことが示されています[10]。これに対し，位置関係や方向を認知したり，また自分と相手の置かれた状況を理解したりといった能力は，主として右半球にかかわる能力と考えられます。したがって，これらの視空間的認知能力に何らかの機能障害のみられる非言語性学習障害では，右半球に何らかの障害が存在している可能性が考えられます。

さらに，学習障害児はワーキングメモリの容量が小さいことも指摘されています[11]。ワーキングメモリには，前頭連合野の働きが関係していることがこれまでの研究からわかっています。ワーキングメモリは，情報を一時的に頭に残しておいて，いつでも使うことのできるようにしてある記憶です。したがって，この記憶の働きは学校教育の学習場面だけでなく，日常生活のあらゆる場面で必要とされるものです。学習障害児の場合，前頭連合野の機能が何らかの理由でうまく働いていない可能性が考えられます。この問題も含めて，学習障

害と脳機能との関係については，今後さらに明らかにしていかなければなりません。

4．学習障害の症状

学習障害にみられる症状には，次のような特徴があります。まず，活動水準に異常がみられ，落ち着きがなく，じっとしていることができない多動として現れる場合と，逆に全体に動きがにぶく，ぼんやりしている寡動として現れる場合があります。多動として現れる場合は，授業時間中に静かに机に向かっていることが困難になります。協応運動のまずさがあり，縄跳びしたり，ボールを蹴ったりするような全身を使った運動がうまくできないとか，はさみを使ったり，折り紙を折ったりといった手指を使った操作もうまくないといったように，粗大運動，微細運動，そして身体バランスをとることに問題をもつ傾向があります。そのために学校では体育や図画工作などの教科に困難を示すことが多いのです。

注意を持続することが難しく，持続力に欠ける傾向があり，周囲の刺激に反応しやすい傾向があります。したがって，多くの子どもがいて，多様な刺激をもたらす教室という場は，学習障害児にとって集中できにくい場ともいえます。衝動性があり，がまんすることが苦手なために突然大声をあげたり，かっとなりやすい傾向があります。力をかげんすることが難しく，自分や周囲の人に危険な行動をとってしまうこともあります。

情緒が不安定で緊張感が高く，ささいなことにおびえたり，おどおどしたり，泣いたりといった情緒の不安定な傾向があります。気持ちを切り換えることが苦手で，かんしゃく反応を起こしたりします。固執性があり，特定の活動や話題へのこだわりが強く，1つのことをいつまでも続けて次のことに移れない傾向があります。このため，他の子どもと一緒に活動するときなどに支障をきたし，トラブルを起こしたり，孤立するといったことが生じやすくなります。

認知の偏りがあり，時間や日付の順序を忘れたり，自分のいる場所や道順が覚えられないなど，時間的，空間的認知に偏りや理解の遅れがみられます。また，ワーキングメモリの容量が小さいことが，読み書きの障害，計算や推論の障害などと関係しているのではないかと考えられています[12]。ことばに遅れ

があり，聞くこと，話すこと，読むこと，書くことなどのいずれか，またはすべてに特有な困難があります。そのために，学校での教科の学習が全般的に妨げられる傾向があります。また，ことばの遅れに関連して，計算や推論についても困難を示すことがあります。

学習障害の一般的な特徴は，発達過程で次のように現れてきます。まず，乳児期から幼児期の初めにかけて，ことばの遅れ，注意集中の困難，そして人に対する関心の弱さなどが現れます。これらの特徴から，他者とのコミュニケーションがうまくとれない子ども，落ち着きがない子どものようにみられます。幼児期になると，話しことばの遅れが目立ちはじめ，協応運動がうまくできないなどの運動の遅れや不器用さなども目につきはじめます。

児童期に入ると，読み，書き，算数にかかわる能力の弱さが現れはじめ，粗大運動，微細運動などの協応運動の悪さも現れて，これらが教科の学習に影響をおよぼしていきます。児童期から青年期にかけて，学業成績の低下がはっきりと現れます。それにともなって，子どもは自信を失い，否定的な自己評価をするようになります。このことが，学習障害児の不登校，家庭内暴力，あるいは非行などの問題行動につながっていくと指摘されることがあります[13]。

学習障害として示された一般的な特徴は，子どもの学校での教科の学習を妨げるものといえるでしょう。学校での生活は，学習障害児にとっては好ましいとはいえない事態が多すぎます。1時間ずっと座って教師の説明を聞き続けなければならなかったり，その説明の言語的理解が難しかったり，教科書の文章を理解することもうまくできなかったり，周りの子どもたちの発言や動作に気をとられてしまったり，そして周りの子どもたちの活動に合わせて作業を進めることができなかったりと，学習障害児の周辺には彼らの注意を削ぐ，あるいは混乱させる事態が多様にあります。通常の一斉授業そのものが，学習障害児にとってはかなり厳しい環境といえるのです。

さらに，学習障害は子どもの発達にともなって，2次的障害といえる現象を生み出します。先に示したように，学業成績の低いことから，あるいは対人関係がうまくいかないことから自信をなくし，自己評価を低くしたり，強い劣等感をもったりします。また，学校不適応を起こし，不登校や家庭内暴力などの問題行動を引き起こすこともあります。

5．学習障害への支援教育

　学習障害児への支援教育は，全般的な知的機能には遅れがないにもかかわらず，特定の機能の習得と使用に困難をもつ子どもの治療教育を行うことにあります。学習障害には，何らかの脳機能障害の存在が推定されますが，子どもの脳は大人の脳に比べると可塑性が大きく，したがって個人差はあるとしても治療教育によって障害の程度が改善される可能性は十分考えられます。

　学習障害は，読み書き計算などの学習が始まる小学校に入る頃から症状が出はじめます。また，この頃に周囲の人がその症状に気づくことが多いのです。それまでは普通に育っていると思っていた子どもが，小学校に入って例えば仮名の読み書きができないとか，簡単な計算もできないといったことから，その異常に気づくのです。平仮名を1文字ずつなら読めても単語になると読めなくなる，文字の形のよく似た「は」と「ほ」,「ら」と「ろ」などをまちがえて読む，1文字1音が対応していない「きって」や「ラッパ」などの促音をうまく読めない，作文もうまく書けないといったことが現れてくるのです。

　学習障害児の示す困難を指導領域からみると，読み，書き，算数などの特定機能に関係する学力の障害にかかわる領域，聞く，話すなどのことばの障害にかかわる領域，社会的スキル，社会的認知などの社会性の障害にかかわる領域，協応運動，知覚運動などの運動の障害にかかわる領域，そして注意の集中・持続，多動・多弁などの注意力の障害にかかわる領域のそれぞれの特徴を的確に把握しておくことが治療教育の視点として大切です。学習障害児の支援教育は，個々人の学習障害の特質を明らかにして，話す，聞く，読む，書く，計算するなどの基礎的学習を行う，動作や運動の基本的訓練を行う，人間関係にかかわる社会的スキルの訓練を行うなどの支援が必要ですが，それだけでよいというわけではありません。つまり，現在の学校教育のしくみをそのままにして，学習障害児をそのしくみに合うように教育していくだけでは十分とはいえません。それ以上に必要なのは，学習障害の個別の特性に応じた教育・訓練といえるでしょう。

　その子どもの弱い能力の領域に働きかけてその能力を高める，障害を受けていない能力をうまく利用して学習させる，スモール・ステップで確実に学習を

進める，課題を単純にして成功する経験を積み重ねていく，成功したら必ずほめて自信をつけさせるなどの工夫を続けていく中で，子どもの自信を回復させていくこと，自己評価を高めていくことが何よりも大切だといえるでしょう。

4節　注意欠陥多動性障害と脳

1．注意欠陥多動性障害とは

　注意欠陥多動性障害（ADHD: Attention-Deficit/Hyperactivity Disorder）は，年齢あるいは発達に不釣り合いな注意力，および/または衝動性，多動性を特徴とする行動の障害で，社会的な活動や学業の機能に支障をきたすものとされています。また，7歳以前に現れ，その状態が継続し，中枢神経系に何らかの要因による機能不全があると推定されています。これは，文部科学省が2003年に「今後の特別支援教育の在り方（最終報告）」において定義したものです。

　注意欠陥多動性障害は，アメリカ精神医学会の診断基準である『DSM-Ⅳ-TR 精神疾患の診断・統計マニュアル』においても，その概念が定義されています（表8-2）。不注意症状9項目のうち6項目以上が付帯条件とともに当てはまれば注意欠陥優勢型，多動性・衝動性症状9項目のうち6項目以上が当てはまれば多動性・衝動性優勢型，両者ともに6項目以上（合計で12項目以上）が当てはまれば混合型と診断されます[4]。

　注意欠陥多動性障害の発症率は，DSM-Ⅳでは学齢期の子どもで3～7％と見積もられています。これまで報告されたデータでは，2～17％とばらつきがあります[14]。性差については男子が女子より多く発症し，男女比はおよそ5対1から10対1の比率で報告されています。これは，男子の方が女子より神経系の疾患に対して遺伝的に障害を受けやすいからではないかと考えられます。

2．注意欠陥多動性障害の分類

　注意欠陥多動性障害は，不注意あるいは多動性と衝動性の優位な症状から，次の3つの型に分類されます。

表8-2 注意欠陥多動性障害の診断基準[4]

A. (1) か (2) のどちらか：
 (1) 以下の不注意の症状のうち6つ（またはそれ以上）が少なくとも6か月間持続したことがあり，その程度は不適応的で，発達の水準に相応しないもの：
　〈不注意〉
　（a）学業，仕事，またはその他の活動において，しばしば綿密に注意することができない，または不注意な過ちをおかす。
　（b）課題または遊びの活動で注意を持続することがしばしば困難である。
　（c）直接話しかけられたときにしばしば聞いていないように見える。
　（d）しばしば指示に従えず，学業，用事，または職場での義務をやり遂げることができない（反抗的な行動，または指示を理解できないためではなく）。
　（e）課題や活動を順序立てることがしばしば困難である。
　（f）（学業や宿題のような）精神的努力の持続を要する課題に従事することをしばしば避ける，嫌う，またはいやいや行う。
　（g）課題や活動に必要なもの（例：おもちゃ，学校の課題，鉛筆，本，または道具）をしばしばなくす。
　（h）しばしば外からの刺激によって容易に注意をそらされる。
　（i）しばしば毎日の活動を忘れてしまう。
 (2) 以下の多動性―衝動性の症状のうち6つ（またはそれ以上）が少なくとも6か月間持続したことがあり，その程度は不適応的で，発達水準に相応しない：
　〈多動性〉
　（a）しばしば手足をそわそわと動かし，または椅子の上でもじもじする。
　（b）しばしば教室や，その他，座っていることを要求される状況で席を離れる。
　（c）しばしば，不適切な状況で，余計に走り回ったり高い所へ上ったりする（青年または成人では，落ち着かない感じの自覚のみに限られるかもしれない）。
　（d）しばしば静かに遊んだり余暇活動につくことができない。
　（e）しばしば"じっとしていない"またはまるで"エンジンで動かされるように"行動する。
　（f）しばしばしゃべりすぎる。
　〈衝動性〉
　（g）しばしば質問が終わる前に出し抜けに答え始めてしまう。
　（h）しばしば順番を待つことが困難である。
　（i）しばしば他人を妨害し，邪魔する（例：会話やゲームに干渉する）。
B. 多動性―衝動性または不注意の症状のいくつかが7歳以前に存在し，障害を引き起こしている。
C. これらの症状による障害が2つ以上の状況（例：学校（または職場）と家庭）において存在する。
D. 社会的，学業的，または職業的機能において，臨床的に著しい障害が存在するという明確な証拠が存在しなければならない。
E. その症状は広汎性発達障害，精神分裂病（注：現在は統合失調症），または他の精神病性障害の経過中にのみ起こるものではなく，他の精神疾患（例：気分障害，不安障害，解離性障害，または人格障害）ではうまく説明されない。

不注意優勢型　不注意の度合いが大きく，注意を集中したり，持続することが極端に困難なタイプです。この型は注意欠陥多動性障害全体の27％を占めるとされています[15]。一見すると，物静かで目立ちにくい子どもに見えますが，実際には注意を集中したり，思考を適切にコントロールすることができないことなどによる症状といえます。教師の話も注意を持続して聞くことができず，そこからその指示や課題を適切に理解することも困難になるのです。周りから見ていると怠けているように見えますが，それは状況を適切に理解して，

それに対処するための情報を不注意のために得ることができないことによるのです。

多動性-衝動性優勢型　主として多動性と衝動性の症状がみられ，不注意の症状はあまりみられないタイプです。この型は注意欠陥多動性障害全体の18％を占めるとされています[15]。このタイプは，じっとしていることができず，たえず動き回ったり，手足をそわそわ動かしたり，となりの子どもをつっついたりといったような多動性の行動が多くみられたり，あるいは何も考えずにいきなり行動したり，いったん行動が開始されるとそれを止めることができなかったり，過剰なほどよくしゃべったりといったような衝動性の行動が多くみられます。学齢期に入ると，このタイプの子どもの多くに不注意の兆候が現れて，混合型への移行がみられます。

混合型　注意欠陥多動性障害の多くがこのタイプに属します。つまり，混合型は不注意の症状と多動性・衝動性の症状をともにもっているタイプなのです。この型は注意欠陥多動性障害全体の55％を占めるとされています[15]。混合型は，集団活動場面や課題場面で注意を向けたり，持続したり，あるいは変換したりすることがうまくできないために，適切な行動をとることが困難になります。教室では，席を立って歩き回ったり，大声を出したり，自分勝手な行動をして授業の進行を妨げたり，他の子どもと衝突したりすることが起こります。

3．注意欠陥多動性障害の原因と脳

　注意欠陥多動性障害を引き起こす直接的な原因は，はっきりわかっているわけではありませんが，親のしつけや育て方などの環境的要因ではなく，主として脳機能にかかわる生物学的要因によると考えられています。つまり，脳の構造と遺伝子に何らかの問題があり，それが機能障害を起こすことによって注意欠陥多動性障害が発症するとみられているのです。最近の脳機能画像研究によると，注意欠陥多動性障害に関係していると思われる脳領域は，前頭連合野，小脳の一部，そして大脳基底核の尾状核と淡蒼球です。

　遺伝子の異変も，注意欠陥多動性障害を引き起こす原因の1つと考えられます。これは，注意欠陥多動性障害の子どもの家族を調べた研究によって指摘されています。注意欠陥多動性障害の子どもの兄弟姉妹は，それがない子ども

の家族に比べると5〜7倍の確率で注意欠陥多動性障害を発症していることが示されています[16]。また双生児研究によると，一卵性双生児の一方が注意欠陥多動性障害を発症すると，もう一方が発症する確率は，一卵性双生児でない兄弟姉妹のだれかが注意欠陥多動性障害を発症した場合の残りの兄弟姉妹の発症する確率のおよそ11〜18倍であることも報告されています[17]。

　それでは，どの遺伝子が問題なのかというと，それは脳のドーパミンの使い方に関係する遺伝子と考えられています。ドーパミンは神経伝達物質の1つですが，それが感情や運動にかかわる神経細胞に働きかけて，それらを抑制したり調整したりしているのです。注意欠陥多動性障害の子どもは，この病気をもたない子どもに比べると，ドーパミンに関係する遺伝子に特定の異変を示すことの多いことがわかっています[18]。

　注意欠陥多動性障害の子どもの脳は，一般の子どもに比べると右前頭連合野と大脳基底核の尾状核と淡蒼球の体積が小さいことが示されています[19]。さらに，小脳の虫部も小さいことが示されています。注目されるのは，注意欠陥多動性障害に関係しているとされるこれらの脳領域は，注意にかかわる領域でもあるということです。右前頭連合野は，我慢して注意を散らさないようにする，自意識や時間意識の発達に関係していると考えられています。また，尾状核と淡蒼球は，反射的な反応を抑制して大脳皮質が注意深く慎重な行動をとるのを助け，さらに小脳虫部は動機づけを調整している可能性があると考えられています[16]。脳機能画像研究において，6〜17歳の注意欠陥多動性障害児と7〜18歳の普通児を比較した結果でも，注意欠陥多動性障害児の前頭連合野の機能的賦活が低いことが示されており，前頭連合野領域の注意欠陥多動性障害との関係が指摘されています[20]。

　目標に向かって注意を集中し，衝動的な反応を抑え，達成することに努力するといった活動にかかわる前頭連合野，尾状核と淡蒼球，小脳虫部の組織が小さい注意欠陥多動性障害児で，不注意，多動性，衝動性といった症状が現れるのは理解できます。注意欠陥多動性障害児で，これらの脳組織がなぜ小さくなっているのかはよくわかっていませんが，これらの組織の遺伝子に何らかの異変があるからではないかと考えられています。

4. 注意欠陥多動性障害の症状

　注意欠陥多動性障害には，大きく分けて2つの症状があります。それは，表8-2に示されている不注意の症状と多動性および衝動性の症状です。

　注意を集中したり，持続したりすることが困難なために，例えば勉強や仕事に集中できない，単純な過ちをおかしてしまう，忘れ物が多い，あるいは人の話を聞き続けることができない，最後まで計画を推し進めることができない，周りからの刺激で注意がそれやすいなどの症状を示します。こうした不注意の症状を示す人は一般にもいますが，注意欠陥多動性障害と診断されるのは，不注意の程度が周りと不適応を起こすほど大きい場合をいいます。不注意な人は多くいますが，そうした人が学校や職場で必ずしも不適応を示しているわけではありません。

　静かにじっとしていることが困難なために，授業時間中に席を離れて立ち歩く，あるいは走り回る，また手足を常に動かしている，しゃべりすぎる，そしてはしゃぎすぎるなどの症状を示します。小学校の高学年から中学生になると，教室の中をいつも動き回っているといった多動性は徐々におさまってきますが，手足をせわしなく動かす，もじもじする，となりの子をつっつく，椅子をがたがた揺らす，机の下にもぐり込むなどの多様な多動性の行動がみられるようになり，周りとの不適応を引き起こします。

　人の質問が終る前に出し抜けに答えたり，決められた順番が待てずに割り込んだり，あるいは人の邪魔をしたり，妨害をしたりするといった行動として現れます。結果を考えずに行動してしまう子，せっかちでブレーキのきかない子とみられるケースがこの症状にあたります。ケンカが多く，同級生とのトラブルが絶えないといった，周りとの不適応が目立ちます。

　最近の研究によると，注意欠陥多動性障害は，注意や多動性の障害というよりは，衝動性の障害がその症状のより中心的なものであることが指摘されています。つまり，行動を適切に抑えられないところにこの障害のより本質的なところがあり，不注意や多動性はそのことによる2次的な症状だとみられています[16]。一般に，たいていの子どもはじっとしておれず，動き回っていることが多いものです。また，周りから影響を受けて気も散りやすく，さらに衝動

的傾向も強いものです。しかし，注意欠陥多動性障害の子どもは，他の同年齢の子どもよりこうした行動をより顕著に示し，その結果，周りとの不適応を明確に起こしているところに違いがあります。

注意欠陥多動性障害にみられる典型的な行動パタンは，通常，3歳から5歳の間に現れますが，児童期後期から思春期にかけて発症する場合もあります。症状は年齢とともに改善されると考えられていましたが，注意欠陥多動性障害と診断された158人の子どものうち約3分の2が，20歳代になっても症状が残っていることが報告されています[16]。思春期に入って自己意識に目覚めると，抑うつ症状，ひきこもり，あるいは対人恐怖症状や強迫症状が出てくることもあり，逆に暴力や非行などの反社会的問題行動を引き起こす場合もあります。

5．注意欠陥多動性障害への支援教育

注意欠陥多動性障害にかかわる前頭連合野，尾状核と淡蒼球，小脳虫部の脳領域は，選択的注意，行動の予期，計画性，行動の決定，そして感情のコントロールに関係していると考えられています。注意欠陥多動性障害の子どもに欠けている主要な機能として，ワーキングメモリ，内言，感情・動機づけのコントロール，そして行動の再構築能力があげられます[16]。

ワーキングメモリは，前頭連合野の働きと深く関係していることがわかっていますが，この領域の機能に問題をもつ注意欠陥多動性障害の子どもは，ワーキングメモリを適切に使用することが難しいのです。ワーキングメモリは，課題を実行している間，情報を一時的に頭に残しておいて，いつでも使うことのできる記憶です。それは，その場に合った行動や，ある目標に向かった行動を達成するのには欠かせないものです。つまり，ワーキングメモリはある見通しをもって現在の行動を調整するために必要な機能といえます。しかし，注意欠陥多動性障害の子どもは前頭連合野の機能に問題をもつために，ワーキングメモリを適切に使って現在の行動を計画的に調整することが難しいのです。そのために，ものごとを心に留めておくことができない，過去の事柄を適切に思い出せない，将来の計画を適切に立てることができないといったことが注意欠陥多動性障害児に起こるのです。

内言化された言語機能は，自分の行動だけでなく思考をも調整するようにな

ります。その結果，子どもの内言は論理的な思考を可能にし，さらに自分自身を反省したり，自問自答することも可能にします。しかし，注意欠陥多動性障害の子どもは，こうした自己調整型の内言機能の発達に遅れがみられるのです。したがって，注意欠陥多動性障害の子どもは，論理的に問題を解決していくことや，自分の行為を振り返りそれを反省するといったことが苦手なのです。そのために，自分の行動を規則に合わせて整然と行ったり，自分はどうすべきかを適切に判断するのが難しいといったことが注意欠陥多動性障害児に起こるのです。

感情・動機づけのコントロールは，散漫な感情反応を特定の事柄に注意を集中させたり，目標を達成するのに有効に働きます。また，感情をうまく調整できれば，社会的により適応的な行動をとることもできます。しかし，注意欠陥多動性障害の子どもは，感情・動機づけのコントロールがうまくできないために，注意を集中することが困難で，多動的で衝動的な行動をとってしまいがちです。そのために，すべての感情を人前に表してしまってコントロールすることができない，意欲や動機づけを自分で制御することができないといったことが注意欠陥多動性障害児に起こるのです。

注意欠陥多動性障害は，これらの機能の発達に遅れがあるために，内的な自己調整過程の働きが弱く，あるいは欠如しており，また不適切な行動の抑制ができないことから，不注意，多動性，あるいは衝動性といった症状が生じていると考えられます。行動のプログラミング機能が損なわれている発達障害といえるのです。

注意欠陥多動性障害児への支援教育としては，先に示した機能の治療教育を基本としながら，家庭，学校，関係機関との連携をとる中で，子どもの自尊感情や社会的スキルを向上させていくことが大切です。注意欠陥多動性障害は，中枢神経系の障害によるものであり，親の育て方や学校教育によるものではないという基本認識を，親や教師を含め子どもの周囲にいる人たちが共通にもつことが大切です。不注意，多動性，衝動性などの不適切行動を子どもがやりたくてやっているわけではないということを正しく理解することが必要です。

注意欠陥多動性障害児が周囲から理解され，受け入れられている環境の中で，その子どもにあった指導内容を選択し，達成感が経験でき，自らに自信のもて

るような学習プログラムを実施していくことが望まれます。注意欠陥多動性障害児は、その基本症状のために集団適応に大きな困難をもっています。実際、多くの場面で周囲の人とさまざまなトラブルを起こし、子ども、親、教師などから行動を強く制止されたり、叱られたりといった経験を数多くしています。また、学校での学習場面でも誤り、遅れなどの失敗経験を積み重ねています。こうした経験から、注意欠陥多動性障害児は社会性の形成が弱く、また自分の能力に対する劣等感なども強くもっていることが多いのです。したがって、注意欠陥多動性障害児に対しては、社会的スキルの獲得や基礎的知識と技能の学習を通して自己有能感を育てていくことが大切です。

　これらの学習には、その子ができる課題を行わせるというやり方が有効です。つまり、その子にできることを1つずつ計画的に経験させることが重要なのです。例えば、日記を書く、漢字の練習をする、計算問題をするといった簡単な課題を行わせるのです。うまくできれば、即座にほめる、評価するなどの正の強化を与えることが大切です。それによって、行為の目標や結果を子どもに見えやすくし、やる気を持続することができるからです。注意欠陥多動性障害児の場合、子どもにとって比較的容易な課題を実践し、行動面で自分をコントロールできるといった経験を通して、少しずつ自信をつけさせることが大切なのです。

　その際、課題内容、課題の量、教え方などについて、注意欠陥多動性障害児の個別的な状態に応じて対応することが必要です。例えば、教室で静かに黙って教師の説明を聞いて理解することは困難でも、人とのやりとりの中で具体的な活動を通して学ぶことはできることも多いのです。また、一度に多量の学習を求めるのではなく、スモール・ステップの原理に従って、少しずつ確実に学習を進めるのが効果的です。この方法は、注意を持続する時間も短くてすみ、そのことが注意欠陥多動性障害児にとっては学習を効果的なものにするのです。学習を続けることが困難になったら、無理に続けさせるのではなく、場所を変えて別のことをしてもよいなど、柔軟に対応することも必要です。

5節　高機能広汎性発達障害と脳

1．高機能広汎性発達障害とは

広汎性発達障害

　広汎性発達障害（PDD: Pervasive Developmental Disorder）とは，相互的な社会関係とコミュニケーションのパタンにおける質的障害，および限局した常同的で反復的な関心と活動によって特徴づけられる障害のことをいいます。つまり，社会性の発達に異常や遅れがみられ，興味・関心の範囲が狭く，想像力の発達に遅れがみられる障害をさしています。

　広汎性発達障害の中核をなすのが自閉症です。自閉症は3歳までに現れ，他人との社会的関係の形成の困難さ，ことばの発達の遅れ，興味や関心が狭く特定のものにこだわることを特徴とする行動の障害であり，中枢神経系に何らかの要因による機能不全があると推定されています。これは，自閉症について文部科学省が2003年に「今後の特別支援教育の在り方（最終報告）」において定義したものです。

　アメリカ精神医学会の『DSM-Ⅳ-TR　精神疾患の診断・統計マニュアル』における自閉症は，対人的相互反応の障害，コミュニケーションの障害，および行動，興味，活動の範囲が明確に制限されていることの3つの症状が，発達初期から現れるものと定義されています[4]。①対人的相互反応の障害とは，例えば親を求めない，目が合わない，抱かれるのを喜ばない，平気でどこかへ行ってしまう，周囲の人と交わろうとしない，相手の気持ちを理解することが苦手などの相互的な対人関係に欠陥のあることをいいます。②コミュニケーションの障害とは，例えばことばの発達の遅れ，反復的なことば（オウム返し）の使用，抽象的言語理解の困難，会話による気持ちの交流の困難，身ぶりや表情を使うのが苦手など，言語的，非言語的コミュニケーションの使用にかかわる異常のことをいいます。③制限された行動，興味，活動の範囲とは，例えばくるくる回る，手を振るなどの反復的，常同的行動，特定のものにだけ著しい興味を示す局限的行動，順番やものの位置，あるいはスケジュールへの強い固

執行動などのこだわり行動のことをいいます。このこだわり行動のために，新しいことをやりたがらない傾向があります。

自閉症の有病率は，DSM-Ⅳによれば10,000人に対して5人となっていますが，わが国では1,000人に対して約1人と見積もられています[21]。性差については男子が女子より多く，男女比はおよそ3〜4対1の比率になっています[22]。

高機能広汎性発達障害

高機能広汎性発達障害（HFPDD: High Functioning Pervasive Developmental Disorders）とは，知的発達の遅れをともなわない広汎性発達障害のことをいいます。高機能広汎性発達障害には，高機能自閉症とアスペルガー症候群，そして非定型自閉症（自閉症の3つの症状が揃わないなど定型的でない自閉症）が含まれます。このうち，高機能自閉症とアスペルガー症候群は，学習障害，注意欠陥多動性障害とともに，その発症率あるいは障害に対する教育的ニーズの高さから，小学校および中学校において特別支援教育が強く求められるものとなっています。

2．高機能広汎性発達障害の分類

高機能自閉症

高機能自閉症（HFA: High Functioning Autism）とは，3歳くらいまでに現れ，他人との社会的関係の形成の困難さ，ことばの発達の遅れ，興味や関心が狭く特定のものにこだわることを特徴とする行動の障害である自閉症のうち，知的発達に遅れをともなわないものをいいます。高機能自閉症は，中枢神経系に何らかの要因による機能不全があると考えられています。これは，文部科学省が2003年に「今後の特別支援教育の在り方（最終報告）」において定義したものです。ここでいう高機能とは知的発達の遅れをともなわないという意味であり，IQでいえば70以上であることを基準にしています。したがって，高機能自閉症児は，知的障害はないか普通以上の知能をもっていますが，社会的・対人的な判断や行動が適応的でなく，人間関係でつまずきやすい特徴をもっています。その障害が外部からは見えにくいために高機能自閉症と認識されないこともあります。親のしつけが悪いとか，子ども自身の努力が足りないなどとみられやすく，そのため2次的な情緒障害や精神病のような症状を発症する

こともあります。思春期以降の心身の発達的変化を経験する中で，そうした社会的不適応や精神病のような症状が発生しやすいとみられています。

アスペルガー症候群

　高機能広汎性発達障害に分類されるアスペルガー症候群は，自閉症の特性の中で知的発達の遅れをともなわず，さらにことばの発達の遅れもともなわないものをいいます。アスペルガー症候群の子どもは，対人関係の障害とともに，他者に共感し他者の気持ちを推測する能力，すなわち心の理論の獲得に遅れがあるところにその症状の特徴があると考えられています。さらに，特定のものに強いこだわりを示したり，運動に不器用さを示すこともあります。男女差もみられ，男子が全体の4分の3を占め，女子より発症率の高いことが知られています。

高機能自閉症とアスペルガー症候群の異同

　高機能自閉症とアスペルガー症候群との違いについては議論が行われているところですが，いくつかの相違点も指摘されています。例えば，高機能自閉症では興味関心のもち方についてその内容が一般的でないのに対し，アスペルガー症候群では興味関心の程度が強すぎるところに特徴の違いがあるとみられています[23]。また，高機能自閉症では心の理論の獲得に問題がみられるのに対し，アスペルガー症候群では高機能自閉症に比べると心の理論の獲得はややよいとみられています[24]。さらに，高機能自閉症には言語発達の遅れがみられますが，アスペルガー症候群には一般的な言語発達の遅れはみられません。ただ，アスペルガー症候群の子どもは，健常児に比べると話されたことばがあまり流暢ではない，会話の内容に筋が通っていない，話が独りよがりであるといった特徴がみられます。

3．高機能広汎性発達障害の原因と脳

高機能広汎性発達障害と脳

　高機能広汎性発達障害の原因については，現在のところ明確なことはわかっていません。脳機能障害としては，前頭葉，側頭葉，そして小脳の異常が報告されていますが，すべての例でみられるわけではなく，その意味付けは確定しているわけではありません[25]。

高機能広汎性発達障害を含む広汎性発達障害が，他者にも心があることを理解し，その働きを推測する能力の発達に遅れがあること，すなわち心の理論の獲得に問題のあることが指摘されています。広汎性発達障害児が他者と社会的にうまくかかわれないのは，心の理論が欠如しているからだと考えられているのです[26]。自閉症児が心の理論課題遂行に顕著な遅れを示すことが指摘されていますが[27]，同様な結果が高機能自閉症児でも報告されています[28]。

　そうだとすれば，高機能広汎性発達障害を含む広汎性発達障害ではどのような脳機能障害が起こっているのでしょうか。この問題について考えるとき，1つ手がかりとなるのが7章2節でふれたミラーニューロンの働きです。高機能広汎性発達障害を含む広汎性発達障害でうまく働いていない脳機能は，ミラーニューロンの働きと密接にかかわっていると考えられます。ミラーニューロンは，他者の行為を自分の心の中でシミュレーションすることによって，他者の気持ちや意図といったものを推測する働きをしています。他者への共感や思いやりは，脳の中のミラーニューロンによって生み出されると考えられているのです。

　ミラーニューロンは模倣行動にも働いています。子どもが他者の行為や態度，あるいは表情をまねることを通して学習できるのもミラーニューロンが働いているからと考えられるのです。ことばの獲得にも，他者の話しことばをまねることによる学習が働いており，ここにもミラーニューロンが働いていると考えられます。さらに，自分自身を客観的に見ることにもミラーニューロンが働いているとみられます。自分を認識し，理解するのにもミラーニューロンは大切な働きをしているのです。これらの働きをするミラーニューロンは，前頭連合野および側頭連合野領域に多く存在することが示されています。

　ミラーニューロンは，他者理解力，模倣能力，言語能力，そして自己理解力に働く脳組織と考えられるのですが，これらの能力の多くが基本的に高機能広汎性発達障害を含む広汎性発達障害に欠如している能力，あるいは発達が遅れている能力といえます。したがって，高機能広汎性発達障害を含む広汎性発達障害の主要な症状が，ミラーニューロンの機能不全によって生じているのではないかという仮説が提案されているのです。そうだとすれば，ミラーニューロンの機能を計測する技術を開発することで，高機能広汎性発達障害を含む広汎

性発達障害の早期発見に貢献することが期待されます。さらに、ミラーニューロンの機能を回復する方法を構築することによって、高機能広汎性発達障害を含む広汎性発達障害を効果的に治療できる可能性が出てくると期待されます。

自閉症と脳

　高機能自閉症およびアスペルガー症候群は、自閉症の症状と比べると知的発達の遅れがみられない（高機能自閉症）、あるいはさらに言語発達の遅れもみられない（アスペルガー症候群）といった違いはありますが、これら高機能広汎性発達障害は、対人関係などの社会性の発達に遅れ、あるいは歪みがみられるという自閉症に現れる特徴を共通にもっています。そこで、自閉症に関する原因とその脳機能障害について併せてみていくことにします。

　自閉症は、脳の障害によって引き起こされた認知や言語の機能障害を基盤にして発症するとみられています。言語と認知の障害が、自閉症児の社会性の欠如やコミュニケーション機能の障害を生み出していると考えられているのです[29]。このように、自閉症は何らかの脳の発達異常ないし機能障害を基盤とした症状であると考えられるのですが[30]、自閉症にかかわる脳内メカニズムについては、明確にわかっているわけではありません。これまでに指摘された自閉症にかかわる脳領域の疾患は、前頭葉の障害、側頭葉の障害、頭頂葉の障害、連合野の障害、小脳の障害、大脳辺縁系の障害、脳幹の障害、さらに脳の優位半球の欠如、右脳の障害、大脳皮質の形態的障害など多様です。自閉症そのものが多様な機能障害をともなうことを考えれば、このように脳の多領域にわたる疾患が指摘されるのもうなずけるところです。

　そうした中で自閉症にかかわる比較的有力な脳疾患として、大脳辺縁系と小脳の異常が指摘されています[31]。大脳辺縁系については、前方の扁桃体と海馬を中心に通常より小さい神経細胞が密集して、これらの部位が発達不良の状態にあることが示されています。小脳については、皮質のプルキニエ細胞の数の減少が認められ、これは先天的病変によるものと指摘されています。これらの脳の異常を自閉症の症状と結びつけるのは容易ではありませんが、大脳辺縁系は情動と記憶に関係していることから、自閉症における社会性の障害やコミュニケーション障害の一部が、大脳辺縁系の異常と関係のあることを指摘する見解が出されています[32]。なかでも扁桃体は、もともと対人的関心、愛着行

動などの形成と解消にかかわる機能をもっています。自閉症は、これら対人行動にかかわる社会性の機能障害を示す疾患であるともいえます。さらに、自閉症の症状は、2歳を過ぎる頃から現れることが多いのですが、扁桃体の機能もこの頃から顕在化するのです。これらのことから、扁桃体は自閉症と関係の深い脳領域ではないかとみられています[33]。

またPETによる脳機能画像研究によると、自閉症の事例で前頭葉、視床、小脳の歯状核におけるセロトニン合成の低下が指摘されています[34]。これは、自閉症において、小脳歯状回－視床－前頭葉皮質の経路に関して特異的な生化学的障害が存在することを示唆しています[32]。自閉症にかかわる脳研究は、今後、PETやfMRIなどの脳機能画像研究によって大きく進展することが期待されています。例えば、平均年齢7.5歳の一卵性双生児（男児）のうち、一方が自閉症を発症し、他方が発症しなかった児童の脳画像を比べてみると、自閉症児は扁桃体、小脳、海馬、尾状核の体積が減少していることが示されています[35]。これらは、それぞれ自閉症と密接な関係が指摘されている脳領域です。このような研究を積み重ねることによって自閉症にかかわる脳領域が明らかになれば、社会性や集団行動の形成に関係する脳領域、およびその脳内メカニズムも併せて解明される可能性が出てくるのではないかと期待されます。

4．高機能広汎性発達障害の症状

高機能広汎性発達障害が示す症状の特徴は、基本的に自閉症児がもつそれに似ているところがあります。

他者の表情が読めないとか、その場の雰囲気をうまくつかめないために対人関係をうまくもつことが困難です。友だちと仲良くしたいのに、関係をうまくつくれないのです。相手の考えや気持ちを察することなく行動をとったり発言をしてしまうために、相手を傷つけたり、相手と衝突してしまいがちです。ことばの使用はできていても、相手のことばから言外の気持ちを汲み取ることは難しく、またことば通りに受け止めてしまうために冗談が通じにくいといったことが起こりがちです。

ことばは、自閉症に比べればよい状態にあるといえるのですが、話し方の面で特徴があります。一般にあまり抑揚のない平板な話し方をすることが多く、

感情がこもっていないので聞き取りにくいといったことが起こります。また，頭から声が突き抜けるような高いトーンで話すことがあります。多弁だけれどもその場の空気が読めず，相手の気持ちを理解しないで一方的に話してしまう傾向があります。一方，難しいことばや漢字表現を好んで使うこともあります。

興味や活動の範囲が狭く，特定のことに強いこだわりをもつ傾向があります。こだわると，他のことができなくなってしまうことがあります。一方，1つのことに興味をもち没頭することで高い能力を発揮することもあります。想像力に限りがあるために，融通性のない考え方や行動をとる傾向があり，また自分なりの独特の手順があって，それを変えることを嫌う傾向があります。

5．高機能広汎性発達障害への支援教育

高機能広汎性発達障害は，社会性やコミュニケーション障害をもっていることから，適切な対人関係を築くことがとくに困難です。したがって，高機能広汎性発達障害への支援教育としては，対人関係を築くためのトレーニングが必要です。高機能広汎性発達障害は，対人的関係やコミュニケーションに発達の遅れや歪みをもっており，それは心の理論の機能不全と密接にかかわっていると考えられています。

社会的スキル訓練

高機能広汎性発達障害児には社会的スキル訓練が有効な支援教育の1つになるといえます。高機能広汎性発達障害児への社会的スキル訓練は，周りの人との適切な人間関係をつくれないのはじょうずなやり方を知らないからで，必要なスキルを訓練を通して教えていけば改善できる，という立場で行われます[36]。社会的スキル訓練の指導方法には，どのようにするかを直接教える教示，モデルを見せて学ばせるモデリング，自分で実際にやってみさせるリハーサル，そして子どもが行ったことに対し周りからほめたり，修正したりするフィードバックなどがあります。

知的レベルに大きな問題をもたない高機能広汎性発達障害児の場合，社会的スキル訓練をするときには，なぜその訓練が必要なのか，その子どもにとってなぜやる意味があるのかということを教えないといけません。やり方を具体的な順序に従って覚えることで，実際に行動に移すことができるようになるので

す。もちろん，スキルを知識としてもっているだけでは十分ではありません。それを実際場面で使っていくように指導することが大切です。その際，適切にフィードバックを与えてスキルの定着を図ること，さらに他の場面にも適用していくよう促すこと（般化）も忘れてはいけません。

　このような社会的スキルを育てることが，高機能広汎性発達障害児の心の理論欠如を改善していくことになります。彼らの社会性の障害は，心の理論の発達の遅れ，歪みによるものと考えられるので，発達の早期の段階で心の理論を育てることが大切です。そのために，仲間をつくり，コミュニケーション能力を育み，他者の立場に立って相手の考え，気持ちを理解する能力を育てていく訓練を行うことが大切です。こうした社会的スキル訓練を実施するときには，指導者が子どもの実際の行為に対し，事前に教示を与え，モデルを示し，フィードバックを適宜に与えることが大切です。

認知的支援法

　高機能広汎性発達障害児は，ことばや抽象的思考に発達の遅れがあることから，それを補うために具体的な手がかりを与えることが効果をもちます[36]。とくに指導や訓練を行うときに実際に目に見えるように手がかりとなる情報を提示すると効果があります。これを「視覚化」といいます。学ぶべき規則や事柄，手順や日程などを絵にしてカードで示すなどの視覚的手がかりを与えることで，子どもの理解力が高まるのです。

　手順や日程を具体的に示すと，子どもはその後の事態についてある程度「見通し」をもって取り組むことが可能になります。高機能広汎性発達障害児は，新しい場面や課題，他者に直面するとどうしていいかわからなくなり，パニック状態に陥ってしまうことがあります。そうならないためにも，事前にその後の見通しを立てられるように指導することが大切です。興味のあることに没頭して時間の経つのを忘れてしまうような子どもに，あらかじめ何時に終わるように教示しておくことで，見通しをもってその作業を行わせることが大切です。終わりの時間の少し前に知らせを入れれば，効果はさらに高まります。

　子どもが行った行為に対し良い悪いのフィードバックを与えることが，その行為の定着に効果をもちます。しかし，高機能広汎性発達障害児はことばを通して相手の真意をうまく汲み取ることが難しいために，どの行為がなぜよかっ

たのか，また悪かったのかを適宜，具体的に知らせることが大切です。他者からの「具体的評価」によって，子どもの学習力が高まるのです。

高機能広汎性発達障害児は，想像力に遅れや歪みがあり，またその場の空気をうまく読むのが困難です。したがって，子どもがその場の状況に合わせて自立した活動ができるように，環境を構造化することが必要です。環境の構造化とは，子どもの周囲で何が起こっているのか，そして一人ひとりの機能に合わせて何をどうすればよいかを，子どもにわかりやすく提示する方法のことをいいます[36]。この環境の構造化を支援するのがTEACCH（Treatment and Education of Autistic and related Communication handicapped CHildren）です。

「TEACCH」は，ノースカロライナ大学のショプラーが自閉症，高機能自閉症，アスペルガー症候群の子どものために開発した支援プログラムです[37]。「自閉症および関連するコミュニケーション障害の治療と教育」プログラムといわれています。TEACCHは「ティーチ」とよびます。このプログラムでは，小児自閉症評定尺度によって自閉症の診断を行い，心理教育診断検査によって発達的変化を測定するようになっています。TEACCHは，社会的スキルを高める内容，親との連携によって日常的スキルを高める内容，そして自閉症児の認知特性をふまえた内容から構成されています。

TEACCHプログラムの基本原理は，次の点にあります[38]。①自閉症の特性を理論よりも実際の子どもの観察から理解すること，②自閉症の治療教育は，親（家族）と専門家の親密な協力関係の上で実施すること，③子どもに新たなスキルを教えることと，子どもの弱点を補うように環境を変えることで，子どもの適応能力を高めること，④個別の教育プログラムを作成するために正確な評価をすること，⑤構造化された教育をすること，⑥認知理論と行動理論を重視すること，⑦現在もっているスキルを正確に認識し，それを生かすとともに，弱点や欠点を正しく受け止めること，⑧療育者は，スペシャリストを超えて自閉症の子どもの援助全般を行うジェネラリストであること，そして⑨生涯にわたるコミュニティに基盤をおいた援助であることです。

TEACCHプログラムがめざすところは，親と協力して自閉症児および関連するコミュニケーション障害児の社会的自立を保障する社会的，職業的スキル

の学習とその獲得にあります。つまり，これらの子どもたちが社会の中で有意義に暮らし，できるだけ自立した生活をすることを目的として開発されたプログラムなのです。

引用文献

【1章】
(1) 子安増生　2001　多重知能理論からみた教育改革批判　西村和男（編）　「本当の生きる力」を与える教育とは　日本経済新聞社, Pp.138-172.
(2) 安彦忠彦　2005　脳科学的観点から見たカリキュラム開発　早稲田大学大学院教育学研究科紀要, **15**, 1-16.
(3) 高橋　超　2002　生徒指導の教育的意義と課題　松田文子・高橋　超（編著）　生きる力が育つ生徒指導と進路指導　北大路書房, Pp.1-18.
(4) 新堀通也　1997　「生きる力」の探究─「生き方」と「心の教育」　小学館
(5) 倉石精一　1978　教育心理学の成立　倉石精一・苧阪良二・梅本堯夫（編著）　教育心理学　改訂版　新曜社, Pp.1-9.
(6) 桜井茂男　2004　教育心理学とは　桜井茂男（編）　たのしく学べる最新教育心理学　図書文化, Pp.11-21.
(7) 永野重史　1997　教育評価とは何か　永野重史（編）　教育心理学─思想と研究　放送大学教育振興会, Pp.127-138.
(8) 桜井茂男（編）　2004　たのしく学べる最新教育心理学　図書文化
(9) 梶田叡一　1995　教育心理学研究者は実践現場とどう関わるか　梶田叡一（編著）　教育心理学への招待　ミネルヴァ書房, Pp.223-235.
(10) Norman, D. A.　1980　Twelve issues for cognitive science. *Cognitive Science*, **4**, 1-32.
(11) ブルーアー, J. T.　森　敏昭・松田文子（監訳）　1997　授業が変わる─認知心理学と教育実践が手を結ぶとき　北大路書房
(12) ブランスフォード, J. D.・ブラウン, A. L.・クッキング, R. R.　森　敏昭・秋田喜代美（監訳）　2002　授業を変える─認知心理学のさらなる挑戦　北大路書房
(13) Simon, H. A.　1996　Observations on the sciences of science learning. Paper prepared for the committee on developments in the science of learning for the sciences of science learning: An interdisciplinary discussion.
(14) 伊藤正男　1993　脳と心を考える　紀伊國屋書店

【2章】
(1) 「脳科学と教育」研究検討委員会　2002　「脳科学と教育」研究に関する検討：中間取りまとめ（2002年）　文部科学省
(2) 「脳科学と教育」研究検討委員会　2003　「脳科学と教育」研究の推進方策について（2003年）　文部科学省
(3) OECD教育研究革新センター（編著）　小泉英明（監修）　2005　脳を育む─学習と教育の科学　明石書店
(4) OECD-CERI　2000　Preliminary synthesis of the first high level forum on learning sciences and brain research: Potential implications for education policies and practices: Brain mechanisms and early learning. New York: Sackler Institute, www.oecd.org/dataoecd/40/18/15300896.pdf.
(5) OECD-CERI　2001　Preliminary synthesis of the second high level forum on learning sciences and brain research: Potential implications for education policies and practices: Brain mechanisms and youth learning. City of Granada: University of Granada, www.oecd.org/dataoecd/40/40/15302628.pdf.
(6) OECD-CERI　2001　Preliminary synthesis of the third high level forum on learning sciences and brain research: Potential implications for education policies and practices: Brain mechanisms and learning in aging. Tokyo: RIKEN Brain Science Institute, www.oecd.org/dataoecd/40/39/

15302896.pdf.

【3章】
（1）永江誠司　2004　脳と発達の心理学―脳を育み心を育てる　ブレーン出版
（2）マクリーン, P. D.　法橋　登（訳）　1994　三つの脳の進化―反射脳・情動脳・理性脳と人間らしさの起源　工作舎
（3）生田　哲　2002　脳の健康　講談社
（4）Gross, C. G.　2000　Neurogenesis in the adult brain: Death of a dogma. *Nature Review Neuroscience*, **1**, 67-73.
（5）石　龍徳　2002　大人の脳でもニューロンは新生する　松本　元・小野武年（編）　情と意の脳科学　培風館, Pp.108-136.
（6）久恒辰博　2007　大人にもできる脳細胞の増やし方　角川書店
（7）Mann, M. D.　1984　The growth of the brain and skull in children. *Developmental Brain Research*, **13**, 169-178.
（8）久保田　競　1986　心のしくみと脳の発達　朱鷺書房
（9）ハーリー, J.　西村辨作・原　幸一（訳）　1996　よみがえれ思考力　大修館書店
（10）大野耕策　1996　脳を作り脳を育てる遺伝子　共立出版
（11）川島隆太　2002　高次機能のブレインイメージング　医学書院
（12）小泉英明　2000　脳を育む―学習と教育の科学　科学, **70**, 878-884.
（13）Flechsig, P. E.　1896　*Gehiru und Seele*. Leipzig: Veit und Campagnie.
（14）Yakovlev, P. I., & Lecours, A. R.　1967　The myelogenetic cycles of regional maturation of the brain. In A. Minkowski (Ed.), *Regional development of the brain in early life*. Oxford: Blackwell Science Publications, Pp.3-70.
（15）時実利彦　1970　人間であること　岩波書店
（16）Golden, C. J.　1981　The Luria-Nebraska Children's Battery: Theory and formulation. In G. W. Hynd & J. E. Obrzut (Eds.), *Neuropsychological assessment and the school-age child*. New York: Grune & Stratton, Pp.277-302.
（17）池谷裕二　2001　記憶力を強くする―最新脳科学が語る記憶のしくみと鍛え方　講談社
（18）Bliss, T. V. P., & Lφmo, T.　1973　Long-lasting potentiation of synaptic transmission in the dentate area of the anesthetized rabbit following stimulation of the perforant path. *Journal of Physiology*, **232**, 331-356.
（19）カーター, R.　藤井留美（訳）　1999　脳と心の地形図―思考・感情・意識の深淵に向かって　原書房
（20）スクワイア, L. R.　河内十郎（訳）　1989　記憶と脳―心理学と神経科学の統合　医学書院
（21）Chelune, G. J., & Baer, R. A.　1986　Developmental norms for the Wisconsin Card Sorting Test. *Journal of Clinical and Experimental Neuropsychology*, **8**, 218-228.
（22）苧阪直行　1998　心と脳の科学　岩波書店
（23）船橋新太郎　2000　ワーキングメモリの神経機構と前頭連合野の役割　苧阪直行（編）　脳とワーキングメモリ　京都大学学術出版会, Pp.21-49.

【4章】
（1）OECD教育研究革新センター（編著）　小泉英明（監修）　2005　脳を育む―学習と教育の科学　明石書店
（2）Lorenz, K.　1965　*Evolution and modification of behavior*. Chicago: University of Chicago Press.
（3）レヴィン, F. M.　竹友安彦（監修）　西川　隆・水田一郎（監訳）　2000　心の地図―精神分析学と

神経科学の交差点　ミネルヴァ書房
（4）塚原仲晃　1987　脳の可塑性と記憶　紀伊國屋書店
（5）レネバーグ, E. H.　佐藤方哉・神尾昭雄（訳）　1974　言語の生物学的基礎　大修館書店
（6）Krashen, S.　1978　Lateralization language learning and the critical period: Some new evidence. *Language learning*, **23**, 63-74.
（7）Kinsbourne, M.　1975　The ontogeny of cerebral dominance. *Annals of the New York Academy of Science*, **263**, 244-250.
（8）永江誠司　1999　脳と認知の心理学—左脳と右脳の世界　ブレーン出版
（9）粟屋　忍　1987　形態覚遮断弱視　日本眼科学会誌, **91**, 519-544.
（10）Pantev, C., Oostenveld, R., Engelien, A., Ross, B., Roberts, L.E., & Hoke, M.　1988　Increased auditory cortical representation in musicians. *Nature*, **392**, 811-814.
（11）Elbert, T., Pantev, C., Wienbruch, C., Rockstroh, B., & Taub, E.　1995　Increased cortical representation of the fingers of the left hand in string players. *Science*, **270**, 305-307.
（12）Johnson, J. S., & Newport, E. L.　1989　Critical period effects in second language learning: The influence of maturational state on the acquisition of English as a second language. *Cognitive Psychology*, **21**, 60-99.
（13）Kim, K. H. S., Relkin, N. R., Lee, K. M., & Hirsch, J.　1997　Distinct cortical areas associated with native and second languages. *Nature*, **388**, 171-174.
（14）Perani, D., Paulesu, E., Galles, N. S., Dupoux, E., Dehaene, S., Bettinardi, V., Cappa, S. F., Fazio, F., & Mehler, J.　1998　The bilingual brain: Proficiency and age of acquisition of the second language. *Brain*, **121**, 1841-1852.
（15）Huttenlocher, P. R.　1979　Synaptic density in human frontal cortex: Developmental changes and effects of aging. *Brain Research*, **163**, 196-205.
（16）榊原洋一　2004　子どもの脳の発達　臨界期・敏感期—早期教育で知能は大きくのびるのか？　講談社
（17）ダマシオ, A. R.　田中三彦（訳）　2000　生存する脳—心と脳と身体の神秘　講談社
（18）津本忠治　1986　脳と発達—環境と脳の可塑性　朝倉書店
（19）澤口俊之　1999　幼児教育と脳　文藝春秋
（20）Rosenzweig, M. R., Benett, E. L., & Diamond, M. C.　1972　Brain changes in response to experience. *Scientific American*, **226**, 22-30.
（21）Kempermann, G., Kuhn, H. G., & Gage, F. H.　1997　More hippocampal neurons in adult mice living in an enriched environment. *Nature*, **386**, 493-495.
（22）Held, R., & Hein, A.　1963　Movement-produced stimulation in the development of visually guided behavior. *Journal of Comparative and Physiological Psychology*, **56**, 872-876.
（23）津本忠治　2005　早期教育はほんとうに意味があるのだろうか　井原康夫（編）　脳はどこまでわかったか　朝日新聞社, Pp.27-50.
（24）吉田真由実　1999　やわらかな脳のつくり方　新潮社

【5章】

（1）Gardner, H.　1983　*Frames of mind: The theory of multiple intelligences*. New York: Basic Books.
（2）ガードナー, H.　松村暢隆（訳）　2001　MI—個性を生かす多重知能の理論　新曜社
（3）フォーダー, J. A.　伊藤笏康・信原幸弘（訳）　1985　精神のモジュール形式—人工知能と心の哲学　産業図書
（4）ゴールマン, D.　土屋京子（訳）　1998　EQ—こころの知能指数　講談社
（5）藤永　保　2003　美術教育と多重知能理論　理論心理学研究, **5**, 20-23.

（6）アームストロング, T. 吉田新一郎(訳) 2002 マルチ能力が育む子どもの生きる力 小学館
（7）子安増生 2001 多重知能理論からみた教育改革批判 西村和夫(編) 「本当の生きる力」を与える教育とは 日本経済新聞社, Pp.138-172.
（8）安彦忠彦 2005 脳科学的観点から見たカリキュラム開発 早稲田大学大学院教育学研究科紀要, **15**, 1-16.
（9）子安増生 2005 芸術心理学の新しいかたち—多重知能理論の展開 子安増生(編著) 芸術心理学の新しいかたち 誠信書房, Pp.1-27.
（10）永江誠司 2004 脳と発達の心理学—脳を育み心を育てる ブレーン出版
（11）永江誠司 2007 子どもの脳を育てる教育—家庭と学校の脳科学 河出書房新社
（12）岩田 誠 1996 脳とことば—言語の神経機構 共立出版
（13）Geschwind, N., & Levitsky, W. 1968 Human brain: Left-right asymmetries in temporal speech region. *Science*, **161**, 186-187.
（14）山鳥 重 1985 神経心理学入門 医学書院
（15）マッカーシー, R. A.・ワリントン, E. K. 相馬芳明・本田仁視(監訳) 1996 認知神経心理学 医学書院
（16）ブレイクモア, S. J.・フリス, U. 乾 敏郎・山下 博・吉田千里(訳) 2006 脳の学習力—子育てと教育へのアドバイス 岩波書店
（17）永江誠司 1999 脳と認知の心理学—左脳と右脳の世界 ブレーン出版
（18）ペンフィールド, W.・ロバート, L. 上村忠雄・前田利男(訳) 1965 言語と大脳—言語と脳のメカニズム 誠信書房
（19）鹿取廣人 2003 ことばの発達と認知の心理学 東京大学出版会
（20）Bruce, C. J., Desimone, R., & Gross, C. G. 1981 Visual properties of neurons in a polysensory area in superior temporal sulcus of the macaque. *Journal of Neurophysiology*, **46**, 369-384.
（21）Kanwisher, N., McDermott, J., & Chun, M. M. 1997 The fusionform face area: A module in human extrastriate cortex specialized for face perception. *Journal of Neuroscience*, **17**, 4302-4311.
（22）高橋克朗 1999 人格変化および社会行動障害 濱中淑彦・倉知正佳(編) 臨床精神医学講座21 脳と行動 中山書店 Pp.461-488.
（23）苧阪直行 2001 意識はどのように生まれるのか 小泉英明(編著) 育つ・学ぶ・癒す—脳図鑑21 工作舎, Pp.113-133.
（24）マッカーシー, R. A.・ワリントン, E. K. 相馬芳明・本田仁視(訳) 1996 認知神経心理学 医学書院
（25）McCrae, D., & Trolle, E. 1956 The defect of function in visual agnosia. *Brain*, **79**, 94-110.
（26）Warrington, E. K., & Shallice, T. 1984 Category specific semantic impairment. *Brain*, **107**, 829-858.
（27）Warrington, E. K., & McCarthy, R. A. 1987 Categories of knowledge: Further fractionation and attempted integration. *Brain*, **110**, 1273-1296.
（28）ゴールドシュタイン, K. 西谷三四郎(訳) 1957 人間—その精神病理的考察 誠信書房
（29）ワルシュ, K. W. 相馬芳明(訳) 1983 神経心理学—臨床的アプローチ 医学書院

【6章】

（1）倉石精一 1978 教育心理学の成立 倉石精一・苧阪良二・梅本堯夫(編著) 教育心理学 改訂版 新曜社, Pp.1-9.
（2）岡部恒治・戸瀬信之・西村和夫(編著) 1999 分数ができない大学生—21世紀の日本が危ない 東洋経済新報社
（3）市川伸一 2004 学ぶ意欲とスキルを育てる—いま求められる学力向上策 小学館
（4）佐藤 学 2000 「学び」から逃走する子どもたち 岩波書店

引用文献

（5）藤永　保　2003　美術教育と多重知能理論　理論心理学研究, **5**, 20-23.
（6）アームストロング, T.　吉田新一郎（訳）　2002　マルチ能力が育む子どもの生きる力　小学館
（7）本田恵子　2006　脳科学を活かした授業をつくる―子どもが生き生きと学ぶために　C.S.L.学習評価研究所
（8）文化審議会　2004　これからの時代に求められる国語力について　文部科学省
（9）松村暢隆　2001　MI（多重知能）理論の学校教育への応用　アメリカ教育学会紀要, **12**, 40-49.
（10）永江誠司　2007　脳科学から考える子どもの読む力・書く力　児童心理, **8**, 49-53.
（11）レスタック, R. M.　2003　脳トレ―最先端の脳科学研究に基づく28のトレーニング　アスペクト
（12）ブレイクモア, S. J. ・フリス, U.　乾　敏郎・山下　博・吉田千里（訳）　2006　脳の学習力―子育てと教育へのアドバイス　岩波書店
（13）エドワーズ, B.　北村孝一（訳）　2002　脳の右側で描け　第3版　エルテ出版
（14）ニュートン, K.・古賀良子　2001　絵を右脳で描く―「描く能力」が劇的に向上　旬報社
（15）江口寿子　1991　音はロケットみたいにとんでくる―絶対音感は身につけられる　二期出版
（16）キャンベル, D. G.　北山敦康（訳）　1997　音楽脳入門―脳と音楽教育　音楽之友社
（17）久恒辰博　2007　大人にもできる脳細胞の増やし方　角川書店
（18）久保田　競　2003　ランニングで頭がよくなる　KKベストセラーズ
（19）Jävelänen, J., Schurmann, M., Avikainen, S., & Hari, R.　2001　Related articles, links abstract stronger reactivity of the human primary motor cortex during observation of live rather than video motor acts. *Neuroreport*. **34**, 3493-3495.
（20）Greene, J. D., Sommerville, R. B., Nystrom, L. E., Darley, J. M., & Cohen, J. D.　2001　An fMRI investigation of emotional engagement in moral judgment. *Science*, **293**, 2105-2108.
（21）Best, M., Williams, M., & Coccaro, E. F.　2002　Evidence for a dysfunctional prefrontal circuit in patients with an impulsive aggressive disorder. *Proceedings of National Academy of Sciences of United States of America*, **99**, 8448-8453.
（22）澤田瑞也　1992　共感の心理学―そのメカニズムと発達　世界思想社
（23）Restak, R. M.　1984　Possible neurophysiological correlates of empathy. In J. Lichtenberg, M. Bornstein & D. Silver （Eds.）, *Empathy*. Hillsdale, N. J.: The Analytic Press.
（24）マクリーン, P. D.　法橋　登（訳）　1994　三つの脳の進化―反射脳・情動脳・理性脳と人間らしさの起源　工作社
（25）アンドリアセン, N. C.　岡崎祐士・安西信雄・斎藤　治・福田正人（訳）　1986　故障した脳―脳から心の病をみる　紀伊國屋書店
（26）LeDoux, J.　1996　*The emotional brain: The mysterious understandings of emotional life*. New York: Simon & Schuster.
（27）高田明和　2003　どの子ものびる脳の不思議―脳生理学者の子育てメッセージ　かもがわ出版
（28）高田明和　2005　最新脳科学が教える子どもの脳力を伸ばす法　リヨン社

【7章】

（1）門脇厚司　1999　子どもの社会力　岩波書店
（2）Cacioppo, J. T., & Berntson, G. G.　2005　*Social neuroscience: Key readings*. New York and Hove: Psychology Press.
（3）Cacioppo, J. T., Visser, P. S., & Pickett, C. L.　2006　*Social neuroscience: People thinking about thinking people*. Cambridge, Massachusetts: The MIT Press.
（4）内閣府（編）　2007　青少年白書（平成19年度版）　国立印刷局
（5）Dunbar, R. 1998 The social brain hypothesis. *Evolutionary Anthropology*, **6**, 178-190.
（6）澤口俊之　2000　わがままな脳　筑摩書房

(7) Clutton-Brock, T. H., & Harvey, P. H.　1980　Primates, brain and ecology. *Journal of Zoology*, **190**, 309-323.
(8) 澤口俊之　1989　知性の脳構造と進化―精神の生物学序説　海鳴社
(9) Frazen, E. A., & Myers, R. E.　1973　Neural controle of social behavior: Prefrontal and anterior temporal cortex. *Neuropsychologia*, **11**, 141-157.
(10) Perret, D. I., Rolls, E. T., & Cann, W.　1982　Visual neurons responsive to faces in the monkey temporal cortex. *Experimental Brain Research*, **47**, 329-342.
(11) スタス, D. T.・ベンソン, D. F.　融　道男・橋本伸高(訳)　1990　前頭葉　共立出版
(12) Premack, D., & Woodruff, G.　1978　Does the chimpanzee have a theory of mind? *The Behavioral and Brain Sciences*, **1**, 515-526.
(13) Premack, D.　1988　'Does the chimpanzee have a theory of mind?' revised. In R. Byrne & A. Whiten (Eds.), *Machiavellian intelligence: Social expertise and the evolution of intellect in monkeys, apes, and humans*. Oxford: Clarendon Press, Pp.160-179.
(14) Wimmer, H., & Perner, J.　1983　Beliefs about beliefs: Representation and constraining function of wrong beliefs in young children's understanding deception. *Cognition*, **13**, 103-128.
(15) 子安増生・木下孝司　1997　<心の理論>研究の展望　心理学研究, **68**, 51-67.
(16) Gallese, V., Fadiga, L., Fogassi, L., & Rizzolatti, G.　1996　Action recognition in the premotor cortex. *Brain*, **119**, 593-609.
(17) Rizzolatti, G., Fadiga, L., Matelli, M., Bettinardi, V., Paulesu, E., Perani, D., & Fazio, F.　1996　Localization of grasp representations in humans by PET: Observation versus execution. *Experimental Brain Research*, **111**, 246-252.
(18) 茂木健一郎　2003　意識とはなにか―私を生成する脳　筑摩書房
(19) Meltzoff, A. N., & Moore, M. K.　1977　Imitation of facial and manual gestures by human neonates. *Science*, **198**, 75-78.
(20) ラマチャンドラン, V.S.　山下篤子(訳)　2005　脳のなかの幽霊, ふたたび―見えてきた心のしくみ　角川書店
(21) 茂木健一郎　2001　心を生みだす脳のシステム―「私」というミステリー　日本放送出版協会
(22) Rizzolatti, G., & Arbib, M. A.　1998　Language within our grasp. *Trenda Neuroscience*, **21**, 188-194.
(23) Wicker, B., Keysers, C., Plailly, J., Royet, J. P., Gallese, V., & Rizzolatti, G.　2003　Both of us disgusted in my insula: The common neural basis of seeing and feeling disgust. *Neuron*, **40**, 655-664.
(24) Anderson, J.R., Myowa-Yamakoshi, M., & Matsuzawa, T.　2004　Contagious yawing in chimpanzees. Proc. R. Soc. Lond. B(Suppl.), 04BL0097.
(25) 菊池章夫　1983　向社会的行動　三宅和夫・村井潤一・波多野誼余夫・高橋恵子(編)　波多野・依田児童心理学ハンドブック　金子書房, Pp.715-734.
(26) アイゼンバーグ, N.　二宮克美・首藤敏元・宗方比佐子(訳)　1995　思いやりのある子どもたち―向社会的行動の発達心理　北大路書房
(27) Fuster, J. M.　1977　*The prefrontal cortex: Anatomy, physiology and neuropsychology of the frontal lobe*. 3rd ed. New York: Lippincott-Raven.
(28) Moll, J., Krueger, F., Zahn, R., Pardini, M., de Oliveira-Souza, R., & Grafman, J.　2006　Human fronto-mesolimbic networks guide decisions about charitable donation. *National Academy of Sciences of USA*, **103**(42), 15623-15628.
(29) ダマシオ, A. R.　田中三彦(訳)　2000　生存する脳―心と脳と身体の神秘　講談社
(30) 苧阪直行　2000　ワーキングメモリと意識　苧阪直行(編)　脳とワーキングメモリ　京都大学学術出版会, Pp.1-18.
(31) 船橋新太郎　2000　ワーキングメモリの神経機構と前頭連合野の役割　苧阪直行(編)　脳とワー

キングメモリ　京都大学学術出版会, Pp.21-49.
(32) 五十嵐一枝・加藤元一郎　2000　ワーキングメモリの発達―小児におけるリーディングスパンテストおよびウィスコンシン・カード分類検査の成績変化に関する検討　苧阪直行（編）　脳とワーキングメモリ　京都大学学術出版会, Pp.299-308.
(33) Chelune, G. J., & Baer, R. A.　1986　Developmental norm for the Wisconsin Card Sorting Test. *Journal of Clinical and Experimental Neuropsychology*, **8**, 218-228.
(34) Harlow, J. M.　1848　Passage of an iron rod through the head. *Boston Medical and Surgical Journal*, **39**, 389-393.
(35) Harlow, J. M.　1868　Recovery from the passage of an iron bar through the head. *Publications of the Massachusetts Medical Society*, **2**, 327-347.
(36) Damasio, H., Grabowski, T., Frank, R., Galaburda, A. M., & Damasio, A. R.　1994　The returne of Phineas Gage: Clues about the brain from the skull of a famous patiant. *Science*, **264**, 1102-1105.
(37) 永江誠司　2004　脳と発達の心理学―脳を育み心を育てる　ブレーン出版
(38) Turiel, E.　1983　*The development of social knowledge: Morality and convention*. Cambridge, England: Cambridge University Press.
(39) コールバーグ, L. 永野重史（監訳）　1987　道徳性の形成―認知発達的アプローチ　新曜社
(40) 荒木紀幸　1990　ジレンマ資料を使うに当たって留意したいこと　荒木紀幸（編）　モラルジレンマ資料と授業展開　明治図書
(41) Greene, J. D., Sommerville, R. B., Nystrom, L. E., Darley, J. M., & Cohen, J. D.　2001　An fMRI investigation of emotional engagement in moral judgment. *Science*, **293**, 2105-2108.
(42) Moll, J., Oliveira-Souza, R., Eslinger, P. J., Bramati, I. E., Mourao-Miranda, J., Andreiuolo, P. A., & Pessoa, L.　2000　The neural correlates of moral sensitivity: A functional magnetic resonance imaging investigation of basic and moral emotions. *Journal of Neuroscience*, **22**, 2730-2736.
(43) 川畑秀明　2002　道徳性の認知科学―その視座と教育的展開　鹿児島大学教育学部教育実践研究紀要, **12**, 69-77.
(44) Allison, T., Puce, A., & McCarthy, G.　2000　Social perception from visual cues: Role of the STS region. *Trends in Cognitive Sciences*, **4**, 267-278.
(45) Benesse教育研究開発センター（編）　2005　第1回子ども生活実態基本調査報告書　ベネッセコーポレーション
(46) Koepp, M. J., Gunn, R. N., Lawrence, A. D., Cunningham, V. J., Dagher, A., Jones, T., Brooks, D. J., Bench, C. J., & Grasby, P. M. I.　1998　Evidence for striatal dopamine release during a video game. *Nature*, **393**(6682), 266-268.
(47) 岡田尊司　2007　脳内汚染からの脱出　文藝春秋
(48) クービー, R.・チクセントミハイ, M.　近江 玲・小林久美子・向田久美子（訳）　2005　テレビが消せない―依存を生む心理　別冊日経サイエンス150, 日経サイエンス
(49) 久保田 競　1998　脳を探検する　講談社
(50) 杉下守弘　1999　テレビ番組（ポケットモンスター）による健康被害について　心理学ワールド, 5号, 20-23.
(51) 村井俊哉　2007　社会化した脳　エスナレッジ
(52) 櫻井芳雄　2000　集団行動　甘利俊一・外山敬介（編）　脳科学大事典　朝倉書店, Pp.255-260.
(53) Perrett, D. I., Mistlin, A. J., Chitty, A. J., Smith, P. A. J., Potter, D. D., & Broennimann, R.　1988　Specialized face processing and hemisphere asymmetry in man and monkey: Evidence from single unit and reaction time studies. *Behavioural Brain Research*, **29**, 245-258.
(54) ザイデル, D. W.　河内十郎（監訳）　1998　神経心理学―その歴史と臨床の現状　産業図書
(55) シュトリバー, D.・リュック, M.・ロート, G.　2007　暴力を生む脳　日経サイエンス, 7月号臨

時増刊, 4-13.
(56) Raine, A., Buchsbaum, M. S., Stanley, J., Lottenberg, S., Abel, L., & Stoddard, J. 1995 Selective reductions in prefrontal glucose metabolism in murderers. *Biological Psychiatry*, **38**, 365-373.
(57) Volkow, N. D., Tancredi, L. R., Grant, C., Gillespie, H., Valentine, A., Mullani, N., Wang, G. J., & Hollister, L. 1995 Brain glucose metabolism in violent psychiatric patients: A preliminary study. *Psychiatry Research*, **61**, 243-253.
(58) Goyer, P. F., Andreason, P. J., Semple, W. E., Clayton, A. H., King, A. C., Compton-Toth, B. A., & Schulz, S. C. 1994 Positron-emission tomography and personality disorders. *Neuropsychopharmacology*, **10**, 21-28.
(59) LeDoux, J. 1996 *The emotional brain: The mysterious understandings of emotional life*. New York: Simon & Schuster.

【8章】
（1）中央教育審議会　2005　特別支援教育を推進するための制度の在り方について（平成17年）　文部科学省
（2）アームストロング, T. 吉田新一郎（訳）　2002　マルチ能力が育む子どもの生きる力　小学館
（3）栗田　広　1992　発達障害の発生機序をめぐって　東　洋・繁多　進・田島信元（編）　発達心理学ハンドブック　福村出版, Pp.870-885.
（4）アメリカ精神医学会（編）　高橋三郎・大野　裕・染矢俊幸（訳）　2002　DSM-Ⅳ-TR　精神疾患の診断・統計マニュアル　医学書院
（5）小野次朗・上野一彦・藤田継道（編）　2007　よくわかる発達障害―LD・ADHD・高機能自閉症・アスペルガー症候群　ミネルヴァ書房
（6）小枝達也（編著）　2002　ADHD, LD, HFPDD, 軽度MR児保健指導マニュアル―ちょっと気になる子どもたちへの贈りもの　診断と治療社
（7）学習障害及びこれに類似する学習上の困難を有する児童生徒の指導方法に関する調査協力者会議　1999　学習障害児に対する指導について（報告）　文部省
（8）青木綾子　2002　学習障害　長崎　勤・古澤頼雄・藤田継道（編著）　臨床発達心理学概論　ミネルヴァ書房, Pp.58-60.
（9）森永良子・上村菊朗　1980　LD―学習障害　治療教育的アプローチ　医歯薬出版
（10）Temple, E., Deutsch, G. K., Poldrack, R. A., Miller, S. L., Tallal, P., Merzenich, M. M., & Gabrieli, J. D. E. 2003 Neural deficits in children with dyslexia ameliorated by behavioral remediation: Evidence from functional MRI. *Proceedings of the National Academy of Sciences of USA*, **100**, 2860-2865.
（11）五十嵐一枝　2002　LD（学習障害）　次郎丸睦子・五十嵐一枝　発達障害の臨床心理学　北大路書房, Pp.31-54.
（12）中根　晃　1999　発達障害の臨床　金剛出版
（13）小林　真　2000　学び考える―知的能力の獲得と発達　塚野州一（編）　みるよむ生涯発達―バリアフリー時代の課題と援助　北大路書房, Pp.57-80.
（14）榊原洋一　2007　脳科学と発達障害―ここまでわかったそのメカニズム　中央法規
（15）Zentall, S. S. 2005 *ADHD and education: Foundations, characteristics, methods, and collaboration*. Upper Saddle River, N. J.: Pearson Education.
（16）バークレー, R. A. 石浦章一（訳）　1999　集中できない子供たち―注意欠陥多動性障害　日経サイエンス, 1月号, 18-25.
（17）Gillis, J. J., DeFries, J. C., & Fulker, D.W. 1992 Confirmatory factor analysis of reading and mathematics performance: a twin study. *Acta Genet Med Gemellol (Roma)*, **41**, 287-300.

(18) LaHoste, G. J., Swanson, J. M., Wigal, S. B., Glabe, C., Wigal, T., King, N., & Kennedy, J. L. 1996 Dopamine D4 receptor gene polymorphism is associated with attention deficit hyperactivity disorder. *Mol Psychiatry*, **1**, 121-124.

(19) Castellanos, F. X., Giedd, J. N., Marsh, W. L., Hamburger, S. D., Vaituzis, A. C., Dickstein, D. P., Sarfatti, S. E., Vauss, Y. C., Snell, J. W., Lange, N., Kaysen, D., Krain, A. L., Ritchie, G. F., Rajapakse, J. C., & Rapoport, J. L. 1996 Quantitative brain magnetic resonance imaging in attention-deficit hyperactivity disorder. *Arch Gen Psychiatry*, **53**, 607-616.

(20) Amen, D. G., & Carmichael, B. D. 1997 High-resolution brain SPECT imaging in ADHD. *Annals of Clinical Psychiatry*, **9**, 81-86.

(21) 中根允文 2000 自閉症の疫学と遺伝 小児の精神と神経, **40**, 79-87.

(22) 斎藤 治 1997 自閉症の生物学的研究の最前線 こころの科学, **73**, 43-47.

(23) Gillberg, C. 1989 Asperger syndrome in 23 Swedish children. *Developmental Medicine and Child Neurology*, **31**, 520-531.

(24) Ozonoff, S., Rogers, S. J., & Pennington, B. F. 1991 Asperger's syndrome: Evidence of empirical distinction from high-functioning autism. *Journal of Child Psychology and Psychiatry*, **32**, 1107-1122.

(25) 下司昌一（編） 2005 現場で役立つ特別支援教育ハンドブック 日本文化科学社

(26) Baron-Cohen, S., Leslie, A. M., & Frith, U. 1985 Does the austistic child have a "theory of mind"? *Cognition*, **21**, 37-46.

(27) Frith, C. D., & Frith, U. 1999 Interacting minds: A biological basis. *Science*, **286**, 1692-1695.

(28) Sodian, B., & Frith, U. 1992 Deception and sabotage in autistic, retarded and normal children. *Journal of Child Psychology and Psychiatry*, **33**, 591-605.

(29) 熊谷高幸 1996 自閉症児の診断と心理発達 西村 學・小松秀茂（編） 発達障害児の病理と心理 培風館, Pp.136-146.

(30) Rapin, I., & Katzman, R. 1998 Neurobiology of autism. *Annals of Neurology*, **43**, 7-14.

(31) Bauman, M. L., & Kemper, T. L. （Eds.） 1994 *The neurobiology of autism*. Baltimore: John Hopkins University Press.

(32) 大東祥孝 2000 発達障害と脳研究―自閉症関連病態をめぐって 近藤邦夫・稲垣佳世子（編） 児童心理学の進歩 2000年版 金子書房, Pp.255-278.

(33) 十一元三 2001 発達障害と脳 こころの科学, **100**, 78-87.

(34) Chugani, D. C., Muzik, O., Rothermel, R., Behen, M., Chakraborty, P., Mangner, T., da-Silva, E. A., & Chugani, H. T. 1997 Altered serotonin synthesis in the dentatothalamocortical pathway in autistic boys. *Annals of Neurology*, **42**, 666-669.

(35) Kates, W. R., Mostofsky, S. H., Zimmerman, A. W., Mazzocco, M. M., Landa, R., Warsofsky, I. S., Kaufmann, W. E., & Reiss, A. L. 1998 Neuroanatomical and neurocognitive differences in a pair of monozygous twins discordant for strictly defined autism. *Annals of Neurology*, **43**, 782-791.

(36) 上野一彦・花熊 暁（編） 2006 軽度発達障害の教育―LD・ADHD・高機能PDD等への特別支援 日本文化科学社

(37) ラター, M.・ショプラー, E. 高木隆郎（訳） 1998 自閉症と発達障害研究の進歩 日本文化科学社

(38) 内山登紀夫 2002 TEACCHの考え方 佐々木正美（編） 自閉症のTEACCH実践 岩崎学術出版社, Pp.15-39.

索引

●あ
アームストロング, T. 87, 120
アイゼンバーグ, N. 167
アスペルガー症候群 106, 209
アポトーシス 75

●い
生きる力 4
意識 108
いじめ 155
イメージトレーニング 145

●え
エドワーズ, B. 134

●お
オクタゴン・モデル 92
音楽的知能 84, 99

●か
ガードナー, H. 81
学際的研究 8
学習意欲 119
学習科学 9
学習障害 26, 193
学力低下問題 113
学力の二極化 117
可塑性 42
学校教育法 2
学校不適応 155, 178
カテゴリー化 110

●き
機能的磁気共鳴画像法 (fMRI) 17
キャンベル, D. G. 139
教育基本法 2
教育実践研究 7
共感 147, 165
キンスボーン, M. 68, 132
近赤外分光法 (NIRS) 17

●く
空間の知能 84, 102

●け
計算力 130
軽度発達障害 191
欠陥モデル 188

言語的知能 83, 94

●こ
高機能広汎性発達障害 207, 208
高機能自閉症 208
攻撃性 181
向社会的行動 167
向社会的道徳判断 167
校内暴力 156
広汎性発達障害 207
ゴールデン, C. J. 58
ゴールドシュタイン, K. 111
コールバーグ, L. 175
ゴールマン, D. 85
国際学力調査 (PISA) 113
国際数学・理科教育動向調査 (TIMSS) 115
心のモジュール説 82
心の理論 106, 161, 163
個性化教育 91

●さ
算数障害 194
三位一体脳モデル 45

●し
自意識 109, 170
シナプス 54, 74
自閉症 207, 211
社会神経科学 154
社会的スキル訓練 213
社会脳仮説 157
ショプラー, E. 215
人格 107, 172
神経回路 57
神経細胞 53
身体運動の知能 84, 100

●す
髄鞘化 54
髄鞘化形成サイクルモデル 56
髄鞘化順序モデル 55
スペリー, R. 49

●せ
成長モデル 188
絶対音感 138
全人教育 91
前頭連合野 39, 49, 64

●そ
早期教育　　73, 74, 78
側頭平面　　96

●た
代償機能　　97
対人的知能　　84, 104, 157
第二言語獲得　　70
多重知能　　83, 89
多重知能理論　　80, 81, 188
ダマシオ, H.　　172

●ち
注意欠陥多動性障害　　26, 199
長期増強　　62

●て
ティーチ（TEACCH）　　215
ディスレクシア　　33, 95, 194, 195
テレビゲーム　　179

●と
道徳性　　174
ドーパミン　　105, 202
特別支援教育　　186

●な
内省的知能　　85, 107, 170

●に
二重神経回路仮説　　95
認知神経科学　　15

●の
脳科学と教育　　10, 13
脳機能画像法　　16

●は
博物的知能　　85, 109
発達障害　　190
犯罪　　183

●ひ
非行　　157
敏感期　　20, 67-70, 72, 97

●ふ
フォーダー, J. A.　　82
不登校　　155
ブレインダンス　　139

フレクシッヒ, P. E.　　55
プレマック, D.　　161
分離脳　　49

●へ
ヘルド, R.　　77
ペンフィールド, W.　　101

●ほ
補償教育　　91

●ま
マクリーン, P. D.　　45

●み
ミラーニューロン　　107, 146, 147, 163, 210

●も
モジュール　　93

●や
ヤコブレフ, P. I.　　56

●ゆ
ゆとり教育　　116

●よ
陽電子放射断層撮影法（PET）　　16

●ら
ランナーズハイ　　142

●り
リゾラッティ, G.　　163
臨界期　　21, 66

●れ
レネバーグ, E. H.　　67

●ろ
ローゼンツヴァイク, M. R.　　76
ローレンツ, K.　　66
論理数学的知能　　83, 97

●わ
ワーキングメモリ　　64, 170, 204

おわりに

　子どもの育ちや問題行動，そして混迷する教育の現状をみるにつけ，教育の諸課題に対する新しい観点をもった教育心理学を提起してみたいという思いが，新しい世紀に入った頃からずっと私の中にありました。そのような思いをもち続けていた2003年に，わが国でも「脳科学と教育」研究プロジェクトが立ち上げられ，脳と教育を結ぶ融合的な研究が始められたのです。それ以来，私自身の研究を進めるとともに，「脳科学と教育」研究の進展にも注意深く目を配ってきました。

　最近になって，脳と教育にかかわる著書や論文が急速に目につくようになってきました。ただ，それらに目を通してみて私が感ずるのは，脳と教育との融合というより，その間にある遊離感の方でした。脳科学研究の内容・成果と教育の諸問題とを結びつけるものとしては，何かが足りないという思いが強かったのです。脳と教育を結びつけるために媒介となるものとはいったい何か，私はかなりの期間そのことについて考え続けていました。そして，さまざまな考えの中から，やがて1つのものが私の中で核となって固まっていきました。それが多重知能理論だったのです。

　私は，1997年から1998年にかけて文部省（現文部科学省）在外研究員として，カナダのトロント大学，そして米国のボストン大学に在籍していました。家族とともに滞在していた関係で，娘が高校，息子が中学校のそれぞれ現地校に通っていました。1997年の秋の終わりに娘の高校で担任教師との保護者面談があり，私が出かけてみることにしました。担当教科が音楽という担任の女性教師と面談をしていたとき，私がもうすぐ家族とともにトロントからボストンに移ることを告げると，その教師から熱っぽい口調で次のようなことばが出てきたのです。「ボストンには，カナダの教育に大きな影響を与えているガードナーという先生がいます。私は彼の多重知能理論を音楽教育に取り入れて，よい成果をあげています。私は，ガードナーの理論をたいへん評価しています」。ボストンのガードナーといえば，ハーバード大学の心理学者のことだという連想はすぐ出てきましたが，それにしても彼女のことばにはずいぶん力が入って

いるなという印象は今でも鮮明に覚えています。

その後ボストンに移り，ボストン大学医学部失語症研究所に在籍して，しばらくの間研究生活を送りました。実は，ガードナーはこの研究所に長年かかわりをもって研究活動をしていたのです。失語症研究所にはボストン在郷軍人病院が隣接しており，研究者はこの病院で臨床研究を行うようになっていました。ガードナーは，ハーバード大学に所属しながら，この失語症研究所と在郷軍人病院で神経心理学の研究をしていたのです。ガードナーの著書『砕かれた心──脳損傷の犠牲者たち』（誠信書房）には，彼自身が失語症研究所と在郷軍人病院で神経心理学の基礎と臨床の研究をしてきたこと，またそこで多くの研究者から影響を受けたことが述べられています。そこにあげられている研究者の中には，マーチン・アルバート，ハロルド・グッドグラス，そしてエディス・カプランなど，私が失語症研究所に在籍していたときにお世話になった先生の名前も並んでいました。残念ながら，私がガードナーに直接指導を受ける機会はありませんでしたが，心理学，脳科学，そして教育学を視野に入れて独創的な研究をしているガードナーという人物は，カナダの女性教師のことばとともに，その後も私の記憶の中に残るものとなりました。

それからちょうど10年経った今，ガードナーの多重知能理論は，教育と脳を媒介するものとして私の中に登場してきたわけです。多重知能は，教育と脳のそれぞれにかかわる特性をもっています。これを媒介とすることによって，教育と脳にかかわる研究は，学校という教育実践の場における諸課題に対し，より具体的，また効果的に推進され，その成果を有効に活用していくことができると考えています。北米において導入され，効果をあげている多重知能理論を活かした教育実践が，今後わが国でも展開されていくことを願っています。

最後に，この本の出版にあたり編集部の奥野浩之氏にはたいへんお世話になりました。本が完成するまで，一貫して丁寧な編集をしていただいたことに感謝しています。また，執筆中の多忙な生活を支えてくれた私のパートナーにも感謝して，筆を措きたいと思います。夕陽に包まれたボストンコモンを思い浮かべながら。

2008年5月18日

永江誠司

著者紹介

永江　誠司（ながえ・せいじ）

福岡教育大学教授，文学博士（広島大学，1988年），全国国立大学附属学校連盟顧問，トロント大学エリンデール校神経心理学教室・ボストン大学医学部失語症研究所客員研究員（1997〜1998年）。
著書として，『子どもの脳を育てる教育―家庭と学校の脳科学』（河出書房新社，2007年），『脳と発達の心理学―脳を育み心を育てる』（ブレーン出版，2004年），『脳と認知の心理学―左脳と右脳の世界』（ブレーン出版，1999年），『男と女のモラトリアム―若者の自立とゆらぎの心理』（ブレーン出版，2000年），『知覚と行動の体制化における言語の機能に関する研究』（風間書房，1990年）ほか。

教育と脳　多重知能を活かす教育心理学

2008年9月10日　初版第1刷印刷
2008年9月20日　初版第1刷発行

定価はカバーに表示してあります。

著　者　永江誠司
発行所　㈱北大路書房
〒603-8233　京都市北区紫野十二坊町12-8
電　話　(075) 431-0361 ㈹
F A X　(075) 431-9393
振　替　01050-4-2083

©2008　制作／ラインアート日向・華洲屋　印刷・製本／創栄図書印刷㈱
検印省略　落丁・乱丁本はお取り替えいたします
ISBN978-4-7628-2617-7　　　　　　　　　Printed in Japan